W0347879

Vor 900 Jahren, 1098, wurde die Mystikerin Hildegard von Bingen in Bermersheim bei Alzey als Tochter eines Ministerialen geboren. Früh trat sie in das Benediktinerstift Disibodenberg an der Nahe ein und wurde von der Nonne Jutta von Spanheim erzogen. Nach dem Tode ihrer »Meisterin« wird Hildegard Äbtissin des Klosters, bewirkt dessen Verlegung auf den Rupertsberg und die Erhebung zur Abtei. In den Jahren 1141 bis 1151 schrieb Hildegard von Bingen ihre Visionen und Gespräche mit Christus auf: So entstand das Buch »Wisse die Wege«, ein Lehrbuch der christlichen Sittenlehre, und das Buch »Über die Schöpfung und Erlösung der Welt«. Hildegard schrieb auch siebzig geistliche Lieder, die sie selbst vertonte, daneben zahlreiche naturwissenschaftliche und medizinische Werke. Ihre Schriften lösten unter Hildegards Zeitgenossen ein gewaltiges Echo aus und führten zu einem regen Briefwechsel mit den bedeutendsten Persönlichkeiten der damaligen Zeit. Die vorliegende Auswahl der Schriften erscheint zu Ehren des 900. Geburtstages der großen Mystikerin.

insel taschenbuch 2164
Hildegard von Bingen
Wisse die Wege

Hildegard von Bingen
Wisse die Wege

Ratschläge fürs Leben
Ausgewählt und übersetzt
von Johannes Bühler
Insel Verlag

insel taschenbuch 2164
Erste Auflage 1997
Insel Verlag Frankfurt am Main und Leipzig
© Insel Verlag Frankfurt am Main 1980
Alle Rechte vorbehalten, insbesondere das der Übersetzung, des öffentlichen Vortrags sowie der Übertragung durch Rundfunk und Fernsehen, auch einzelner Teile.
Kein Teil des Werkes darf in irgendeiner Form (durch Fotografie, Mikrofilm oder andere Verfahren) ohne schriftliche Genehmigung des Verlages reproduziert oder unter Verwendung elektronischer Systeme verarbeitet, vervielfältigt oder verbreitet werden.
Hinweise zu dieser Ausgabe am Schluß des Bandes
Vertrieb durch den Suhrkamp Taschenbuch Verlag
Umschlag nach Entwürfen von Willy Fleckhaus
Satz: Hümmer GmbH, Waldbüttelbrunn
Druck: Nomos Verlagsgesellschaft, Baden-Baden
Printed in Germany
ISBN 3-458-33864-0

2 3 4 5 6 7 – 10 09 08 07 06 05

Inhalt

Einleitung des Herausgebers

Aufmerksamer haben wohl nie die Augen einer mittelalterlichen Frau die Vorgänge und Erscheinungen der Natur beobachtet als die Hildegards, und niemand konnte und kann tiefer als sie die brennende Sehnsucht nach Lösung der Rätsel in und um uns fühlen.

Hildegard war 1098 oder 1099 als Tochter adeliger Eltern geboren. Mit acht Jahren wurde das Kind dem Nonnenkloster auf dem Disibodenberg zur Erziehung anvertraut. Später nahm sie selbst den Schleier, wurde Äbtissin und gründete dann auf dem Rupertsberg bei der Mündung der Nahe in den Rhein ein Kloster. Am 17. September 1179 starb sie in ihrem zweiundachtzigsten Lebensjahre.

Mit der Zeit, in der Hildegard lebte, ist natürlich zum Teil auch ihre Stellung zur Natur und den verschiedensten Problemen bestimmt. So manche irrige Auffassung findet damit ihre Erklärung. Aber man würde doch an der Oberfläche haften bleiben, wollte man die Hildegardischen Schriften in erster Linie vom Standpunkte der Geschichte der Naturwissenschaften aus oder als Kuriositätenjäger, der die Folianten und Codices vergangener Jahrhunderte nach seltenen oder deliziösen Dingen und Sächelchen durchstöbert, studieren. Das Tiefste ihres Wesens eröffnet sich nur dem, der sich auf die Mystik einzustellen vermag.

Ging Hildegard auch dem praktischen Werte der Dinge nach, wie ihre zahlreichen Rezepte und Anweisungen für die Gesundheitspflege beweisen, so war es doch keineswegs die Wissenschaft, wie sie heute verstanden wird, oder das Streben, aus den Erkenntnissen von der Natur Nutzen zu ziehen, was ihr Denken und Suchen bestimmte. Wie alle Mystiker versenkte sie sich in die Geheimnisse der Umwelt und des eigenen Ich, um vor allem Gott, den Ursprung, in dem alles Naturgeschehen wurzelt, zu finden. Und dies macht ihre Schriften bedeutend und ermöglicht auch dem ein inniges Verhältnis zu ihnen, dem vielleicht so manche Ausführungen Hildegards zur zeitgenössischen Theologie nichts zu bieten vermögen.

Wie jede echte Mystik wurzelt auch die Hildegards in ihrer Persönlichkeit. Und jeder wahre Mystiker ist ein Dichter, und so sieht Hildegard das Wesen der Dinge, wie es nur ein Dichter und Mystiker kann. Die Flügel ihrer grandiosen Phantasie trugen sie dabei in die höchsten Höhen und in Abgrundtiefen.

Mit dieser Phantasie war eine seltene plastische Kraft verbunden. Freilich hatte hier Hildegard mit einer großen Schwierigkeit zu ringen, der sie nur zu oft unterliegen mußte.

Sie betont mehrmals, sie hätte keine eigentliche wissenschaftliche Bildung und keinen Unterricht in richtigem Sprachgebrauch genossen. Sagt dies irgendein Kirchenvater oder ein mittelalterlicher Schriftsteller, so wissen wir, daß meist das Gegenteil wahr ist. Gerade das Hervorheben sprachlichen Nichtkönnens ist von Hieronymus her, der auch darin bei den antiken Deklamatoren in die Schule gegangen war, eine besondere rhetorische Feinheit, die vom christlichen Autor wegen ihres demütigen Gewandes gerne übernommen wurde. Bei Hildegard jedoch entspricht dies Selbstbekenntnis durchaus den Tatsachen.

Es war für sie ein unendlich schweres Ringen, die Ergebnisse ihres tief bohrenden Geistes und die Riesenbilder ihrer überreichen Phantasie in die Form der Sprache zu gießen.

Vollkommen gelang es ihr selten. Aber auch das, was sie konnte, ist aller Achtung wert, es vermag auch oft in Bewunderung mit fortzureißen, und gerade heute, wo man die Seele des Kunstwerkes mehr als seine geglättete Form zu schätzen weiß, wird man den freilich oft recht schwer verständlichen Tönen der Dichterin im Nonnenschleier gerecht werden können.

Eine leichte Lektüre sind also die Schriften Hildegards nicht. Dies liegt aber nicht bloß in dem Mißverhältnis zwischen dem dichterischen Impetus und dem geringeren sprachlichen Können. Weit mehr erschwert der visionäre Charakter dieser Schriften ihr Verständnis.

Und nun sind wir bei einer der merkwürdigsten Seiten der Persönlichkeit Hildegards. Sie selbst war zweifelsohne von dem Glauben durchdrungen, daß das, was sie schaute, wahrhaft himmlische Gesichte seien und das, was sie sagte, ihr unmittelbar von Gott mitgeteilt wurde, damit sie es der Menschheit verkünde. Die Visionärin fühlt sich als wahre Prophetin. Auch ihre Zeitgenossen verehrten sie als die große Seherin. Das gab ihr einen weitreichenden Einfluß auf die Großen und auf breite Volksmassen. Ihr Prophetenberuf trieb sie zuweilen aus den Klostermauern hinaus und stellte sie, die Nonne, als Predigerin vor die Konvente großer Mönchsklöster und auf die Märkte der Städte.

Und noch heute erkennt man in weiten katholischen Kreisen ihren Schriften teilweise übernatürlichen Charakter zu.*

Doch auch für den, dem Wunderglauben völlig ferne liegt, ist das Visionäre an der großen Nonne von besonderem In-

* Sie zählen zu den sogenannten »approbierten Privatoffenbarungen«, die von der offiziellen Kirchenbehörde als erbaulich empfohlen werden, ein Glaubenszwang, wie etwa bei den Dogmen, besteht jedoch nicht.

teresse. Einmal weil sich gerade darin ihr mystisches Empfinden und Schauen am klarsten zu erkennen gibt. Es ist ja schließlich ohne Belang, ob sie die Grundlage ihrer wunderbaren Gesichte richtig erkannt hat, es kommt nur darauf an, daß sie wirklich bedeutend und voll dichterischen Schwunges sind, daß sie den, der sich in sie mitversenkt, über den kleinlichen Alltag hinausheben.

Sodann geben ihre Selbstzeugnisse über ihre Seelenzustände dem Psychologen und Physiologen wertvolle Aufschlüsse. Hält man sie der Gesamtheit ihrer Schriften zusammen, so ermöglichen sie einen verhältnismäßig klaren Einblick in merkwürdige Seelenvorgänge.

Immer und immer wieder betont Hildegard ihre vielfachen körperlichen Leiden und Schwächeanfälle. Stieß sie auf Widerstände, so erlag ihr Leib sofort den Schwierigkeiten. Sie wurde dann auf das Krankenlager geworfen und schien dem Tode nahe. So erging es ihr auch bei innerem Zwiespalte. Drängte sie ihre Seele, von dem, was in ihr vorging, Mitteilung zu machen, sträubte sich aber ihre weibliche Scheu vor der Öffentlichkeit, dann züchtigte sie Gott durch schwere Schmerzen und trieb sie vorwärts. Sobald sich aber ihre Wünsche erfüllten, oder sie endlich ans Werk ging, ihre Visionen niederzuschreiben, dann fühlte sie sich frisch und gesund, so daß ihre Umgebung über die wundervolle Genesung staunte. In dieselbe Linie gehörte ihre gelegentliche Bemerkung, sie habe eine »luftige« Natur und sei deshalb den Witterungseinflüssen stark unterworfen. Sie hatte also ein außergewöhnlich fein empfindendes und stark reagierendes Nervensystem, die richtige psychophysische Unterlage für eine Visionärin, verbunden mit geradezu paulinischem Tatendrang.

Ich reihte bei meiner Auswahl dem Auszuge aus ihrem

Leben und dem Briefe über ihre Visionen die naturwissenschaftlichen Schriften an. Ich stellte sie nicht bloß deshalb vor die Visionen, weil sie für den modernen Leser besonders interessant sind, sondern gab ihnen diesen Platz, weil sie eine vorzügliche Einführung in die Art des Sehens und Empfindens von Hildegard sind und unschwer Rückschlüsse auf ihre eigentlich visionären Schriften ermöglichen.

Hildegard geht in den »Ursachen und Heilungen« sowie in den »Physica« von rein Natürlichem aus. Man sieht an diesen beiden Büchern, wie mächtig selbst das einfachste Ding Hildegardens Geist zu innerst zu bewegen vermochte, wie sehr es ihre Phantasie anregte und befruchtete, und wie sie als echte Mystikerin schließlich in grandiosem philosophischen Schwung und in dichterischer Intuition die scheinbar entlegensten Dinge in eine Einheit kraftvoll zusammengefaßt.

Und wie mußten auf diesen stets bewegten Geist, diese hungrige und kühne Phantasie, auf das fromme, tiefreligiöse Frauengemüt die machtvolle, Himmel, Hölle, Gott und Mensch in ihren Wechselbeziehungen so tief und bei allem Dualismus zuweilen auch so einheitlich ergreifende katholische Lehre wirken! Und dann war Hildegard Nonne. Sie stand dadurch mitten in der frohen Farbenpracht, im Schimmer und Glanze, inmitten des Duftes und der Klänge der katholischen, mittelalterlichen, überreichen Liturgie. Es heißt, Hildegard habe ihre Nonnen allmonatlich in Festgewändern, Kränze und Schleier im offenen Haar, zum Abendmahle gehen lassen. Und dann beteten und sangen die Nonnen tagtäglich aus der Bibel, dem Alten und Neuen Testamente. Verstanden sie auch nicht jedes Wort, so zog doch viel vom tiefen Sinn der Psalmen mit deren beschwingtem Rhythmus in ihre Seelen.

Bedenkt man all dies und stellt man es mit ihren naturwissenschaftlichen Schriften zusammen, dann hat man eine wohl einwandfreie Erklärung ihrer Visionen. Und bei deren genauerer Prüfung lassen sich auch die Anknüpfungspunkte ihrer Ideenassoziationen unschwer erkennen. Es sind vor allem die Visionen der alten, großen Propheten, die in ihr neues Leben gewinnen und die ihre Phantasie weiterbildet.

So kann uns Hildegard über das Letzte und Tiefste in der Natur, im Menschen, in Gott nichts wesentlich Neues sagen. Sie führt über den festgeschlossenen Kreis des biblischen, des christlichen und mittelalterlichen Weltbildes nicht hinaus. Es ist im Grunde – wie schließlich bei allen Mystikern – altes Gut, das wir bei ihr wiederfinden.*

Doch Hildegard ist auch so bedeutend genug. Das Große an ihr ist eben, wie sie die Dinge, die andere auch sehen und wissen, sieht und wie sich ihr alles zu einem wundervoll einheitlichen Weltbilde zusammenfügt. Sie findet die unglaublichsten Wechselbeziehungen zwischen Stein, Pflanze, Tier, Mensch und Gott heraus. Sie lebt mitten in einer Welt ihr eigener Symbolik. Und darin ist sie häufig wirklich ursprünglich und groß.

Hildegard wird oft die erste Mystikerin genannt. Das könnte leicht zu Mißverständnissen führen. Einmal hat es schon vor ihr Mystik gegeben, man darf sie nicht, wie es

* Man behauptet allerdings, sie hätte manche moderne wissenschaftliche Erkenntnisse, z. B. den Grundsatz von der Erhaltung der Materie, intuitiv vorweggenommen. Man erweist jedoch durch das Betonen solcher scheinbarer Übereinstimmungen weder der Wissenschaft noch den alten Autoren einen Dienst; denn bei genauerem Zusehen zeigt es sich doch immer wieder, daß es sich in solchen Fällen um Erkenntnisse handelt, die, aus einem völlig anderen Weltbild gewonnen, miteinander nicht vergleichbar sind.

häufig geschieht, erst von der allbekannten katholischen mittelalterlichen Mystik her datieren. Und dann unterscheidet sich Hildegard gerade von dieser Art Mystik wesentlich. Ihre Persönlichkeit hat ein ganz anderes Gepräge, als das einer in Gefühl und Ekstase dahingerafften »Minnerin«; dafür ist in ihr zu viel von der altbenediktinischen Diskretion und Würde. Nimmt man aber den Begriff der Mystik in einem weiteren, die ganze Entwicklung umfassenden Sinne, dann fügt sich die große Seherin von Bingen einer kaum übersehbaren Kette als herrliches Glied ein.

Ihr Geist und Herz waren so tief wie nur bei irgendeinem Mystiker in Übersinnliches getaucht, und in niemandem, der auf dem Boden des christlichen, dogmatischen Dualismus mit dem Glauben an Luzifers Fall und die Erbsünde steht, kann ein stärkeres Einheitsgefühl lebendig sein als in ihr. Manchmal hat man sogar den Eindruck, daß ihr eigenstes Sehen in der Kreislinie vom obersten Himmelsbogen bis zum Wurme unter der Erde nirgend einen Bruch entdeckte, und daß sie nur infolge der übermächtigen Beeinflussung durch die überkommene Lehre einen ihrem eigenen Wesen fremden und unkünstlerischen Zwiespalt anklebte.

Ein paar Worte noch über die vorliegende Auswahl und Übersetzung.

Als erstes gebe ich einige Stellen aus der »Lebensbeschreibung« der zwei Mönche Gottfried und Theodorich. Sie hielten sich wohl zu priesterlichen Amtsverrichtungen im Kloster der heiligen Hildegard auf und kannten sie persönlich. Die Erzählung der Mönche bietet manches, was sonst in der Einleitung hätte gesagt werden müssen, ebenso der nachfolgende Brief an Mönch Wibert über die Visionen. Es ist die einzige Briefprobe, die ich auswählte. Es ist oft unmöglich, die Echtheit der Hildegardischen Briefe nachzuweisen, und zudem fügen sie dem Charakterbilde, wie man es aus den sonstigen Schriften findet, kaum neue Züge an; daher die Beschränkung in diesem Punkte.

Die »causae et curae«, »Ursachen und Heilungen« von Krankheiten, sind die zuletzt bekannt gewordene größere Schrift Hildegards. Sie bietet wesentlich mehr, als der Titel besagt. Hier und in den »Physica« erscheint sie als »die erste schriftstellernde Ärztin«. Aber auch in ihren naturwissenschaftlichen Werken zeigt sich offenkundig ihre mystische Betrachtungsweise. Würde man alle inhaltlich zusammengehörigen Stücke aneinanderreihen, z. B. was sie über Gott, die Schöpfung, den Menschen, Tiere und Pflanzen sagt, so würde sich schon hier der großartige Aufbau ihres kosmogonischen Weltbildes zeigen. Leider läßt sich eine solche Gruppierung ohne Zerreißung der feinen, häufig kaum merkbaren Fäden ihrer Ideenassoziationen nicht vornehmen.

Bei der Auswahl scheinen sodann manche Kapitel auf Kosten anderer bevorzugt zu sein. Greift man aber auf den Urtext zurück, so wird man finden, daß diese Abschnitte von Hildegard selbst so oft und ausführlich behandelt wurden, daß die hier gebotene Auslese auch in dieser Beziehung nur den Eindruck des Originales zu wahren sucht.

Als sich noch mehr die Theologen denn die Naturwissenschaftler und Kulturhistoriker mit Hildegard beschäftigten, galt das »Scivias«, das heißt »Wisse die Wege des Herrn!« am meisten. Es ist ein umfangreicher Band, voll von allen erdenklichen ethischen und dogmatischen Erörterungen. Unsere Auswahl vermag wohl in etwas von der Art dieses Werkes einen Begriff zu geben, nicht aber von dessen überreicher Fülle. Freilich handelt es sich dabei vielfach um Stoffe, um die sich heute nur mehr wenige kümmern.

Nachdem, es sich hier nicht um eine Studie über Hildegard, sondern um ihre eigenen Schriften handelt, ist über die noch folgenden Texte wohl nichts mehr zu sagen, sie erklärten sich aus den bisherigen Bemerkungen und vor allem aus sich selbst.*

Dagegen ist über die Art der Übertragung noch eine kleine Aufklärung zu geben. Es ist die selbstverständlichste Aufgabe des Übersetzers, sich über den Sinn des Originales völlig klar zu werden. Wenn aber der Autor selbst von sich, so wie Hildegard, in aller Offenheit erklärt, er hätte nicht alles verstanden, was er niedergeschrieben, so läßt sich auch von der Übersetzung nicht mehr verlangen. Ich ging solchen toten Punkten nicht immer aus dem Wege, um eben die Eigenart des Originales zu wahren, und mehr noch, weil gerade an dunklen Stellen nicht selten besonders köstliche Juwelen Hildegardischer Intuition aufblitzen. Übrigens war nicht bloß in solchen Fällen die Gefahr, danebenzugreifen, groß. Dies liegt in dem visionären Charakter der Schriften. Es war oft ein hartes Mühen, die häufig höchst expressioni-

* Eine allgemein befriedigende deutsche Biographie über Hildegard gibt es nicht. Die Bücher von Schmelzeis: »Das Leben und Wirken der hl. Hildegardis«, 1879; Johannes May: »Die hl. Hildegard von Bingen«, 1911; Helene Riesch: »Die hl. Hildegard von Bingen«, 2. und 3. Auflage 1920, verfolgen in erster Linie erbauliche Zwecke, was natürlich die ganze Auffassung erheblich beeinflußt. (Das 1914 in London erschienene Buch von F. M. Steele: The life and visions of St. Hildegard war mir nicht erreichbar.) Dagegen gibt es bereits eine ganze Reihe beachtenswerter Einzelstudien. Wir nennen hier nur: P. Kaiser: »Die naturwissenschaftlichen Schriften Hildegards«, 1901; J. Herwegen: »Les collaborateurs de sainte Hildegard«, Revue Bénédictine 1904; F. W. Roth: »Studien zur Lebensbeschreibung der hl. Hildegard«, Studien und Mitteilungen zur Geschichte des Benediktinerordens und seiner Zweige, 1918; J. Gmelch: »Die Kompositionen der hl. Hildegard«, 1919.

stisch und dann wieder impressionistisch lose nebeneinander hingeworfenen Wortblöcke so zu legen, daß weder ein völliger Neubau noch ein zu ungeheuerliches deutsches Sprachenungetüm erschien. Glückte mir auch die Lösung dieser Schwierigkeiten nicht überall, so glaube ich doch, daß man sich hier mit einem Gutteil Hildegardischen Geistes vertraut machen kann. Und er lohnt es dem, der sich nicht von dem ersten Eindruck abschrecken läßt.

Hildegards Leben und Brief an Mönch Wibert über ihre Visionen

Hildegards Leben von den Mönchen Gottfried und Theodorich

I. Die Taten der Heiligen

1. Als Heinrich (IV.) im Römerreiche regierte, lebte in deutschen Landen eine durch Heiligkeit und Abkunft gleich erlauchte Jungfrau. Hildegard hieß sie. Ihr Vater war Hildebert, ihre Mutter Mechthild* Als reiche Edelleute standen ihre Eltern zwar mitten im Getriebe der Welt; doch vergaßen sie darüber nicht, ihrem Schöpfer für seine Gaben zu danken. Sie weihten nämlich ihr Töchterlein Hildegard, dessen frühreifer Ernst es weit von der Art sinnlich veranlagter Menschen schied, dem Dienste Gottes. Noch konnte das Mädchen kaum stammeln, und schon ließ es ihrer Umgebung durch Worte und Zeichen erkennen, daß es geheimnisvolle Dinge sah. Nicht wie sonst die Menschen Gegenstände erblicken, schaute sie das Kind, sondern auf eine ganz ungewöhnliche Weise.

Als Hildegard beinahe acht Jahre alt war, wurde sie auf dem Berge des heiligen Disibod eingeschlossen, um mit Christus begraben auch zu Christi unsterblicher Herrlichkeit aufzuerstehen.** Sie wurde hier im Kleide der Demut und Unschuld von der frommen, Gott ergebenen Frau Jutta sorgfältig erzogen. Nur die Lieder Davids und den Jubel-

* »Nur Geburtszeit und die Namen der Eltern sind feststellbar, alles andere ist Vermutung.« F.W. Roth.

** Wahrscheinlich schon seit dem 7. Jahrh. war hier ein Mönchskloster und daneben, wie auch sonst öfters im Mittelalter, zeitweilig ein kleines Nonnenkloster.

sang zum zehnsaitigen Psalterium lehrte sie ihre Meisterin.* Sonst gab ihr niemand weder in Wissenschaft noch Musik irgendeinen Unterricht. Und trotzdem liegen von ihr nicht wenig Schriften, zum Teil ganz umfangreiche Bände, vor. Am besten lassen wir uns dies von ihr selbst erklären; in ihrem Werke »Scivias« spricht sie sich nämlich darüber aus.**

2. Doch erzählen wir zunächst von ihrem Leben! (Sie wurde bald zur Ablegung der Nonnengelübde zugelassen und machte unter Juttas Leitung weiterhin ganz einzigartige Tugendfortschritte.) In ihrer Brust brannte das Feuer gütiger Liebe, die allumfassend war und niemand ausschloß. Die Mauer der Demut schirmte den Turm der Keuschheit; zudem halfen ihr die ganz einfache Kleidung und größtes Maßhalten in Speise und Trank ihre magdliche Unschuld bewahren. In ihrer Herzensruhe schwieg die züchtige Jungfrau meist, und sprach sie, so waren es nur wenige Worte ...

Doch im Feuerofen erprobt sich des Töpfers Gefäß, und im Leiden kommt die Tugend zu ihrer Vollendung. So ward auch Hildegard von ihrer Kindheit Tagen an von vielen Krankheiten heimgesucht, so daß sie nur selten gehen konnte. Da ihr Leib fortwährend kränkelte, war ihr Leben das Bild eines steten köstlichen Sterbens. Was aber ihr äußerer Mensch an Kraft verlor, das gewann der innere durch den Geist kraftvoller Weisheit an Stärke, und während ihr Körper dahinsiechte, erglühte ihr Geist in seltenem Feuer.

3. So war sie in heiligem Streben viele Jahre emporgewachsen. Ihr ganzes Trachten war einzig darauf eingestellt,

* D. h. die Psalmen und den Choralgesang.

** Vgl. Vorwort zu »Scivias« S. 169 f.

Gott zu gefallen, und schon nahte die Zeit, daß ihr Leben und ihre Lehre zur Förderung vieler weitum bekannt werden sollte. Es mahnte sie jetzt eine göttliche Stimme, was sie sah und hörte, aufzuzeichnen. Sie fürchtete freilich vorerst voll fraulicher Scheu der Menge eitel Gerede und der Menschen voreilig leichtfertig Urteil. Sie mußte also schärfer angespornt werden, ihre himmlischen Offenbarungen kundzutun. Sie wurde deshalb von einer langwierigen Krankheit heimgesucht, die ihren Widerstand so weit zermürbte, daß sie zunächst einem Mönche, den sie sich als Seelenleiter auserkoren hatte, furchtsam und demütig den Grund dieser göttlichen Züchtigung mitteilte. Dieser berichtete darüber seinem Abte.

Der erwog diese allem Herkommen widersprechende Erscheinung. Er hielt dafür, daß bei Gott kein Ding unmöglich sei, berief deshalb die klügsten Männer seines Konvents und legte ihnen zur Beurteilung vor, was er vernommen. Man untersuchte auch einige ihrer Schriften und Visionen, und dann hieß er sie sich darüber äußern, was ihnen Gott in den Sinn gäbe.

Sobald Hildegard mit dem Schreiben, das sie übrigens gar nicht gelernt hatte, begann, gewann sie ihre gewöhnlichen Körperkräfte wieder und konnte sich von ihrem Krankenlager erheben. Als der Abt sich über dieses ungewöhnliche Wunder Sicherheit verschafft hatte, wollte er die Angelegenheit nicht auf seinem persönlichen Urteil beruhen lassen und entschloß sich, sie der Öffentlichkeit zu unterbreiten. Er begab sich deshalb zur Mutterkirche nach Mainz und berichtete über sie dem Erzbischofe Heinrich und den übrigen Mainzer Prälaten. Er zeigte ihnen auch die Schriften, welche die selige Jungfrau soeben herausgegeben.

4. (Damals, 1147 oder 1148, weilte eben Papst Eugen III.

zu Trier. Der Erzbischof wandte sich wegen Hildegard an ihn. Der Papst sandte in das Kloster Hildegards eine Kommission, welche die Angelegenheit mit größter Diskretion untersuchte und die Schriften der Heiligen mitbrachte. Der Papst las selbst aus ihnen vor. Alle Anwesenden, darunter auch der heilige Bernhard von Clairvaux, waren davon begeistert, und so bestätigte der Papst unter allgemeiner Zustimmung Hildegards Schriften.)

5. Sie begann jetzt voll demütigsten Vertrauens mit Worten, die sie weder von noch durch einen Menschen vernommen hatte, weitum den Wohlgeruch der Heiligkeit zu verbreiten.

Es kamen nun viele Töchter von Edelleuten zu Hildegard, um von ihr die Wege der Ordenszucht im Ordenskleide zu lernen. Es wurden so viele, daß sie ein Kloster kaum mehr fassen konnte. Man überlegte bereits, wie man es verlegen und vergrößern könnte. Da zeigte ihr der Heilige Geist den Ort, wo die Nahe sich in den Rhein ergießt. Es war dies der Hügel, der seit alter Zeit der Rupertsberg hieß. Sankt Rupert hatte ihn einst als väterliches Erbe besessen und dort mit seiner seligen Mutter Berta und dem Bekenner Wibert sein Leben im Dienste Gottes glücklich verbracht. Von Ruperts Grabe und Reliquien hatte der Berg seinen Namen.*

Nicht mit dem Auge des Körpers, sondern in einer tief innerlichen, seelischen Schau sah die Jungfrau Gottes den Ort, zu dem sie auswandern sollte. Sie bezeichnete ihn nun auch dem Abte und den Brüdern. Doch die wollten Hildegard nicht gerne scheiden sehen, und so verschleppten sie die Sache. Da wurde sie wie schon früher schwer krank, damit

* Über diesen Binger St. Rupert ist geschichtlich Zuverlässiges nicht bekannt. Die von der heiligen Hildegard verfaßte Legende beruht auf einer »visio mystica«. Vgl. Seite 31.

dadurch Gottes Befehl zur Ausführung käme. Sie konnte ihr Krankenlager nicht eher verlassen, als bis sich der Abt und die übrigen durch diesen Wink Gottes zur Zustimmung genötigt sahen. Sie gaben also ihren Widerstand auf und halfen nach Kräften der Jungfrau, ihr Vorhaben auszuführen ...

6. Weil der Rupertsberg teilweise den Kanonikern der Mainzer Kathedrale, der Grund und Boden aber, auf dem die Kirche des heiligen Rupert stand, dem Grafen Bernhard von Hildesheim gehörte, wurde die Angelegenheit durch zuverlässige Mittelspersonen geregelt, und so erhielt die Jungfrau Gottes endlich die Erlaubnis, sich mit ihren Schwestern dort niederzulassen.

7. Diese ganze Zeit der Vorbereitung zur Übersiedelung an den Ort, den Hildegard im Geiste vorausgeschaut, konnte sie keinen Schritt gehen. Als endlich alles geregelt war, begab sich der Abt zur krank und schwer bedrückt Darniederliegenden und hieß sie im Namen Gottes sich erheben und zu der ihr vom Himmel vorherbestimmten Wohnstätte begeben. Schneller als es sich sagen läßt, stand sie jetzt auf, als hätte sie die lange Zeit her keine Schwäche gefühlt. Da ergriff alle Anwesenden Staunen und Verwunderung. Und mit Recht ... Denn von dem Augenblicke an, da Gottes Weisung, auszuwandern, an sie ergangen war, fühlte sie ihr Leiden leichter werden, wenn die Sache günstig vorwärts ging; schien sie sich aber an dem Widerspruche der Widerstrebenden zu zerschlagen, dann ward ihre Krankheit heftiger, wenn sie auch ferne vom Orte der Verhandlungen nichts davon vernahm. Einstmals sprang sie plötzlich von ihrem Lager auf und durchwandelte alle Winkel und Räume des Klosters, ohne ein Wort hervorbringen zu können, dann verließ sie die Kraft zu gehen, sie kehrte in ihr Bett zurück und konnte nun wie vordem reden. An dieser Krankheit litt

sie übrigens nicht nur damals, sondern sooft sie in weiblicher Zagheit den Weisungen des Himmels zu folgen zögerte oder an ihnen überhaupt zweifelte. So erkannte sie an ihrem Befinden zuverlässig, ob ihre Bestrebungen das Richtige trafen.

8. Die Dienerin Gottes konnte also endlich mit achtzehn gottgeweihten Jungfrauen ihren bisherigen Wohnsitz verlassen. So tief hier der Schmerz über ihr Scheiden war, so groß war die Freude und der Jubel an dem Orte ihrer Ankunft. Aus der Stadt Bingen und von den umliegenden Gütern waren viele Vornehme und eine große Volksmenge erschienen, die sie mit Frohlocken und unter frommen Gesängen empfingen.

(Mit großem Eifer sorgte sie dafür, daß die ihr anvertrauten Jungfrauen gute Fortschritte im Ordensleben machten: aber nicht minder, daß die wirtschaftliche Grundlage ihres Klosters gesichert wurde.) Dem Prälaten der Abtei, aus der sie fortgezogen, bleiben sie und ihre Töchter nur so weit untertan, daß sie in geistlichen Dingen, in der Ordensdisziplin und der Ordensprofeß, sich in erster Linie dieser Abtei anschließen wollten und daß sie je nach Zeit und Umständen von dort Priester erbitten würden, die ihnen die Seelsorge, den Gottesdienst und auch Dinge wirtschaftlicher Natur besorgen würden. Bei der Bestimmung der betreffenden Persönlichkeiten verlangten sie absolut freie Wahl.

9. (Diese Abmachungen traf sie alle schriftlich und ließ sie vom Mainzer Erzbischof bestätigen. Auch dabei zwangen sie ihre körperlichen Leiden, zielbewußt vorzugehen und fest zu bleiben.)

10. Es sei hier wiederholt, daß Hildegard zwar oft der gebärenden Lia Schmerzen empfunden, aber gleichwohl die lichten Augen der köstlichen Rachel hatte und sie auf den

hellen Auen innerer Beschauung weidete. Was sie dabei sah, das tat sie in Wort und Schrift kund.

Die Art und Weise ihres Schauens wird selten selbst hervorragenden Heiligen zuteil, solange sie im Schatten dieser Sterblichkeit pilgern. Wir müssen darüber ein paar Worte sagen und tun dies am besten im Anschlusse an einen Brief, den sie dem Mönche Wibert von Gembloux schrieb. Er hatte von ihren Visionen gehört und bat sie darüber um näheren Aufschluß ...

II. Die Wunder und der Tod der Seligen

11. Die Gnade der Krankenheilungen erstrahlte in der seligen Jungfrau so wirksam, daß sich ihr nur selten ein Kranker nahte, ohne sofort gesund zu werden. Das zeigen die folgenden Beispiele zur Genüge. So hatte ein vornehmes Mägdlein, das ebenfalls Hildegard hieß, seine Eltern, das Vaterhaus und die Welt verlassen und gelobt, sich der Leitung der heiligen Hildegard, dieser frommen Mutter, hinzugeben. Einst wurde dies Mädchen vom Wechselfieber befallen und konnte durch keine Arznei geheilt werden. Da wußte sie sich keinen anderen Rat, als die Hilfe der heiligen Jungfrau anzurufen. Nach dem Herrenworte: »Kranken werden sie ihre Hände auflegen, und sie werden gesunden« (Mark. 16, 18) legte Hildegard ihr unter Gebet und Segen die Hand auf, vertrieb das Fieber und heilte sie. (Ebenso befreite sie Mönch Rorich von einem ähnlichen Fieber.) ...

12. Simon, ein sieben Wochen altes Kind von Rüdesheim, litt an einem erbarmungswürdigen Zucken aller Glieder. Seine Amme brachte es zu Hildegard. Durch deren Gebet und Gottes Huld wurde es geheilt.

Hildegard half übrigens nicht nur solchen, die in ihrer Nähe waren, sondern auch weit Entfernten. So hatte Arnold von Wacherneim, den sie seit langem kannte, ein schweres Halsleiden. Nur mit Mühe konnte er atmen. Weil er sich selbst nicht helfen konnte, ersuchte er demütig Hildegard um ihre Fürbitte. Voll Vertrauen auf Gottes Barmherzigkeit segnete sie Wasser und schickte es ihrem Freunde. Sobald er davon genommen, verließ ihn sofort durch Gottes Huld der Schmerz ...

13. Im Bistum Trier lebte ein adeliges Mädchen namens Lutgard. Die Liebe zu einem herrlich gestalteten jungen Manne zehrte sie völlig auf, da sie wegen der sorgfältigen Obhut, unter der sie stand, ihre Lust nicht befriedigen konnte. Die Eltern kamen auf den Grund ihres Hinsiechens und wandten sich vertrauensvoll durch einen Boten um Rat und Hilfe an die heilige Jungfrau. Sie wurden gewürdigt, ihren Herzenswunsch erfüllt zu sehen. Hildegard betete nämlich zu Gott, segnete unter Tränen Brot von ihrem Tische und sandte es zu dem Mädchen. Als man es ihm zu essen gegeben hatte, erkaltete in ihm völlig die Glut des Liebesbrandes.

Eine Matrone namens Sibylla aus Lausanne, das jenseits der Alpen liegt, bat Hildegard durch einen Boten um Hilfe. Sibylla erhielt von ihr einen Brief und wurde dadurch vom Blutflusse befreit. Hildegard ließ ihr sagen: »Lege diese Worte um deine Brust und deinen Nabel im Namen dessen, der alles wohl ordnet. In Adams Blut entsprang der Tod, in Christi Blut ward der Tod erstickt. In diesem Blute Christi befehle ich dir, Blut, daß du in deinem Laufe innehältst!« ...

14. Ich möchte auch nicht übergehen, daß die verschiedensten Kranken ihre ursprüngliche Gesundheit wieder ge-

wannen, wenn ihnen etwas von den Haaren oder Kleidern Hildegards gebracht wurde. So lief man eilig zum Kloster der Jungfrau Gottes, als die Gattin des Schultheißen von Bingen an einer schweren, langwierigen Geburt darniederlag und man schon an ihrem Leben verzweifelte. Man fragte, ob man nicht mit irgend etwas der so schwer Leidenden zu Hilfe kommen könnte. Die Nonnen gaben den Hilfesuchenden etwas von den Haaren Hildegards, was sie gelegentlich aufbewahrt hatten, und hießen dies der Kreißenden um den bloßen Leib legen. Kaum hatte man es getan, da gebar sie glücklich und wurde also vom Tode befreit ...

15. Was soll man aber dazu sagen, daß die Jungfrau in Erscheinungen jenen in ihren Nöten helfen wollte, die ihrem Gebete empfohlen waren? So übernachtete einst ein junger Mann, Rudolph von Ederich, in einem kleinen Orte. Als er sich zur Zeit der Ruhe niederlegte, flehte er die heilige Jungfrau um ihren Beistand an. Wunderbar! Sie erschien ihm in derselben Gestalt und Kleidung, die sie wirklich hatte, und eröffnete ihm, daß ihm Feinde nachstellten und daß er in Lebensgefahr schwebe, aus der ihn nur schnelle Flucht retten könne. Auf der Stelle entfernte er sich mit ein paar Gefährten; einige blieben jedoch zurück, sie wurden dann wirklich gegen Morgen von einer feindlichen Schar überwältigt ...

16. Unter anderem scheint uns auch das von ihr bemerkenswert, daß sie sich vom Heiligen Geiste nicht nur angetrieben, sondern in der Tat gezwungen fühlte, sich nach Köln, Trier, Metz, Würzburg, Bamberg zu begeben. Hier kündete sie Klerus und Volk, was Gott wollte. Das gleiche tat sie auf dem Disibodenberg, Sigeberg, Eberbach, Hirschau, Zwiefalten, Maulbronn, Rodenkirchen, Kitzingen,

Krauftal, Herde, Werth, Andernach, Marienberg, Elsis und Winkel, wo sie verkündete, was zum Nutzen der Seelen war und ihr Gott geoffenbart hatte.

17. Neben anderen hervorragenden Tugendwerken hatte die heilige Jungfrau vom Herrn auch die Gnade erhalten, die Dämonen aus besessenen Körpern auszutreiben. So schreibt die verehrungswürdige Mutter über eine noch jugendliche adelige Frau: »Nachdem mich ein Gesicht über die Schrift und Worte des Johannesevangeliums belehrt hatte, fiel ich mit solcher Wucht auf das Krankenlager, daß ich mich auf keine Weise davon erheben konnte. Ein Südwind hatte mir dies Leiden angehaucht; mein Körper wurde von solchen Schmerzen zermürbt, daß er meine Seele kaum mehr ertragen konnte. Nach einem halben Jahre durchdrang der gleiche Wind meinen Körper in einer Weise, daß ich mich so in Todesnot befand, als müßte meine Seele aus diesem Leben scheiden. Dann mischte sich ein anderes Windwehen von Wassern in diese Hitze, so daß mein Fleisch so weit erfrischt wurde, daß es nicht gänzlich von den Flammen verzehrt wurde. Ein ganzes Jahr lag ich also darnieder, doch sah ich in einer wahren Schau, daß mein Leben seinen Zeitenlauf noch nicht vollendet hatte, sondern noch etwas dauern sollte. Inzwischen wurde mir geoffenbart, daß am Niederrheine, weit weg von uns, eine vornehme Frau vom Teufel besessen worden sei. Es kamen auch oft Boten in dieser Sache zu mir. Ich sah aber in einem wahren Gesichte, daß diese Frau durch Gottes Zulassung von einer Schwärze und einem vom Teufel zusammengeballten Rauche besessen und umschattet war. Jegliches Empfinden ihrer vernünftigen Seele wurde dadurch unterdrückt, sie konnte nicht einmal in klarer Erkenntnis aufseufzen; denn wie der Schatten eines Menschen oder eines anderen Gegenstandes oder auch der

Rauch Dinge, die er bedeckt, einhüllt und umzieht, so wurden ihr klarer Sinn und ihre Handlungen zerstört, und sie schrie und tat oft Unpassendes. Wurde aber dies Übel auf Gottes Befehl abgeschwächt, dann wurde sie weniger belästigt.

Wie ich so überlegte und wissen wollte, auf welche Weise die Gestalt des Teufels in einen Menschen eindringen könne, sah und hörte ich, daß der Teufel, so wie er ist, nicht in den Menschen fährt, sondern ihn mit dem Schatten und Rauche seiner Schwärze umhüllt und bedeckt. Würde nämlich die Teufelsgestalt selbst in den Menschen eindringen, dann würden seine Glieder schneller gelöst, als Halme vom Wind zerstreut werden. Deshalb gestattet Gott nicht, daß der Teufel selbst in den Menschen fährt. Doch mit den obengenannten Dingen übergießt er ihn und verdreht ihn zu Wahnsinn und Ungehörigem. Er schreit durch ihn wie durch ein Fenster und bewegt seine Glieder von außen her, wenn er auch nicht in seiner eigentlichen Gestalt im Menschen ist. Die Seele ist aber wie in tiefem Schlummer befangen und weiß nicht, was das Fleisch des Körpers tut.

18. Dann sah ich eine Schar böser Geister, welche die vorher beschriebene verworfene Kunst ausüben, die ganze Welt durchziehen, um Menschen zu finden, durch die sie Spaltung und Entzweiung unter den Menschen hervorrufen könnten ...

Nachdem aber die Frau, von der wir gesprochen, an zahllose Orte zu den Reliquien der Heiligen geführt worden war, schrie der Teufel, der sie besessen hielt, durch die Verdienste der Heiligen und die frommen Gebete des Volkes überwunden, in den Gebieten weiter oben am Rheine säße eine alte Frau, durch deren Rat er ausgetrieben werden würde. Als dies ihre Freunde vernahmen, führten sie die Frau im achten

Jahre ihrer mühevollen Wanderungen, so wie es der Herr wollte, zu uns.« (Es gelang nun Hildegard wirklich, die arme Frau vom Teufel zu befreien.)

19. Nach diesen demütigen, von jeder Anmaßung freien Eigenberichte dieses durch sie gewirkten Wunders ... fügt Hildegard sogleich die Erzählung von der Schwächung, die ihren ganzen Körper heimsuchte, an. »Hierauf, das heißt nach der Befreiung jener Frau, befiel mich wiederum eine schwere Krankheit. Meine Adern mit dem Blute, meine Knochen und deren Mark welkten dahin; meine Eingeweide in mir wurden zerdehnt, und mein ganzer Körper wurde so schwach wie das Gras, das im Winter sein Grün verliert. Und dann sah ich, daß die bösen Geister darüber spotteten und hohnlachend riefen: ›Ha! sie wird sterben, und ihre Freunde, mit denen sie uns beschämte, werden weinen.‹ Ich aber sah nicht, daß das Hinscheiden meiner Seele bevorstünde. An dieser Krankheit litt ich mehr denn vierzig Tage und Nächte.

Inzwischen sah ich einem wahren Gesichte, daß ich mehrere Vereinigungen geistiger Menschen, Männer und Frauen, besuchen und ihnen die Worte, die mir Gott offenbarte, kundtun sollte. Als ich dies endlich versuchte, mir aber hierzu die Körperkräfte fehlten, wurde meine Krankheit etwas gemindert. So konnte ich Gottes Befehl ausführen und die Zwistigkeiten, die einige unter sich hatten, beseitigen. Da ich diese Wege, die mir Gott vorschrieb, aus Furcht vor dem Volke nicht gehen wollte, wurden die Schmerzen meines Körpers vermehrt und wichen nicht, bis ich gehorchte. Es ging mir wie Jonas, der schwer heimgesucht wurde, bis er zum Gehorsam zurückkehrte.«

20. Hierauf wurde die Braut Christi eines himmlischen Besuches gewürdigt, durch den sie solche Tröstung emp-

fing, daß sie von dieser Wonne sagte, sie wäre vom Jubel unermeßlicher Freude erfüllt worden. Sie erzählte: »Ein überaus schöner und liebenswürdiger Mann erschien mir in einem Gesichte der Wahrheit. Er brachte mir solchen Trost, daß er bei seinem Anblicke alle meine Eingeweide wie mit Balsamruch durchgoß. Da jubelte ich in großer unermeßlicher Freude und sehnte mich, ihn immer und immer zu sehen. Und er befahl, daß die mich bedrückten, von mir weichen sollen: ›Geht weg‹, sprach er, ›ich will nicht mehr, daß ihr sie fürder so quält.‹ Unter Geheul fuhren die bösen Geister von dannen, sie schrieen: ›Weh, wozu sind wir gekommen, da wir beschämt abziehen müssen!‹ Sogleich verließ mich bei den Worten des Mannes die Krankheit, die mich beunruhigte, wie Wasser, die durch Sturmwinde in Überschwemmung erregt werden, und ich gewann Kräfte wie der Pilger, der in sein Vaterland zurückkehrt und, was er hat, zusammenrafft. Meine Adern und das Blut darin, meine Knochen mit dem Marke wurden wieder hergestellt, als wäre ich vom Tode erweckt worden. Doch ich schwieg in Geduld, verstummte in Sanftmut, und wie die Gebärende nach dem Kreißen, also sprach ich nach dem Schmerze.

21. Hierauf zwangen mich mein Abt und die Brüder in demütigem Drängen und Bitten, das Leben des heiligen Disibod, dem ich ehedem geopfert worden war, so wie es Gott wolle, zu schreiben, da sie nichts Bestimmtes darüber hätten. Ich betete, rief den Heiligen Geist an, und in einer wahren Schau ermahnt, sah ich hin zur wahren Weisheit, und so wie sie es mich lehrte, beschrieb ich das Leben und die Verdienste des Heiligen.

Darnach verfaßte ich das Buch der Göttlichen Werke. Darin sah ich, wie es mir der allmächtige Gott eingoß, wie die Höhe, Tiefe und Weite des Firmamentes und wie Sonne und Mond und die übrigen Gestirne daran geordnet sind.« ...

22. So haben wir dies, soweit es bei unserem bescheidenen Talente möglich war, ausgeführt. Jetzt aber wollen wir die Schreibfeder zu den Worten ihrer heiligen Töchter wenden und zu dem, was diese von ihr aufzeichnungswert hielten; vor allem, was sie von ihrem seligen Hinscheiden sahen und hörten ...

23. Ihre Mitschwestern berichteten: Nachdem die selige Mutter in vielen mühevollen Kämpfen dem Herrn ergeben gedient hatte, da befiel sie der Überdruß an diesem Leben, und sie sehnte sich täglich nach der Auflösung und der Vereinigung mit Christus. Gott erfüllte ihr Sehnen, und wie sie es gewünscht, offenbarte er ihr durch den Geist der Prophetie ihr Ende, das sie dann auch ihren Schwestern vorhersagte. Sie litt also an einer Krankheit und wanderte durch ihren seligen Tod im zweiundachtzigsten Lebensjahre zum himmlischen Bräutigam. Ihre Töchter aber, deren ganze Freude und Trost sie war, wohnten bitterlichst weinend dem Begräbnis der geliebten Mutter bei ... Gott zeigte bei ihrem Hinscheiden durch Wunder ganz deutlich, in welchen Würden sie bei ihm stand ...

Hildegards Brief an Mönch Wibert von Gembloux über ihre Visionen

Aus dem Jahre 1171

Die folgenden Worte stammen weder von mir selbst, noch von irgendeinem Menschen; ich bringe sie vor, wie ich sie in einem Gesichte von oben empfangen habe. Knecht Gottes, ... und Kind Gottes, ... vernimm, was das makellose Licht spricht:

Der Mensch ist irdisch und himmlisch zugleich; durch die gute Wissenschaft der vernünftigen Seele ist er himmlisch, durch die böse Wissenschaft aber ist er gebrechlich und finster; je mehr er sich im Guten erkennt, desto mehr liebt er Gott. Besieht nämlich ein Mensch sein Antlitz in einem Spiegel und findet, daß es beschmutzt und von Staub bedeckt ist, dann trachtet er, es zu reinigen und abzuwaschen; in gleicher Weise seufzt er auch, wenn er merkt, daß er gesündigt und sich in mannigfaltige Eitelkeit verstrickt hat. Er weiß dann, daß er in seinem guten Wissen beschmutzt wurde, und klagt mit dem Psalmisten: »Tochter Babylons! Elend bist du, und glückselig ist der Mann, der dir wieder vergilt, was du uns angetan! Glückselig der Mann, der deine Kinder erfaßt und an einem Felsen zerschmettert!« (Psalm 131, 8. 9.)

Das heißt: Die menschliche Begierlichkeit wurde vom Geifer der Schlange übergossen. Sie ist arm und bedürftig, weil sie in der tiefsinnenden Erkenntnis ehrenvoller Auffassung entbehrt. Denn sowohl sie von der Herrlichkeit des ewigen Lebens durch die gute Wissenschaft einen Vorgeschmack hat, sucht sie diese Herrlichkeit nicht und sehnt sich nicht nach ihr. Glückselig aber ist, wer es erfaßt und festhält, daß er von Gott lebt, und wen seine Wissenschaft lehrt, daß ihn Gott erschaffen und erlöst hat, und wer wegen dieser Erlösung alle schlechte Sündengewohnheit in sich zernichtet ...

Du getreuer Knecht! Ich armselige Frauengestalt künde dir wiederum in einem wahren Gesichte diese Worte. Gefiele es Gott, in diesem Gesichte meinen Leib und meine Seele zu erheben, so wiche doch die Furcht nicht aus meinem Sinne und Herzen, weil ich weiß, daß ich ein Mensch bin, wenn ich auch von meiner Kindheit an in Klostermauern eingeschlossen lebe. Viele Weise sind schon durch Wunder zu Fall gekommen. Sie taten nämlich viele Geheimnisse kund, schrieben das jedoch in eitler Ruhmsucht sich selbst zu und stürzten auf diese Weise. Wer aber im Aufstiege seiner Seele die Weisheit von Gott schöpft und sich doch für nichts achtet, der wird eine Himmelssäule. So war es auch mit Paulus. Obwohl er den übrigen Jüngern in der Liebe voranschritt, hielt er doch sich selbst für nichts. Auch der Evangelist Johannes war voll Milde und Demut und schöpfte deshalb vieles aus der Gottheit.

Und weshalb sollte ich mich armseliges Wesen nicht selbst erkennen? Gott wirkt, wo er will, zur Verherrlichung seines Namens, aber nicht zur Ehre eines irdischen Menschen. Immer ist zitternde Furcht in mir, weil ich keinerlei Sicherheit irgendeines Vermögens in mir finde. Ich strecke meine Hände zu Gott aus, wie eine Feder, die frei von aller Schwere ist, und die vom Winde getragen fliegt. Er möge mich halten! Ich kann auch das, was ich sehe, nicht völlig erkennen, solange ich im Körper weile und meine Seele noch unsichtbar ist; denn diese beiden Punkte begründen die Unvollkommenheit des Menschen.

Seit meiner Kindheit aber, da meine Knochen, Nerven und Adern noch nicht gekräftigt waren, genieße ich immerdar bis auf den heutigen Tag, da ich mehr denn siebzig Jahre zähle, die Gnade dieser Schau. Dabei steigt meine Seele, so wie es Gott will, hinauf in die Höhe des Firmamentes und in die wechselnden Schichten des Äthers, sie breitet sich aus zwischen den verschiedenen Völkern, wenn sie auch in weit entlegenen Ländern, fern von mir sind. Und weil ich das also in meiner Seele sehe, schaue ich sie wie den Wechsel der Wolken und anderer Geschöpfe. Ich vernehme dies jedoch nicht mit den leiblichen Ohren, ersinne es nicht in den Gedanken meines Herzens und nehme es nicht durch einen der fünf Sinne auf; ich schaue all das nur in meiner Seele mit offenen Augen wachend während des Tages und der Nacht, ohne jemals ein Ekstase erlitten zu haben. Fortwährend bedrängen mich Krankheiten, und vielfach bin ich so von schweren Schmerzen umklammert, daß sie mir den Tod zu bringen drohen, doch hat mich Gott bis nun zum Leben erweckt.

Das Licht, das ich schaue, ist an keinen Ort gebunden, es ist unendlich heller als eine Wolke, die die Sonne trägt. Ich sehe an ihm keine Höhe, keine Länge und keine Breite. Es wird mir als »der Schatten des lebendigen Lichtes« bezeichnet. Und so wie die Sonne, der Mond und die Sterne im Wasser erscheinen, so formen sich mir und erglänzen mir die Schriften, Gespräche, Tugenden und mancherlei Werke der Menschen in ihm.

Und was ich in diesen Gesichten schaue und erfahre, behalte ich lange im Gedächtnis, so daß ich, wenn ich dies Licht sehe und höre, ich mich erinnere und zugleich sehe, höre, weiß und gleichsam in *einem* Augenblicke, was ich weiß, lerne. Was ich aber nicht schaue, das weiß ich nicht, denn ich bin ungelehrt, man hat mich nur unterwiesen, in aller Einfalt die Buchstaben zu lesen. Und was ich in meiner Vision niederschreibe, das sehe und höre ich. Ich schreibe auch keine anderen Worte als die, welche ich höre, nieder und bringe sie in ungefeilten lateinischen Worten vor, wie ich sie eben in der Vision höre; denn ich lerne in den Gesichten nicht, wie ein Philosoph zu schreiben, auch sind jene Worte nicht wie Worte, die von Menschenmund ertönen, es ist vielmehr wie eine blitzende Flamme und wie eine Wolke, die sich in reiner Luft bewegt.

Die Gestalt dieses Lichtes vermag ich in keiner Weise zu erkennen, wie ich ja auch nicht voll in die Sonnenscheibe schauen kann. In diesem Lichte sehe ich zuweilen, freilich nicht oft, ein anderes Licht, das mir als »das lebende Licht« bezeichnet wird; wann und wie ich es sehe, kann ich nicht angeben; solange ich es aber schaue, wird jede Traurigkeit und Beängstigung von mir genommen, so daß ich dann wie ein einfältiges Jungmädchen und nicht wie eine alte Frau bin.

Infolge meiner steten Krankheit, an der ich leide, ist es mir manchmal zuwider, die Worte und die Gesichte, die mir gezeigt werden, vorzubringen; wenn sie aber meine Seele sieht und kostet, dann werde ich, wie ich soeben gesagt, völlig geändert und vergesse allen Schmerz und alle Wirrnis. Und was ich in der Vision sehe und höre, das schöpft meine Seele wie aus einem Quell, doch bleibt er dabei voll und unerschöpft.

Zu keiner Stunde fehlt meiner Seele das Licht, das der Schatten des lebendigen Lichtes heißt. Ich sehe es, als schaute ich das Firmament ohne Sterne in einer lichthellen Wolke, und ich sehe darin auch, was ich oft spreche und denen, die mich fragen, aus dem Glanze des lebenden Lichtes antworte.

In dem Gesichte sah ich auch, daß das erste Buch meiner Visionen ›Scivias‹ (Wisse die Wege) zu nennen sei, weil es einzig auf dem Wege des lebenden Lichtes und nicht aus irgendeiner anderen Lehre geschöpft ist ... In der wahren Schau also habe ich das Buch Scivias und die anderen geschrieben, und noch immer bin ich daran am Werke.

Ich kenne weder meinen Körper noch meine Seele und halte mich für nichts, ich strebe zum lebendigen Gotte hin und überlasse ihm dies alles. Er, der weder Anfang noch Ende hat, wird mich in all dem vor Übel bewahren. Und darum bete auch du, der du mich um diese Dinge fragst, mit allen, die dies in Treuen zu hören wünschen, für mich, damit ich im Dienste Gottes ausharre. Richte auch du, Kind Gottes, der du in aller Treue Gott suchst und ihn um dein Heil bittest, deine Aufmerksamkeit auf den Adler, der mit seinen beiden Flügeln zur Wolke aufstrebt (Apokalypse 12, 14). Wird er nur an *einem* verletzt, so muß er auf der Erde sitzen bleiben und kann sich nicht, so gerne er es möchte, zum Fluge erheben. So fliegt auch der Mensch mit den beiden Flügeln der Vernunft, dem rechten Flügel, dem Wissen vom Guten, und dem linken, dem Wissen vom Bösen. Und das Wissen vom Bösen muß dem vom Guten dienen, muß es schärfen, lenken und in allem weise machen. Teures Kind Gottes! Gott erhebe die Flügel deines Wissens zu rechten Flügen! Wenn du einmal in einer Stimmung sündigst – denn du bist ja so geboren, daß du nicht ohne Sünde sein kannst –, so begehe doch die Sünde nie mit Zustimmung, und dann singt von einem Menschen, der also handelt, herrlich die Himmelsharmonie Gott preisend, weil der Mensch, der Staub ist, Gott so liebt, daß er sich selbst wegen Gott völlig verachtet. Erprobter Streiter, bewähre dich so in diesem Kampfe, daß du in der Himmelsharmonie verweilen kannst, und daß Gott zu dir spreche: »Du bist einer aus den Söhnen Israels, weil du durch die Augen des Geistes und in eifervollem, himmlischen Streben zum hochragenden Berge emporblickst!«

Alle, die du in dem Briefe an mich genannt hast, möge der Heilige Geist so lenken, daß sie in das Buch des Lebens eingezeichnet werden!

Schriften der heiligen Hildegard von Bingen

Ursachen und Heilungen

Erstes Buch

1. *Von der Weltschöpfung.* Gott war und ist vor der Weltschöpfung, ohne Anfang; er war und ist das Licht, der Glanz und war das Leben. Da also Gott die Welt erschaffen wollte, erschuf er sie aus dem Nichts, der Stoff für die Welt aber war in seinem Willen.

2. *Von dem Stoffe.* Denn da Gottes Wille zum Wirken des Werkes sich breit zeigte, da ging alsogleich aus dem göttlichen Willen und so wie es Gott wollte der Stoff für die Welt wie ein dunkler ungeformter Ball hervor.

3. *Von der Erschaffung der Engel.* Und das Wort des Vaters ertönte: »Es werde Licht!« und es ward das Licht und die leuchtenden Engel. Denn als er sagte: »Es werde Licht!« (ohne die Leuchten zu nennen), wurde das Licht gebildet, das die Engel sind. Doch als er sprach: »Die Leuchten sollen werden!« da erst schuf er das Licht in der Luft, das wir sehen.

4. *Vom Falle Luzifers.* Luzifer aber sah gen Mitternacht einen leeren Ort, der nichts hervorbrachte. Hier gedachte er seinen Sitz aufzuschlagen und hier mehr und Größeres denn Gott zu wirken; es war ihm ja Gottes Willen, noch andere Kreaturen zu schaffen, fremd. Denn in das Antlitz des Vaters sah er nicht, er kannte auch dessen Stärke nicht und hatte auch dessen Güte noch nicht kosten können, weil er sich früher gegen Gott erhob, als er sie wahrnehmen konnte. Gott hatte dies nämlich nicht kundgetan, sondern es verborgen gehalten, so wie ein starker und mächtiger Mann seine Stärke unwissenden Menschen einige Zeit verbirgt, bis er

deren Gesinnung gegen sich und ihr Vorhaben und ihre Unternehmungen kennen gelernt. Und weil Luzifer sich in seinem verkehrten Willen zum Nichts erhob – denn ein Nichts war es, was er tun wollte –, so fiel er in das Nichts und konnte nicht stehen, da er keinen Grund unter sich hatte. Es war nämlich weder eine Höhe über ihm noch unter ihm eine Tiefe, die ihn hätte halten und vor dem Falle bewahren können. Denn da er sich zum Nichts hin ausstreckte, da brachte der Beginn dieses Ausstreckens das Böse hervor, und bald entbrannte durch Gottes rächenden Eifer dies Böse in ihm ohne Klarheit und ohne Licht. Es war wie ein sich drehendes und sich umwälzendes Rad und zeigte feuriges Dunkel in sich. Und so wich das Böse vom Guten ab, und nimmer berührte das Gute das Böse und das Böse das Gute. Gott aber blieb unversehrt wie ein Rad, und der Vater blieb in der Güte, weil seine Vaterschaft selbst der Güte voll ist, und so ist die Vaterschaft ganz gerecht, ganz gütig, ganz fest und ganz stark, und durch dies Maß wird er wie einRad. Nun ist dies Rad irgendwo, und irgend etwas füllt es. Denn hätte dies Rad nichts denn seinen äußeren Umkreis, dann wäre es leer; und käme vielleicht ein Fremder dazu und wollte dort wirken, so ginge das durchaus nicht an; denn in einem Rade können nicht zwei Arbeiter ihre Werke wirken. O Mensch, betrachte den Menschen! Der Mensch hat ja Himmel und Erde und die übrigen Werke in sich, und ist doch nur eine Art, und in ihm ist alles verborgen.

5. *Von der Vaterschaft.* Ist die Vaterschaft wie der Radring, so ist sie auch wie die Fülle des Rades. Die Gottheit ist in sich selbst, aus ihr ist alles, und außer ihr gibt es keinen Schöpfer. Luzifer aber ist nicht unversehrt, er ist vielmehr in Zersplitterung in sich gespalten, weil er sein wollte, was er nicht sein durfte. Als nämlich Gott die Welt schuf,

lag es längst in seinem Plane, daß der Mensch entstehen sollte.

6. *Von der Erschaffung der Seele.* Und als Gott das Licht schuf, das geflügelt ist und allüberall hinfliegen konnte, da faßte er zugleich den Plan, dem geistigen Leben, dem Lebenshauch, eine Körpermasse, die aus dem Lehm der Erde herausgehobene Form, zu geben. Diese Masse kann nicht fliegen, nicht hauchen und ist auch nicht imstande sich zu erheben. Sie sollte deshalb so gebunden sein, damit sie um so schärfer zu Gott hinsehe. Die alte Schlange haßte deshalb diese Verbindung, weil sich der Mensch trotz seiner durch den Körper bedingten Schwere in seiner Vernunft zu Gott erhebt.

7. *Von den Elementen und dem Firmamente.* Gott schuf auch die Elemente der Erde; sie sind im Menschen, und der Mensch wirket mit ihnen. Das Feuer, die Luft, das Wasser und die Erde sind die Elemente. Diese vier Elemente sind gegenseitig so verknäuelt und verbunden, daß keines vom anderen getrennt werden kann, und zugleich halten sie sich gegenseitig so, daß sie die Feste, das Firmament genannt werden.

8. *Von der Sonne und den Sternen.* Unter ihnen (den Elementen) steht die Sonne beinahe am höchsten und sendet durch sie ihren Glanz und ihr Feuer. Die Sonne umgeben manche Sterne von solcher Größe und Klarheit, daß sie wie Berge über das Firmament hin zur Erde ausgebreitet sind; je näher sie der Erde sind, um so leuchtender erscheinen sie. Es sind aber auch andere Sterne um die Sonne, die kleiner und weniger hell sind; im Verhältnis zu den größeren Gestirnen erscheinen sie wie Täler, man sieht sie deshalb auch weniger.

9. *Vom Wetter.* Ist in der Luft größere Wärme und Feuer-

hitze, so bewirkt diese Hitze ein plötzliches Aufkochen und gefährliche Überschwemmungen aus den Gewässern und sendet sie zur Erde, daher entstehen die Stürme und die Zerreißung der Wolken, es ist, wie wenn ein Topf an ein großes Feuer gestellt wird und dann plötzlich aufkocht und Gischt auswirft. Solche Unwetter kommen meist auf Gottes Gericht hin entweder infolge vergangener Verbrechen und von Menschen verschuldeter Übeltaten oder auch um künftige Gefahren, wie Krieg, Hunger und plötzliches Sterben, anzudeuten. Alle unsere Werke berühren nämlich die Elemente und stehen auch unter ihrer Einwirkung, weil sie Beziehung zu den Elementen haben. Ist aber die Wärme und Feuerhitze in der Luft geringer, so haben sie auch ein geringeres Aufkochen zur Folge und entsenden eine kleinere Wasserwelle, wie auch ein Topf, der an ein mäßigeres Feuer gesetzt ist, weniger aufkocht und weniger Gischt auswirft. Wenn schließlich Feuer und Wasser die Luft gut temperieren, dann entsendet sie auch gemäßigte Witterung, wie der Topf an mäßigem Feuer linde erwärmt wird. Steigt aber die Sonne empor, so daß ihr Feuer in der Himmelshöhe stark brennt, dann ist die Luft zuweilen von der Sonnenglut trocken und ausgedorrt, und es berührt das Feuer der Sonne zuweilen das des Donners.

10. Vom Donner. Im Donner ist Feuer des Gerichtes, Kälte und starker Geruch. Wird manches Mal das Donnerfeuer vom Sonnenfeuer berührt, so wird dies davon zuweilen bewegt und entsendet mäßige Blitze.

11. Vom Blitze. Und dann murrt es etwas und verzieht sich also, wie ein Mensch, der, in einigen Zorn versetzt, ihn nicht völlig zur Tat werden läßt, sondern ihn unterdrückend beherrscht. Manches Mal aber wird das Donnerfeuer von allzu großer Sonnenhitze erregt und in starke Bewegung gebracht, so daß es starke und gefährliche Blitze entsendet und seine Stimme gewaltig erhebt, wie ein Mensch, der, zu heftigem Zorn erregt, ihn in gefährlicher Tat auswirkt. Und dann läßt zuweilen das obere Donnerfeuer, das das Sonnenfeuer berührte, die Kälte, die im Donner ist, an einem Orte zusammenkommen, so wie das Wasser das Eis an einem Orte versammelt, und diese Kälte führt Hagel und Wolken herbei, und die Wolken nehmen den Hagel auf, zerteilen ihn und senden ihn zur Erde.

12. *Vom Hagel.* Der Hagel ist wie das Auge des Donners. Ist aber während des Winters die Sonne im Abstieg, dann sendet sie ihre Wärme nicht zur Himmelshöhe, sondern brennt mehr unter der Erde als über der Erde und glüht dann nicht in der Himmelshöhe.

13. *Vom Schnee.* Daher werden die Wasser, die oben sind, von der Kälte wie mit Staub bestreut und entsenden Schnee.

14. *Vom Regen.* Werden sie aber hernach in der Wärme lind, dann entsenden sie Regen, und erzeugt die Sonne weder zu große Hitze noch zu große Kälte, dann entsendet sie zuweilen linden Regen, wie hie und da ein Mensch, der fröhlich ist, vor Freude Tränen vergießt.

15. *Von den Winden.* Die vier Hauptwinde sind unter und über der Sonne beim Firmamente und halten es zusammen; sie umgeben auch die ganze Erde von dem unteren bis zum oberen Teile des Firmamentes wie mit einem Mantel. Der Ostwind umfaßt die Luft und sendet allerlindesten Tau über das Trockene hin. Der Westwind dagegen vermengt sich mit den fließenden Wolken, damit er die Wasser zusammenhalte, auf daß sie nicht zumal losbrechen. Der Südwind aber hält das Feuer in seiner Wirkung zurück und verhindert es, alles zu verbrennen. Der Nordwind läßt schließlich die

äußeren Finsternisse nicht hervorbrechen, damit sie ihr Maß nicht überschreiten können. Diese vier Winde sind die Flügel der Macht Gottes. Werden sie sich einmal alle zugleich bewegen, dann werden sie alle Elemente verknäueln, sich zerteilen, das Meer erschüttern und alle Gewässer austrocknen.

16. Vom Tage des Gerichtes. Jetzt aber sind die Winde durch den Schlüssel der Majestät Gottes eingeschlossen, solange die Elemente in Mäßigung zusammenhangen, und können über niemand eine gefährliche Herrschaft ausüben. Das wird erst am Ende der Zeiten geschehen, weil dann alles gereinigt werden wird, dann werden sie zusammenklingend einen Gesang anheben; und es gibt nicht ein Geschöpf, das aus einer einzigen Eigenschaft, ohne deren mehrere zu haben, besteht.

17. Vom Nichts. Doch das Nichts hat nicht eine Eigenschaft, in der es bestünde, deshalb ist es eben nichts; deshalb verlieren auch andere Geschöpfe, die sich freiwillig dem Nichts verbinden, ihre Eigenschaften und werden zu nichts.

18. Vom Firmamente und den Winden. Das Firmament aber enthält das Feuer, die Sonne, den Mond, die Sterne und die Winde, durch all diese Dinge besteht es, und durch sie erhält es seine Festigkeit, so daß es nicht auseinanderfällt. Denn wie die Seele den ganzen Körper des Menschen zusammenhält, so halten auch die Winde das ganze Firmament zusammen, damit es nicht zerstört werde, und sie sind unsichtbar wie auch die Menschenseele, die von Gottes Geheimnis kommt. Und wie ein Haus ohne Ecksteine nicht bestehen kann, so hätte auch das Firmament, die Erde, der Abgrund und die ganze Welt mit allem, womit sie zusammengesetzt ist, ohne diese Winde keinen Stand. Denn wären sie nicht, dann würde die ganze Erde zerrissen werden und zerbersten, wie auch der ganze Mensch zerrissen würde, hätte er keine Knochen. Der Hauptostwind hält nämlich die ganze Ostseite, der Hauptwestwind die ganze Westseite, der Hauptsüdwind die ganze Südseite und der Hauptnordwind die ganze Nordseite zusammen.

19. Von den Seitenwinden. Jedem dieser Hauptwinde stehen zwei Nebenwinde bei. Die sind schwächer und bilden gleichsam seine zwei Arme. Er haucht zuweilen etwas von seinen Kräften in sie. Diese schwächeren Winde haben nämlich dieselbe Natur wie die Hauptwinde, so daß jeder dieser untergeordneten Winde den Hauptwind wie sein Haupt nachahmt; sie sind aber viel schwächer als ihr Hauptwind, doch haben sie denselben Weg wie dieser, wie auch die beiden Ohren einen und denselben Weg des Hörens im Haupt haben. Werden sie durch ein Rächergeheiß Gottes erregt, dann empfangen sie Wehen und Stärke von ihren Hauptwinden, und dann sind sie in solcher Unrast und bewirken so gewaltiges Getöse und so gefährliches Zusammenprallen, wie die schlechten Säfte im Menschen gefährliche Unruhe hervorrufen, wenn sie ihn in Krankheit werfen. Vom Anbeginne der Welt an wurden jedoch die Hauptwinde niemals völlig in ihren Kräften erregt, und sie werden darin auch bis zum Jüngsten Tage nicht bewegt werden. Wenn sie aber dann ihre Kraft zeigen und ihr ganzes Brausen aussenden, dann werden von ihrer Stärke und ihrem Zusammenprall die Wolken bersten, der obere Teil des Firmamentes verknäuelt und zerbrochen werden, wie der Körper des Menschen zerbricht und alle seine Glieder gelöst werden, wenn die Seele aus dem Körper gelöst wird. Denn der Ostwind hat zwei Flügel, durch die er die ganze Erde an sich zieht, so daß ein Flügel von oben her nach unten greifend den Lauf der Sonne hält, während der andere der Sonne entgegeneilt und so ein Hemmnis für sie bildet, damit sie über ihr Ziel nicht hinausstrebt. Und dieser Wind gibt aller Feuchtigkeit die Feuchte und läßt jeglichen Samen sprossen. Der Westwind dagegen hat sozusagen einen Mund, durch den er alle Wasser zerteilt und verspritzt, so daß er alle Wasser auf die richtigen Wege verstreut, damit die Gewässer nicht auf die Gewässer steigen, sondern daß sie richtig ihren Weg gehen. Er hat nämlich Gewalt über jene Luft, die die Gewässer trägt. Und dieser Wind macht trocken alles Grün und was in seinen Bereich kommt. Der Südwind aber hält sozusagen einen Eisenstab, der sich oben in drei Zweige zerteilt, nach unten aber spitz ist. Er hat nämlich Stahlkraft, die das Firmament und die Tiefe zusammenhält. Wie nämlich der Stahl jeglich Erz übertrifft und bezwingt, und wie das Herz den Menschen stark macht, so hält auch die Stärke dieses Windes das Firmament und die Tiefe dieser Seite zusammen, so daß sie nicht auseinanderfällt. Oben hat er drei Kräfte wie drei Zweige; die eine mäßigt die Sonnenhitze im Osten, die zweite hält sie im Süden nieder, und die dritte kühlt sie im Westen, damit sie in diesen Teilen ihr Maß nicht überschreite. Unten aber ist er spitz, weil seine Stärke auch in der Tiefe gefestigt ist, damit nicht die Feuchtigkeit und Kälte übermäßig aus der Tiefe emporsteige. Und dieser Wind macht alles reif, so daß er die Blätter der Wälder, das Gras, die Saaten, die Obstbäume, den Wein, kurz alle Früchte der Erde zur Reife führt. Der Nordwind hat vier Säulen, durch die er das ganze Firmament und die ganze Tiefe hält. Wird er sie einst in die Höhe ziehen, dann wird das Firmament und die Tiefe verknäuelt werden. Diese vier Säulen halten auch die vier Elemente, die dort an der Nordseite sich vereinigen und enden und die dort wie auf Säulen gestützt sind, damit sie nicht fallen. Wird aber am Jüngsten Tage dieser Wind in seiner Kraft die vier Säulen erschüttern, so wird das Firmament zusammengefaltet werden, wie man Brieftafeln zusammenfaltet. Und dieser Wind ist kalt und bringt Kälte und bindet alles und hält alles mit Kälte zusammen, damit es nicht auseinandergleite.

20. *Von der Sonne.* Die Sonne ist, wie gesagt, in der Höhe und Mitte des Firmamentes. Sie ist feurig und luftig und faßt durch ihr Feuer allen Halt und die Grundlage des Firmamentes und die Luft, die Sterne, Gestirne und die Wolken zusammen, damit sie nicht fallen und auseinanderfließen, so wie die Erde alle Geschöpfe, die auf ihr sind, hält. Auch der Äther bekommt von ihr seine Festigkeit. Steht die Sonne auf der Höhe des Firmamentes, so eilt ihr das Feuer entgegen und dient ihr. Und die Sonne gibt dem ganzen Firmamente Stärke und streut ihren Glanz über die ganze Erde hin aus, die dadurch das Grün und die Blumen hervorbringen kann. Zu dieser Zeit sind die Tage lang, weil die Sonne auf der Höhe des Firmamentes dahineilt, und es ist Sommer. Neigt sich aber die Sonne zur Erde, so kommt der Sonne die Kälte der Erde vom Wasser her entgegen und macht alles Grün trocken. Und weil sich dann die Sonne zur Erde geneigt hat, sind die Tage kurz, und es ist Winter. Auch ist im Winter die Sonnenwärme unter der Erde größer als über der Erde, denn wäre da die Kälte über und unter der Erde gleich, oder wäre im Sommer über und unter der Erde die Hitze gleich groß, so würde die ganze Erde infolge dieses Übermaßes bersten. Naht der Winter, so steigt Unwetter aus dem Wasser auf und verdunkelt das Licht der Sonne, daher werden auch die Tage dunkel. Und naht der Sommer, so fallen die Unwetter unter die Erde, daher werden die Tage oft schön und heiter, weil der Sommer da ist; und die Sonne ist in ihrem Kreise unver-

sehrt und voll und nimmt nicht ab und sendet ihr Licht auf den Mond, wenn er ihr naht, so wie der Mann seinen Samen in die Frau ergießt.

21. *Vom Monde.* Der Mond ist aus Feuer und dünner Luft; steht in der Luft und hat in ihr seinen Wohnsitz, sie wird auch durch ihn gefestigt. Verschwindet er, so geht er unter die Sonne, von der sich eine Kugel ausdehnt, die den Mond zur Sonne zieht so wie der Achat das Eisen. Die Sonne zündet den Mond an; aber auch die Planeten, die Sterne, die Luft und die Gestirne, die um den Mond sind, brennen zu ihm hin und eilen ihm zu seiner Entflammung zu Hilfe. Ist er dann angezündet, dann wächst er allmählich zu seiner Fülle heran, so wie ein Scheiterhaufen oder ein in Brand gestecktes Haus allmählich zu brennen anfängt, bis es völlig in Flammen steht. Inzwischen – bis der Mond im Wachsen voll wird – stärkt die Sonne den oberen Teil des Firmamentes und weicht nicht von ihm. Und die Sonne hat den Tag mit und bei sich, weil der obere Teil des Firmamentes lichthell ist; der Mond aber hat die Nacht bei sich, weil die Erde finster ist. Ist dann der Mond voll geworden, so wird er wie ein schwangeres Weib und entsendet sein Licht und gibt es an die Sterne weiter, und so werden diese leuchtender.

22. *Vom Tau.* Nun erwärmen die Sterne von dieser Wärme die Luft und geben ihr Kraft, und jetzt entsendet die erwärmte Luft ihren Schweiß, den Tau, auf die Erde und befruchtet sie. Also übergossen bringt diese Früchte hervor. Denn während sich der Mond entleert, indem er sein Licht den Sternen gibt, und während er von der Sonne entzündet zu seiner Fülle heranwächst, senden die Sterne mählich das Licht und die Wärme, die sie vom Monde empfangen, zur Erwärmung und zur Stärkung in die Luft; und die Luft gießt ihren Schweiß zur Befruchtung auf die Erde …

23. *Von der Reinigung der Luft.* Erscheinen in den Nächten die Sterne, dann sieht man zuweilen feurige Kugeln wie Feuerspeere in der Luft fliegen, das kommt davon, daß die Sterne Feuer in die Luft zu deren Stärkung entsenden, auf daß die Luft durch ihre Wärme die Erde befruchte. Da kann man dann oft schauen und finden, daß sich die Luft durch der Sterne Feuer und Wärme reinigt, so daß von ihr der Schmutz wie Schaum fällt.

24. *Von den Fäden der Luft.* Ähnlich ist es auch, wenn sich Sommer und Winter scheiden, d. h. wenn der Sommer geht und der Winter kommt, oder wenn der Winter geht und der Sommer kommt. Dann fliegt ein Gerinnsel wie weiße Fäden in der Luft, wodurch sich die Luft reinigt ...

25. *Von den fünf Planeten.* Es gibt fünf Planeten. Sie haben ihr Licht vom Feuer und von der Luft und sind die Kraft und Stärke des Firmamentes. Sie haben am Firmamente sowohl in der Höhe wie in der Tiefe ihre Umgänge, damit sie dort Licht spenden, wo die Sonne nicht leuchtet und ihren Schein kaum zeigt. Wo sie sind und ziehen, dienen sie dem Sonnenumlaufe, sie mäßigen auch die Eile der Sonne und lassen ihr Feuer dahinschwinden ... Und wie die fünf Sinne des menschlichen Leibes den Körper zusammenhalten und ihm zur Zier sind, so halten auch diese fünf Planeten die Sonne zusammen und sind ihr Schmuck.

26. *Von der Verzögerung der Eile des Firmamentes.* Auch das Firmament dreht sich mit Schnelligkeit. Die Sonne läuft mit den Planeten in mäßiger Eile dagegen und verringert des Firmamentes Schnelligkeit ... Vor Adams Sündenfall war das Firmament unbeweglich und drehte sich nicht, nach dessen Sündenfall aber begann es sich zu bewegen und zu drehen; nach dem Jüngsten Tage wird es wieder unbeweglich stehen, so wie es bei der Schöpfung vor Adams Sünden-

fall war. Jetzt aber dreht es sich, damit es von der Sonne, dem Monde und den Sternen Kraft und Stärke bekomme; bliebe es nämlich unbewegt, dann würde es schnell zerschmolzen und weich geworden auseinanderfließen. Auch reinigt es durch seine Umdrehung die Elemente. Diese Reinigung vollzieht sich in den wasserreichen schwarzen Wolken, die wir sehen, wie auch das in einem Topf an das Feuer gesetzte Wasser erhitzt schäumt und also gereinigt wird.

27. *Von der Harmonie des Firmamentes.* In seinen Umdrehungen läßt das Firmament wundervolle Töne erschallen, die wir aber wegen der allzu großen Höhe und Breite des Firmamentes nicht vernehmen. Es hat ebenso seine Töne wie eine Mühle oder ein Wagen, die sich drehen.

Das Firmament dehnt sich aber deshalb in solcher Höhe und Weite um die Erde, damit die Menschen und Tiere auf der Erde nicht sterben; denn Mensch und Tier würden von dem Feuer, den Winden, dem Wasser und den Wolken sterben, wenn sie ihnen nahe wären. Wie nämlich Leib und Seele beisammen sind und sich gegenseitig befestigen, so gehören auch das Firmament und die Planeten zusammen und fördern und stärken sich gegenseitig. Wie die Seele den Körper belebt und fest macht, so erhalten und stärken die Sonne, der Mond und die Planeten mit ihrem Feuer das Firmament.

Denn das Firmament ist wie das Haupt des Menschen; Sonne, Mond und Sterne wie die Augen; die Luft wie das Gehör; die Winde wie der Geruch; der Tau wie der Geschmack; die Seiten der Welt wie die Arme und das Gefühl. Die übrigen Geschöpfe aber, die auf der Welt sind, sind wie der Leib; die Erde aber wie das Herz. Wie dies den oberen und unteren Teil des Körpers zusammenhält, so bildet die Erde den Wassern gegenüber, die auf ihr fließen, das trokkene Element, für die Wasser dagegen, die unter der Erde sind, ist sie der Widerstand, daß sie nicht verkehrterweise hervorbrechen.

28. Vom Falle des Luzifer und der Erschaffung des Firmamentes. Der Abgrund ist wie die Füße und der Schritt des Menschen. Als nämlich der Teufel, der thronen und herrschen wollte und doch nicht *ein* Geschöpf erschaffen und hervorbringen konnte, vom Himmel herniederstürzte, schuf Gott alsogleich das Firmament, damit der Teufel sähe und einsähe, was Gott Gewaltiges erschaffen und hervorbringen könne. Gott setzte auch die Sonne, den Mond und die Sterne an das Firmament, damit der Teufel an ihnen sähe und erkenne, welch herrliche Zier und Glanz er verloren ...

29. Von der Festigkeit des Firmamentes. Das Firmament wird von den Sternen zusammengehalten, so daß es nicht auseinanderfällt, so wie der Mensch von den Adern aufrechterhalten wird, so daß er nicht zerfließt und nicht zerteilt wird. Und wie die Adern vom Fuß bis zum Kopf den ganzen Menschen durchziehen, so auch die Sterne das Firmament. Und wie sich das Blut in den Adern regt, und wie hinwiederum das Blut die Adern bewegt und sie springen und Pulsschläge geben läßt, so wird auch das Feuer in den Sternen bewegt und bewegt hinwiederum die Sterne und läßt in ihnen Funken wie Pulsschläge aufspringen. Und das sind die gewöhnlichen Sterne, in denen sich nach den jeweiligen Taten der Menschen Stürme erheben. Die Planeten jedoch werden nicht fortwährend auf diese verschiedenen Weisen bewegt, sondern nur je nachdem sie von der Sonne und dem Monde hierzu veranlaßt werden, und wie es diese größeren Gestirne bestimmen.

Von dem Platze aus, der jedem Sterne angewiesen ist, durchzieht er wie eine Ader, die vom Fuße bis zum Haupte des Menschen emporsteigt, nach oben hin das ganze Firmament, und die Sterne geben dem Firmament überall Glanz und Wärme, wie auch die Adern, die die Leber des Menschen durchziehen, der Leber Blut und Wärme geben. Und sie haben ihren Platz über das ganze Firmament hin, sowohl an dem Teile, den wir am Tage sehen, wie an dem, den wir nachts schauen. Doch werden die Sterne von dem übergroßen Glanz der Sonne, die den Tag bring, verdeckt ... Es ist, wie wenn die Fürsten aufgerufen werden, dann schweigt das gewöhnliche Volk, treten aber die Fürsten ab, dann hat das gewöhnliche Volk den Vortritt; sonst würden sie am Tage und in der Nacht gesehen werden ...

30. *Von dem, was die Sterne anzeigen.* Die Sterne weisen unter sich je nach den Taten der Menschen viele Zeichen auf. Doch lassen sie weder die Zukunft noch die Gedanken der Menschen erkennen, sondern nur was der Mensch entweder als seine Willensmeinung offen kundgetan oder in Wort und Tat vollbringt; denn all das nimmt die Luft auf. Und die Luft teilt das den Sternen mit, und diese offenbaren so alsbald die Werke der Menschen. Gott aber schuf die Sterne zum Dienste des Menschen, damit sie ihm leuchteten und dienten. Und deshalb lassen sie auch seine Werke erkennen, so wie der Knecht den Willen und das Werk seines Herrn kundtut. Wie nämlich die Seele zuerst im Körper des Menschen aufleuchtet und dann zum Werke fortschreitet, so leuchten auch die Sterne am Firmament und künden des Menschen Werke, während der Mensch bereits wirkt.

31. *Von dem, was die Planeten anzeigen.* Die Sonne aber, der Mond und die übrigen Planeten zeigen die Taten der Menschen nicht immer, sondern nur selten an. Künden sie etwas, so ist dies etwas Bedeutendes, was den Staat betrifft ...

32. Von der Bedeutung des Mondes. ... Der Mond nimmt die häßlichen und nutzlosen Lüfte in sich auf, dann auch die Wärme der reinen Luft, stäte, förderliche Winde und gefährliche Stürme und ebenso die starke Luft, die jegliches Grün hervorbringt, die Luft, die das Obst herauszieht, und schließlich die Luft, die ausdörrt und den Mangel bringt, und das ist der Winter. Und dies alles sammelt der Mond in sich wie ein Mann, der Wein in einen Schlauch gießt und aufnimmt, und ihn dann wieder austrinkt. So nimmt der Mond all dieses beim Wachsen in sich auf und leert es beim Abnehmen wieder aus; und so sind seine Tage teils gut, teils schlecht; die einen nützlich, die anderen schädlich; die einen stark, die anderen schwach; die einen häßlich, die anderen in herrlichem Grün; die einen trocken und den Früchten abträglich.

Und weil der Mond diesen Wechsel in sich hat, so ist auch die Befeuchtung im Menschen bei Schmerz, in Widerwärtigkeit, in der Weisheit und im Glück Wechsel und Veränderung unterworfen ... Alles regelt sich nach der Luna (dem Monde); denn sie ist die Mutter aller Zeitveränderungen, und wie die Söhne einer Mutter nach der Mutter gezählt werden, so werden alle Zeiten nach der Luna gerechnet. Auch die Luft und die Sterne nehmen die Werke der Menschen zuweilen auf, und demgemäß nehmen sie ihre Bahn nach Gottes Willen, ordnen sich danach und entsenden Lufthauch. Und wenn sie sich dazu aufrichten, so wird die Luna davon bewegt. Und infolgedessen sind ihre Tage rein und klar oder stürmisch. Und so wird die Luna von vielen Gefahren und Stürmen heimgesucht, wie auch eine Mutter bei der Geburt ihrer Kinder viele Gefahren und Trübsal auszuhalten hat. Und so sind die Zeiten des Mondes bald gesund, bald gesundheitsschädlich, bald die Reife befördernd, bald sie schädigend. Würde nämlich der Mensch so handeln, wie er eigentlich sollte, dann würden es auch alle Zeiten und Lüfte ebenso tun, d. h. dieses Frühjahr würde sein wie das vergangene ... Weil aber der Mensch die Furcht und Liebe gegen Gott in Ungehorsam überspringt, so überspringen auch alle Elemente und Zeiten ihr Recht und Gesetz wie die Eingeweide im Menschen; denn wenn der Mensch sein Maß überschreitet, dann folgen ihm seine Eingeweide, und wenn er mit schlimmen Taten die Gerechtigkeit übertritt, dann beschwert er Sonne und Mond und überzieht sie mit Wolken, so daß sie ihm entsprechend in Unwettern, Regengüssen und Trockenheit vorgehen. Denn der Magen und die Blase des Menschen nehmen alles auf, womit sein Körper sich ernährt. Und wenn diese beiden Speise und Trank im Überfluß aufnehmen, dann bringen sie die Unwetter der schlechten Säfte in den ganzen Körper, und wie der Mensch, so handeln die Elemente. Der Mensch sät zu wohlgemäßigter Zeit – wenn es nicht zu warm und nicht zu kalt ist – seinen Samen, der sich dann zur Frucht erhebt. Wer ist so töricht, daß er bei allzu großer Sommerhitze oder bei zu grimmer Winterkälte seinen Samen sät? Der würde zugrunde gehen und sich nicht erheben.

33. *Von der Zeit zum Zeugen.* So geht es auch jenen Menschen, die nicht die Reifezeit des richtigen Alters und nicht die Zeit des Mondes beachten, sondern zu jeder Zeit rein nach ihrer Lust zeugen wollen. Deren Sprößlinge gehen unter mancherlei Schmerzen körperlich zugrunde. Schwinden aber auch ihre Körper dahin, so sammelt doch Gott seine Edelsteine zu sich. Deshalb muß der Mann auf die Reifezeit seines Körpers achten und mit solchem Eifer die richtige Mondzeit suchen, wie einer, der reine Opfergebete darbringt, damit er zur rechten Zeit einen Sproß erzeuge,

so daß seine Kinder nicht hinsiechen und zugrunde gehen. Er darf nicht sein wie ein Mensch, der die Speise wie ein Fraß hinunterwürgt, der nicht auf die rechte Essenszeit achtet ... Der Mann nahe sich nicht dem Weibe, wenn dies noch ein Mädchen ist, sondern wenn sie in der besten Jugendkraft steht, weil sie dann reif ist; auch berühre er das Weib nicht, ehe ihm der Bart wächst, sondern erst wenn er einen Bart hat, denn dann ist er reif zur Fruchtbarkeit und Nachkommenschaft ... Wer immer in der Lust und mit üppigem Körper seiner Lust frönt, wenn sich nämlich der Sturm zu zeugen in ihm erhebt, der verschleudert seinen Samen und zerstört ihn, oft geht er auch in seinem Samen selbst zugrunde. Wer aber seinen Samen richtig ausgießt, erzeugt Richtiges ...

34. *Von der Wirkung des Mondes.* Die Zeit des Mondes herrscht nicht über den Menschen, als wäre der Mond sein Gott, und als ob der Mensch irgendeine Naturkraft von ihm empfangen würde, oder als ob er der Natur des Menschen etwas hinzufügte, wegnähme oder in ihr begründete. Der Mond begegnet vielmehr im Luftgeschmack dem Menschen bei jeglichem Werke seines Lebens, und so werden das Blut und die Säfte, die im Menschen sind, bewegt ... Wenn die Adern des Menschen in Erregung und Zorn, in Übermut bei Gastgelagen, bei Traurigkeit, bei Körperschwäche und bei den wechselvoll wirbelnd sich wandelnden Eigenschaften des Menschen anschwellen, saugt die Feuchtigkeit des Menschen den Geschmack von all dem in ihre Natur auf, so wie eine gekochte Speise je nach der Art der Speise den Geschmack festhält.

Aber diese ganze Natur des Menschen durchdringt der Heilige Geist, d. h. in den Propheten, in den Weisen, in den Guten und Rechtschaffenen; er zieht sie in jeglicher guter

Auswahl an sich, wie die Sonne die Winde, durchdringt sie und durchleuchtet sie, so daß diese Durchgießung mit dem Feuer des Heiligen Geistes die wandelbare Natur des Menschen überwindet, wie geschrieben steht: »Alles was aus Gott geboren ist, überwindet die Welt«; und also sündigt der Mensch nicht. Und wie gewöhnliche Speisen durch den Geschmack der Gewürze in bessere verwandelt werden, so verändert das Feuer des Heiligen Geistes die geringwertige Natur des Menschen in eine bessere, als er von seiner Empfängnis her hatte. So wird der Mensch in seiner Natur ein anderer, weil das, was himmlisch ist, das Irdische besiegt und überwindet, so daß sich alles in Gott erfreut und die alte Schlange verächtlich wird ...

35. Die Planeten haben nicht aus ihrer Natur Bedeutungskraft. Die Planeten, Sterne und Wolken zeigen diese Dinge nicht aus ihrer eigenen Kraft an, sondern nur weil es Gott so zuläßt, will und eingerichtet hat, weil eben Gott den Menschen ihre Werke zeigen wollte, wie die Münze das Bild ihres Herrn aufweist ...

36. Von den Kräften der Luft. Die Luft hat vier Kräfte. Sie entsendet den Tau, der alles Grün erweckt; sie bewegt den Windhauch, mit dem sie die Blüten herauslockt; sie verbreitet die Wärme, durch die sie alles zur Reife bringt, so wie sie auch selbst sich über die vier Weltrichtungen hin verteilt. Die Luft, die dem Monde und den Sternen zunächst ist, befeuchtet die Gestirne, wie die Erdenluft die Erde, die unvernünftigen und die empfindenden Tiere je nach ihrer Natur belebt und bewegt und doch dadurch in nichts vermindert wird. Sterben diese Tiere, so kehrt die Luft an ihren früheren Ort zurück, empfängt aber dadurch keine Mehrung, sondern bleibt wie sie war. Die Erdenluft aber, die die Erde befeuchtet, läßt die Bäume und Kräuter grünen, wachsen und sich regen. Und ist die Luft in ihnen, so verliert sie dadurch nichts, ebenso wie sie nichts gewinnt, wenn sie die abgeschnittenen oder ausgerissenen Pflanzen verläßt. Sie bleibt in dem Zustande, in dem sie zuvor war.

37. Von den Kräften der Seele. Die Menschenseele aber kommt von Gott aus dem Himmel in den Menschen. Sie belebt ihn und gibt ihm die Vernunft. Verläßt sie den Menschen, dann stirbt sie nicht, sondern geht ewig lebend zum Lohne des Lebens oder zu den Qualen des Todes.

38. Von den Kräften des Wassers. Das Wasser hat fünfzehn Kräfte. Es die Wärme, die Luft, die Feuchtigkeit, es überschwemmt, hat Schnelligkeit und Beweglichkeit; dem Holze gibt es Saft, dem Obste Geschmack, den Kräutern das Grün; durch seine Feuchtigkeit durchdringt es alles mit Nässe; gibt denVögeln Zusammenhalt, nährt die Fische, läßt die Tiere in seiner Wärme leben, hält die Reptilien in seinem Schaume zurück und stützt alles, seine Kräfte sind wie die zehn Gebote und die fünf Bücher Mosis vom Alten Testamente, was Gott alles zur geistigen Einsicht hinwandte.

Vom lebendigen Quell springen nämlich die Wasser, die allen Schmutz abwaschen. Denn in jeglicher Kreatur, die sich regt, fließt leichtgleitendes Wasser, und auch für die reglosen Geschöpfe ist es der Feuerbringer jeglichen Grüns. Es fließt von der Wärme und von der feuchten Luft; denn hätte es keine Wärme, dann wäre es ja von der Kälte hart. Von der Wärme also fließt es, und von der Feuchtigkeit der Luft strömt es. Hätte es diese Luft nicht, könnte es nicht fließen. Von diesen drei Kräften, von der Wärme, der Feuchtigkeit und der Luft hat es seine Schnelligkeit, so daß ihm nichts widerstehen kann und es selbst alles übertrifft ... Und die Kräuter haben von der fließenden Feuchtigkeit ihr Grün in sich, und die Steine schwitzen von des Wassers Feuchtigkeit. So sammelt des Wassers Kraft alles, auf daß nichts zugrunde gehe, weil seine Feuchtigkeit in allem schwitzt ...

39. *Vom Stoffe und der Belebung der Geschöpfe.* Als das Wort Gottes am Anfange ertönte, war der Ball der Geschöpfe ohne Feuer und kalt. Und der Geist des Herrn ward über die Gewässer hingetragen; die Gewässer aber sind das Feuer und das Leben. Da blies dieser Geist jedem geformten Geschöpfe je nach dessen Art das Leben ein, und hineinhauchend entzündete er in ihnen Feuer, so daß jeglich Geschöpf je nach seiner Art Feuer und Leben in sich hatte. Das Werk des Wortes aber ist das Grün, und es gäbe kein Grün, wenn es nicht vom Feuer und der Wärme gehalten würde; und jeglich Geschöpf wäre trostlos verlassen und würde zerteilt werden und zusammenfallen, bekäme es nicht seine Grundlage vom feurigen Leben des Geistes ...

40. *Von der Sonne und ihren Wassern.* Die Wasser, die in der Mitte der Sonne sind, während die Sonne inmitten des Firmamentes wie dessen Herz ist, haben eine große Macht und erstrecken sich in weitem Umkreis; von der Wärme der Sonne sind sie dicht und von der Luft stark. Aber vom fließenden Ansturm werden sie nicht vermindert, sie fließen nämlich nicht, doch werden sie vom Winde getrieben. Die Sonne zieht zuweilen das Feuer, das in den Wassern ist, an sich, und der Windsturm sammelt zuweilen diese Wasser in gewaltigen Wogen wie eine Flamme, die irgendein Ding entzündet. Und dann erhebt sich das Wasser wie Feuer, das sich aufrichtet, und das Wasser folgt dem Feuer, und dann rekken sich gleichsam Hügel und Berge. Weichen sie aber dann und werden bezähmt, dann werfen sie ihren Samen, der Salz vom Feuer und Wasser ist, hernieder, wie Kräuter ihre Samen in der Reife wegschleudern.

41. Vom Salze. Das Salz ist vom Feuer trocken, von der Feuchtigkeit des Wassers aber hat es seinen Geschmack.

42. Von der Verschiedenheit der Gewässer. Die Bächlein, die aus diesen großen Wassern, d.h. aus dem Meere fließen, und die Quellen, die daraus entspringen, sind gesalzen und haben ein stärkeres Feuer und größere Kräfte in sich als die übrigen Gewässer; wie auch das Herz größere Kraft als der übrige Körper besitzt. Die großen Ströme nämlich, aus denen sie fließen, haben größere Kräfte als die übrigen Ströme, weil sie über den ersten, gesunden, von Anbeginn an gelegten Sand fließen und nicht über einen, den sie selbst in ihrem Laufe schufen oder aufdeckten. Das Wasser ist wie der Wasserkörper der Erde und die Erde wie das Herz des Wassers, weil das Wasser die Erde umgürtet und durchgießt, wie der Körper das Herz in sich schließt und deckt. Und die Erde hält das Wasser, wie auch das Herz den Körper hält.

Das Wasser des großen Meeres, das die Welt umgibt, ist gleichsam die Seite jener Wasser, die über dem Firmamente sind, weil die Höhen der Wasser, die über dem Firmamente sind, und der äußerste Teil jener, die unter dem Firmamente sind, sich gegenseitig verbinden. Und diesen Wassern sind vielfache Häute des Firmamentes entgegengespannt, die unter sich wie die Blätter von Schreibtafeln verbunden sind, weil sie die verschiedenen Läufe und Überschwemmungen der Wasser enthalten.

Wie die Seele die Vernunft, den Verstand, die Wissenschaft und das Gefühl in sich enthält, so enthält auch das Firmament die vier Elemente nach ihrer Art und erhält sie.

Und diese Wasser stehen in einem ununterbrochenen Laufe, so wie sie angeordnet sind, und benetzen ihren Schild, die Erde, indem sich die Wasser daraufgießen und ausgießen, so daß sie zuweilen auf der Erde sich ausbreiten und manchmal sich erhebend aufstehen. Und wiederum werden sie im Regen ausgegossen, und auf diese Weise festigt das Wasser durch die Winde und die Luft seinen Schild, damit er nicht auseinanderfließe und falle.

Der Meeressand aber, der von Anbeginn an gegen Osten gebreitet wurde, wird oft von der unermeßlichen Luft der Erde berührt und daher hat er die Gewürze und Heilmittel. Könnte der Mensch sie erreichen, so würde ihn keine Krankheit und Schwäche verletzen können; ebenso würden Steine dieses Sandes, wenn sie herausfließen könnten und sie so dem Menschen erreichbar wären, Krankheiten, Pest und Fäulnis von ihm vertreiben. Aber das Wasser ist dort so tief und so groß, daß man nicht dazu kommen kann ...

43. *Von den Kräften der Erde.* Die Erde ist von Natur aus kalt und hat sieben Kräfte, d. h. es ist so, daß sie im Sommer kalt, im Winter aber warm ist; sie hat auch Grün und Trokkenheit in sich, läßt die Keime sprossen und trägt die Tiere und alles; wie auch Gott sechs Tage lang schuf, am siebenten aber ruhte ... Im Sommer ist die Erde von unten her kalt, weil da die Sonne durch die Kräfte ihrer Strahlen zeugt, im Winter aber ist sie von unten her warm, sonst würde sie von der kalten Starrheit zerbersten ... Denn im Winter ist die Sonne über der Erde unfruchtbar und heftet ihre Wärme unter der Erde fest, damit die Erde ihre verschiedenen Samen bewahren könne, und so bringt sie durch Wärme und Kälte alle Keime hervor. Auch die Tiere, die gehen und laufen, trägt die Erde, damit sie nicht in ihr versinken, weil sie von der Wärme und Kälte gefestigt ist und so alles machtvoll trägt ...

44. *Vom Regen.* Der Regen, der plötzlich und mit starkem Guß auf die Erde fällt, ist schädlich und verletzt die Erde und

die Früchte der Erde, weil er gewisse Stoffe der Fäulnis in sich hat; mäßiger Regen aber ist nützlich, benetzt die Erde und läßt sie ihre Früchte hervorbringen, weil er mild ist und klar und rein zum Nutzen und zur Fruchtbarkeit.

Zweites Buch

1. Vom Falle Adams. Gott schuf den Menschen so, daß ihm alle Tiere zu seinem Dienste unterworfen waren. Als aber der Mensch Gottes Gebot übertreten hatte, wurde er an Leib und Seele verändert. Denn die Reinheit seines Blutes wurde in etwas anderes verkehrt, so daß er statt der Reinheit den Schaum des Samens auswirft. Hätte nämlich der Mensch das Paradies nicht verlassen, dann wäre er im vollkommenen und unveränderten Stande verblieben. Aber all dies wurde nach der Übertretung in eine andere bittere Weise verkehrt.

2. Vom Samen. Der Mensch wirft den in der Glut und Hitze der Leidenschaft kochenden Schaum aus sich heraus. Das nennen wir Samen. Es ist, wie wenn ein Topf an das Feuer gestellt wird und in der Feuerhitze Schaum aus dem Wasser ausstößt.

3. Von der Empfängnis. Wird ein Mensch vom Samen eines kränklichen Menschen empfangen oder von einem Samen, der dünn und ungekocht mit Siechtum und Fäulnis vermischt ist, so wird er dann ebenfalls sehr häufig in seinem Leben krank und ist wie mit Fäulnis angefüllt, wie ein Holz, das, von Würmern durchbohrt, Fäulnis auswirft. Daher wird dieser Mensch oft von Geschwüren und Eiter erfüllt und zieht allzu leicht zu der Fäulnis, die er in sich hat, die Fäulnis, die in den Speisen steckt. Der Mensch aber, der frei davon ist, ist gesünder. Ist aber Überfluß im Samen, dann wird der Mensch, der daraus empfangen wird, unenthaltsam, unmäßig, unbeständig und üppig.

4. *Weshalb der Mensch nicht behaart ist.* Daß der Mensch nicht behaart ist, das kommt von seiner Vernunft; denn seine Vernunft dient ihm an Stelle der Haare und der Federn, weil er sich durch sie bedeckt und hinfliegt, wohin er will. Daß aber der Mann einen Bart und an seinem Körper mehr Haare hat als das Weib, das kommt davon, daß der Mann aus der Erde gebildet ist und größere Stärke und Hitze in sich hat und sich allenthalben mehr herumbewegt als das Weib. Es bringt ja auch die Erde, die vom Regen und der Sonnenhitze übergossen wird, Kräuter und Gras hervor und ernährt auf sich behaarte und gefiederte Tiere. Das Weib aber ist ohne Bart, weil es vom Fleische des Mannes gebildet und dem Manne unterworfen ist und in größerer Ruhe bleibt, wie auch jene Reptilien, die aus der Erde geboren werden, keine Haare haben, sondern in der Erde liegen und den Regen und die Sonne weniger als die übrigen Tiere auf der Erde fühlen.

5. *Von den Reptilien.* Wie die übrigen Tiere zum Dienste des Menschen erschaffen sind, so dienen die Reptilien der Erde und unterstützen sie, indem sie sie durchbohren, so daß das Wasser und der Regen sie befeuchten kann. Deshalb liegen sie auch immer an feuchten Orten in der Erde und erwärmen sie mit ihrem Atem und befeuchten sie mit ihrem Schaum und Schweiß, so daß die Erde davon ein wenig gekräftigt und zusammengehalten wird. Daß aber giftige Würmer darunter sind, kommt von dem üblen Geruch und der Fäulnis der Erde ... Denn der Schmutz und die Fäulnis fließen in ihr Inneres, und davon entstehen in ihr die giftigen Würmer, wie auch vom Eiter des Menschen Würmer wachsen, die ihn

schädigen. Diese Würmer haben fast gar keine Knochen, denn das Gift vertritt in ihnen die Stelle der Knochen und des Blutes und stärkt sie. Verschiedene von ihnen sind unbehaart, weil sie aus der Feuchtigkeit der Erde geboren werden, in der Erde sind und ihre Oberfläche meiden ...

Und weil sie eine den Menschen und den Tieren der Oberwelt entgegengesetzte Natur haben, so sind sie diesen auch feind, töten sie mit ihrem Gift und verletzen die Menschen und was über ihnen ist. Haben sie aber auch Gift in sich, so haben doch einige davon als Heilmittel für Mensch und Tier Wert, und wenn man sie auch nicht ganz dazu gebrauchen kann, so doch einige Teile ihrer Körper, die sie vom guten Saft der Erde haben, weil eben der gute Saft auch gute Kräuter hervorsprießen läßt oder wie die von einem Hirsche verschlungene Schlange wieder jung wird ...

6. *Von den Fischen.* Die Fische empfangen ihr Leben von der Wasserluft der Flüsse, weshalb sie auch im Wasser sind und die Trockenheit nicht ertragen können. Sterben sie, so zerfließt mit ihrem Fleische ihr Leben wie der Schnee in der Wärme, und was davon übrigbleibt, das geht entweder in die Luft oder in den Saft der Erde oder in die Wasserluft der Flüsse, woher es kam. Was also verschwand, kann kein anderes Tier, das bereits verdorrt ist, zum Leben bringen. Denn wie von abgeschnittenen Bäumen und Kräutern der Saft und das Grün, das in ihnen hinschwindet und austrocknet, keine anderen Pflanzen mehr zum Grünen zu erwecken vermag, so vermag auch das Leben der unvernünftigen Tiere, nachdem es einmal vertrocknet und ausgedörrt ist, kein anderes Tier mehr zu beleben ...

7. *Von der Verschiedenheit der Empfängnis.* Wenn der Mann starken Samen vergießt und sich in richtiger herzlicher Liebe seinem Weibe naht, und auch das Weib zu dieser

Stunde die richtige Liebe zum Manne hat, dann wird ein Knabe empfangen, weil es so von Gott angeordnet ist. Und es kann auch gar nicht sein, daß etwas anderes als ein Knabe empfangen wird, weil Adam aus Lehm gebildet wurde, der doch ein kräftigerer Stoff als das Fleisch ist. Und dieser Knabe wird ein kluger, tugendreicher Mann werden, weil er von starkem Samen und in der richtigen gegenseitigen Liebe empfangen wurde. Wenn aber das Weib diese Liebe zum Manne nicht hat, so daß nur der Mann in dieser Stunde die richtige herzliche Liebe zum Weibe hat, der Same des Mannes aber stark ist, dann wird trotzdem ein Knabe empfangen, weil die Liebe des Mannes weit stärker ist. Aber dieser Knabe wird schwach und keineswegs tugendreich werden, weil hier die Liebe des Weibes zum Manne fehlte. Ist aber der Same des Mannes dünn, hat der Mann aber eine herzliche Liebe zum Weibe und dieses zu ihm, dann wird ein Mädchen von tugendreichen Anlagen empfangen. Hat jedoch der Mann innige Liebe zu seinem Weibe, dieses aber nicht zu ihm, oder wenn das Weib die Liebe zum Manne hat, dieser aber nicht zu ihm, und wenn der Same des Mannes in dieser Stunde dünn ist, so wird wegen der Schwäche des Samens ein Mädchen geboren.

Ist der Same des Mannes stark, hat er aber keine Liebe zu seiner Frau und diese nicht zu ihm, so entsteht daraus zwar ein männliches Wesen, weil der Same stark ist; aber ob der Bitterkeit der Eltern wird es einen herben Charakter haben.

Die Hitze der Frauen, die von Natur beleibt sind, überwindet den Samen des Mannes, so daß das Kind gar häufig im Gesicht der Mutter ähnlich gebildet wird; Weiber aber, die von Natur mager sind, erzeugen vielfach Kinder, die in ihrem Antlitze dem Vater gleichen.

8. Von den Krankheiten. Daß manche Menschen an verschiedenen Krankheiten leiden, kommt von der allzu wässerigen Feuchtigkeit in ihrem Geblüte her. Wäre nämlich der Mensch im Paradiese geblieben, so hätte er keine wässerige Feuchtigkeit in seinem Blute, von der viele Übel kommen, sondern unversehrt wäre sein Fleisch und ohne Fäulnis. Weil aber der Mensch dem Bösen seine Zustimmung gab und das Gute verließ, wurde er der Erde ähnlich, die gute und nützliche, schlechte und schädliche Kräuter hervorbringt und die gute und schlechte Feuchtigkeit und Saft in sich hat. Denn weil Schlechtes genossen wurde, ward das Blut der Söhne Adams in Giftsamen verwandelt, aus dem die Menschenkinder entstehen. Und so ist ihr Fleisch eitrig und durchlöchert. Diese Eiterbeulen und Öffnungen bewirken in den Menschen einen Rauch von einer Art Unwetter und Feuchtigkeit, woraus die wässerige Feuchtigkeit im Blute entsteht und zusammengeballt wird, und das bringt wieder die verschiedenen Krankheiten in die Körper der Menschen ... Wäre Adam im Paradiese geblieben, so hätte er herrlich süße Gesundheit in der besten Hülle behalten, so wie der kräftigste Balsam den köstlichsten Wohlgeruch entsendet; so aber hat der Mensch im Gegenteil in sich das Gift, wässerig feuchtes Blut und mannigfache Krankheiten ...

9. Von den Melancholikern. Es gibt Menschen, die in ihrem Sinne traurig, furchtsam und unbeständig sind, weil in ihnen keine rechte Gesundheit und kein Halt ist. Sie sind wie ein heftiger Wind, der allen Kräutern und Früchten schädlich ist. In ihnen mehrt sich das wässerige Blut, das weder richtig feucht noch dick, sondern lau und zäh wie Fäulnis ist und da sich wie Gummi in die Länge zieht. Das führt die Melancholie herbei, die zu allererst im Samen Adams aus dem Hauche der Schlange entstand, als Adam deren Rat in der Speise folgte ...

10. Von der Seele und den Geistern. Die Geister sind feurig und luftig, der Mensch aber aus Wasser und Lehm.

11. Von Adams Erschaffung. Als Gott den Menschen erschuf, wurde der Lehm durch Wasser zusammengeballt, woraus der Mensch gebildet wurde, und Gott sandte in diese Form den feurigen und luftigen Lebenshauch. Und weil die Gestalt des Menschen aus Lehm und Wasser war, so wurde durch das Feuer des Lebenshauches der Lehm zu Fleisch und durch die Luft des Lebenshauches das Wasser, durch das der Lehm zusammengeballt worden war, zu Blut. Als nämlich Gott Adam erschuf, da umblitzte der Glanz der Göttlichkeit die Lehmmasse, aus der der Mensch geschaffen wurde, und so erschien äußerlich die Linienform der Glieder, innen aber war der Lehm noch leer. Dann erschuf Gott innen aus der gleichen Lehmmasse das Herz, die Leber, die Lunge, den Magen, das Eingeweide, das Gehirn, die Augen, die Zunge und die übrigen inneren Teile. Und als Gott den Lebenshauch in ihn blies, da wurde der Stoff des Menschen, die Knochen, Eingeweide und Adern durch diesen Lebenshauch gestärkt ... Dann wurde auch in demselben Stoffe, aus dem Feuer der Seele, Fleisch und Blut.

12. Von den Haaren. Die grünende Kraft der Seele sandte Schaum und Feuchtigkeit zum Haupte in das Gehirn, und daher ist das Gehirn feucht und von dieser Feuchtigkeit entsendet das Haupt die Haare.

13. Vom Innern des Menschen. Die Seele ist feurig, windig und feucht und besitzt das ganze Herz des Menschen. Die Leber erwärmt das Herz, die Lunge deckt es, der Magen aber ist im inneren Menschen eine eigene Wohnung, um die Speisen aufzunehmen. Und das Herz hat das Wissen zu eigen, die

Leber das Gefühl, die Lunge das Blatt des Vernunftganges, der Mund ist die Trompete dessen, was der Mensch vorbringt, er nimmt auch die Erquickung des Körpers auf und bringt die Stimme hervor, doch fängt er die Stimme nicht auf, das tut das Ohr, das aber die Stimme nicht hervorbringt.

14. *Von den Ohren.* Die beiden Ohren sind wie zwei Flügel, die alle Stimmentöne ein- und ausführen, so wie die Flügel die Vögel in der Luft tragen.

15. *Von den Augen und der Nase.* Die Augen sind die Wege des Menschen, die Nase seine Weisheit. Und so ist der Mensch auch an seinen übrigen Gliedern gestaltet.

16. *Im Menschen sind die Elemente.* Die Elemente, das Feuer, die Luft, die Erde, das Wasser sind im Menschen und wirken mit ihren Kräften in ihm und kreisen in seinen Werken schnell in ihm wie ein Rad mit seinen Rundungen. Denn das Feuer ist mit seinen fünf oben genannten Kräften im Gehirne und den Eingeweiden des Menschen; denn als der erste Mensch aus Lehm verwandelt ward, da brannte durch Gottes Kraft goldglänzendes Feuer in seinem Blute auf, und daher leuchtet auch das Blut rot. Und die Glut beim Sehen, die Kälte beim Geruch, die Feuchtigkeit beim Geschmack, die Luft beim Hören und die Bewegung beim Gefühl zeigen das Feuer im Menschen an.

Die Luft ist mit ihren früher erwähnten vier Kräften im Atem und der Vernunft des Menschen. Die Luft leistet nämlich im Menschen durch den Lebenshauch, der die Seele ist, ihre Dienste, indem sie den Menschen trägt und der Flügel seines Fluges ist, indem er den Atem ein- und auszieht, so daß er leben kann. Und die Seele ist Feuer, das den ganzen Körper durchdringt und den Menschen belebt. Die Luft entzündet auch das Feuer, und durch die Luft brennt das Feuer in allen …

Auch das Wasser mit seinen oben besprochenen fünfzehn Kräften (S. 61) ist in der Flüssigkeit und dem Blute des Menschen.

17. Vom Blute. Wasser ist im Menschen, weil das Blut in ihm nicht fehlt. Das Wasser bewirkt die Feuchtigkeit im Menschen, so daß grünende Kraft in ihm schafft, und daß das Gerinnsel der Knochen Festigkeit und Dauer in ihm erhält. Die Kälte aber stärkt die Adern im Menschen, so daß das Blut durch sie fließt und daß es Tropfen hat und den ganzen Körper bewegt ...

18. Vom Fleisch. Wie die Erde mit Feuer und Wasser gefestigt wird, so ist das Fleisch des Menschen mit Adern und Feuchtigkeit zusammengesetzt. Die Kälte bewirkt das Gerinnen der Knochen; doch überwindet das Feuer alles, so daß Kraft im Menschen ist. Das Fleisch des Menschen stammt nämlich aus der Erde und hat eine kalte Flüssigkeit; aber das Blut erwärmt es. Würde das Fleisch nicht vom Blute erwärmt werden, dann würde es zu dem Lehm, der es früher war, wieder werden, und so erhält das Fleisch von der Blutwärme seine Kraft, so wie die Erde von der Sonnenwärme. Durch seine Weichheit ist es blutig und hat die Kräfte der Erde in sich. Denn es schwitzt von der kalten Feuchtigkeit, von der Hitze erglüht es, und ohne Kälte kann es ebensowenig wie die Erde Bestand haben.

19. Von der Erzeugung. Der Mensch ist durch die Kälte und Wärme zumal fruchtbar und hat mit den übrigen Geschöpfen das fröhliche Leben gemein und bringt aus sich die Erzeugung hervor, weil die Wärme sein Grünen, die Kälte seine Trockenheit ist, und durch all dieses sproßt er.

Kommt aber das Greisenalter an den Menschen heran, dann zieht sich alle äußere Wärme in sein Inneres zurück; denn sonst könnte er gar nicht mehr leben. So wird sein

Fleisch von außen kalt, und er selbst wird innen warm. Deshalb ermüdet ein kalter Mensch sehr schnell bei allem, was er tut. Und die Tiere hängen dem Menschen an, da er sich von ihnen nährt und weil er sie auch ernährt, und so trägt der Mensch alles; denn jegliches Geschöpf ist in ihm.

Ist das Fleisch des Menschen heiß, so wird es von der Erde gekühlt, ist es kalt, so gibt sie ihm Wärme; beim Wachsen verleiht ihm die Erde grünende Kraft; schwindet er, so gibt sie ihm Trockenheit; bei der Fortpflanzung belebt sie; bei der Vermehrung erhält sie, und indem sie alle seine Glieder trägt, zeigt sie ihr Mitempfinden.

Und schließlich holt sich der Mensch vom Feuer das Gefühl und die Begierde, von der Luft die Gedanken und die schweifende Phantasie, vom Wasser die Wissenschaft und Bewegung.

20. *Von der Belebung Adams.* Als Adam noch Erde war, erweckte ihn das Feuer, und auch die Luft weckte ihn auf, und das Wasser durchgoß ihn, so daß er ganz bewegt wurde. Dann sandte Gott tiefen Schlaf in ihn, und dann wurde er in diesen Kräften gekocht, so daß sein Fleisch vom Feuer erglühte, und daß er durch die Luft Atem bekam, und daß das Wasser wie in einer Mühle in ihm umging. Als Adam dann erwachte, war er ein Prophet von himmlischen Dingen und kannte jegliche Kraft der Geschöpfe und war jeder Kunst kundig. Und Gott gab ihm alle Geschöpfe, damit er sie mit der männlichen Kraft durchdringe, weil er sie kannte und erkannte. Denn der Mensch ist ja selbst jegliches Geschöpf, und der Lebenshauch ist in ihm, der kein Lebensende hat ...

21. *Vom Schlafe Adams.* Adams Prophetengabe war nach seinem ersten Schlafe zuverlässig, weil er noch nicht gesündigt hatte, hernach ward sie mit der Lüge vermischt. Adam

ist aus der Erde geschaffen und wurde nach seinem Erwachen mit den Elementen verändert, während Eva, von der Rippe Adams genommen, nicht verändert wurde.

22. *Eva.* Adam war vom Grün der Erde mannhaft und von den Elementen ungemein stark. Eva aber war weich in ihrem Marke und hatte einen luftigen, scharfen Sinn und ein köstliches Leben, weil sie der Erde Gewicht nicht drückte. Und wie sie selbst aus dem Manne herausgeführt worden war, so ging jegliches Menschengeschlecht aus ihr hervor.

Der Mensch ist in zwei Teile geteilt, in die Zeit des Wachens nämlich und des Schlafens. Und der Leib des Menschen wird auf zwei Arten genährt, mit Speise wird er nämlich angefüllt und durch Schlaf erquickt. Ist aber die Seele aus dem Leibe gegangen, dann muß sie mit ihm auf andere Weise leben, und das kann eine Seele, die gut ist, kaum ertragen. Daher ruft sie auch zu Gott und spricht: »Wann werde ich mich in mein Fleisch hüllen, in dem ich in meinen Erdentagen lebte?« ...

23. *Weshalb Eva früher fiel.* Hätte Adam früher als Eva das Gebot übertreten, dann wäre diese Übertretung so stark und unheilbar gewesen, daß der Mensch in eine so große, unverbesserliche Verhärtung gefallen wäre, daß er gar nicht mehr erlöst hätte werden wollen und können. Weil aber Eva das Gebot zuerst übertrat, konnte die Schuld leichter getilgt werden, weil sie gebrechlicher als der Mann war.

Das Fleisch und die Haut Adams waren stärker und rauher als die der jetzt lebenden Menschen, weil Adam aus der Erde gebildet worden war und Eva aus ihm. Nachdem sie aber Söhne erzeugten, wurde deren Fleisch immer gebrechlicher und gebrechlicher, und so wird es bis zum Jüngsten Tage sein.

24. *Von der Sintflut.* Als Adam aus dem Paradiese vertrie-

ben worden war, aber zur Zeit vor der Sintflut, hatte das Wasser noch keinen so schnellen Lauf und war noch nicht so flüssig wie später. Es hatte vielmehr eine Art Häutchen über sich, das seinen Lauf etwas verzögerte, so daß es nur langsam floß. Auch die Erde war damals noch nicht schlammig, sondern trocken und spröde, weil sie noch nicht vom Wasser durchgossen war. Aber vom ersten Gebot her gab sie noch Frucht über alles Maß. Damals hatten die Menschen bereits Gott vergessen, so daß sie mehr wie Tiere denn nach Gottes Willen handelten. Infolgedessen liebten viele die Tiere mehr als die Menschen. Frauen wie Männer verkehrten und vermischten sich lieber mit den Tieren als mit Menschen, so daß Gottes Bild in ihnen zugrunde ging. Und das ganze Menschengeschlecht wurde in Ungeheuer verwandelt. Manche Menschen ahmten die Art der Tiere nach und gaben Laut, liefen, heulten und lebten wie sie. Die freilebenden und die Haustiere waren nämlich vor der Sintflut nicht so wild wie später. Sie flohen die Menschen nicht und auch die Menschen die Tiere nicht, und sie schreckten sich gegenseitig nicht ... Zahme und wilde Tiere leckten die Menschen und diese die Tiere, woher sie in ungeordneter Liebe entbrannten und sich gegenseitig anhingen. Doch hatte Adam einige Söhne erzeugt, die so von göttlicher Weisheit erfüllt waren, daß sie sich mit keiner Schändlichkeit vermischen wollten und in Heiligkeit verblieben. Daher wurden sie auch Söhne Gottes genannt ...

25. *Von der Lage der Erde.* Die Erde hat eine mäßige Größe und steht beinahe auf dem Grunde des Firmamentes. Wäre sie in der Mitte des Firmamentes, dann müßte sie größer sein und würde auch leicht fallen und zerbersten, wenn sie eine solche Luftmasse unter sich hätte, wie sie über sich hat. Gegen Süden ist die Erde wie ein abfallender Berg,

daher hat sie auch dort eine größere Wärme von der Sonne, weil dort die Sonne und das Firmament ihr näher sind. Gegen Norden ist sie hoch gegen die Strafen (Hölle?) hin, und dort ist es auch kälter, weil dort weder das Firmament noch die Sonne der Erde nahe sind, dort ist vielmehr eine größere Ausdehnung des Firmamentes ...

26. *Von der Empfängnis.* Fällt der Same des Mannes in seinen Ort, dann nimmt ihn das Blut des Weibes mit Willen und Liebe auf und zieht ihn in sich, wie der Einhauch etwas in sich aufnimmt und einzieht. So mischt sich das Blut des Weibes mit dem Samen des Mannes, und es wird *ein* Blut. Von diesem vermischten Blute wird auch das Fleisch des Weibes erwärmt, es wächst und vermehrt sich ... Das Blut des Mannes aber wird von der Wärme und dem Schweiße des Weibes von innen und außen gekocht, und so zieht es vom Schaume und dem Schweiße des Weibes etwas in sich. Denn von der ganz heftigen Macht des Willens des Mannes zerfließt sein flüssig gewordenes Blut und wälzt sich wie eine Mühle ... Daß aber Mann und Weib so ein Fleisch werden und sind, lag in der Seite des Mannes verborgen, wo das Weib aus der Seite des Mannes genommen sein Fleisch wurde, und so fließen Mann und Weib in ihrem Blute und Schweiße um so leichter zur Empfängnis in eines zusammen. Und die ewige Macht, die das Kind aus dem Leibe der Mutter zieht, macht also Mann und Weib zu einem Fleische ...

27. *Von der Verschiedenheit des Samens.* Der Mensch, in dem das Trockene, d.h. das Feuer überwiegt, hat einen Geist, der sich nur schwer und hart Künste und Wissenschaft aneignet, hat er sie aber einmal gelernt, dann behält er sie auch ganz entschieden in Festigkeit. In wem aber das Feuchte, d.i. die Luft überwiegt, dessen Geist lernt leicht,

doch kann er nicht festgegründet in ihr bleiben, weil er leicht vergißt, was er gelernt. In wem der Schaum, d. i. das Wasser überwiegt, der lernt schnell, aber ehe er etwas völlig kann, meint er schon, er wisse es, während er es nicht weiß. Weil er sich also darin überhebt, schwindet sein Wissen, das er noch gar nicht völlig aufgenommen. In wem das Träge, d. i. die Erde überwiegt, der hat einen Geist, der hart und schwerfällig zum Lernen ist; hat er etwas mit großer Schwierigkeit begriffen, so kann er es wegen seines harten Geistes nicht behalten. Und so übermannt ihn der Ekel, weil er es nicht behalten kann; er gibt auch vielfach das Lernen auf und läßt seine bereits gewonnenen Erkenntnisse fahren. Aber in manchen irdischen Dingen und weltlichen Geschäften ist ein also Veranlagter nicht selten schlau.

28. *Von der Fleischeslust.* Die Adern, die in der Leber und im Unterleibe des Mannes sind, begegnen sich in seinen Geschlechtsteilen. Und wenn der Wind der Lust vom Marke des Mannes ausgeht, so fällt er in seine Lenden und erregt in seinem Blute die Versuchung zur Lust. Und weil der Platz der Lenden ziemlich enge, zusammengezogen und verschlossen ist, so kann sich dieser Wind darin nur wenig ausbreiten und erglüht also in starker Lust, so daß sich der Mann vergißt und sich von der Ausgießung des Samenschaumes nicht zurückhalten kann. Wegen der Enge der Lenden entbrennt im Manne das Feuer der Lust stärker aber seltener als im Weibe. Denn wie in den gewaltigen Wogen, die sich vor heftigen Stürmen und Winden in den Strömen erheben, ein Schiff gefährdet wird, weil es sich kaum halten und aufrecht bleiben kann, so kann sich auch die Natur des Mannes im Sturme der Lust schwer bezähmen und beherrschen. In den Wogen jedoch, die sich durch einen leichten Wind erheben, und in Unruhen, die durch leichte Wirbel-

winde entstehen, kann sich ein Schiff wenigstens mit einiger Mühe halten, und so ist die Natur des Weibes bei der Lust, weil sie sich leichter mäßigt als die Natur der männlichen Lust. Die Lust des Mannes ist mit dem Feuer zu vergleichen, das bald verlöscht, bald aufloht; denn das Feuer, das andauernd brennt, würde allzuviel verzehren ..., und also erhebt sich im Manne zuweilen die Lust, und dann fällt sie wieder, weil sie der Mann nicht ertragen könnte, wenn sie immer in ihm glühen würde.

29. *Von den mannhaften Cholerikern.* Manche vom männlichen Geschlechte werden besonders mannhaft, und diese haben ein starkes und dichtes Gehirn. Ihre äußeren Adern, die ihre Haut zusammenhalten, sind rötlich. Auch ihre Gesichtsfarbe ist rötlich, so wie man es auf manchen Bildern sieht, die mit roter Farbe bemalt werden. Sie haben auch starke und feste Adern, die brennendes, wachsfarbiges Blut führen. Um die Brust sind diese Männer fest gedrungen gebaut, und sie haben starke Arme; doch sind sie nicht allzu wohlbeleibt, weil ihre starken Adern, ihr starkes Blut und ihre starken Glieder nicht zuviel Fett ansetzen lassen.

30. *Von den Nieren (!).* Der Wind in den Lenden dieser cholerischen Männer ist mehr feurig als windig; er hat zwei Zelte unter sich, in die er wie in einen Blasbalg bläst. Und diese zwei Zelte umgeben den Stamm aller Kräfte des Mannes und sind ihm, gleich kleinen Bollwerken, die neben einem Turme stehen und diesen verteidigen, Hilfe. Die Zahl dieser Gezelte ist zwei, damit sie mit desto größerer Stärke den Stamm umgeben, stützen und halten, und damit sie desto besser diesen Wind aufnehmen und an sich ziehen und dann wieder ausblasen wie zwei Blasebälge, die zu gleicher Zeit in das Feuer blasen. Und wenn sie dann diesen Stamm

in seiner Kraft aufrichten, halten sie ihn fest, und also grünt dieser Stamm zur Nachkommenschaft.

31. Von der Verbannung des Adam. Als Adam in seiner Übertretung blind und taub geworden war, ging diese Kraft in ihm in die Verbannung und in ein fremdes Ding und floh heimlich in die früher erwähnten Orte der Geschlechtsteile des Mannes und blieb dort. Die eben beschriebenen Männer sind klug, werden von anderen gefürchtet, umfangen gerne Frauen und gehen anderen Männern aus dem Wege, weil sie die Frauen mehr als die Männer lieben. Denn die Form des Weibes lieben sie in der Verbindung so sehr, daß sie sich nicht beherrschen können; ihr Blut glüht in heißem Feuer, wenn sie nur eine Frau sehen oder hören oder sie in Gedanken und in der Erinnerung sich vorführen. Sehen sie eine Frau, dann sind ihre Augen wie Pfeile der Liebe, und wenn sie eine Frau hören, ist ihr Gehör wie ein überstarker Wind, und ihre Gedanken sind wie ein Sturmwind, der nicht zurückgehalten werden kann, sondern zur Erde fährt.

Das sind die mannhaften Männer, die man Arbeiter in ihrer Fruchtbarkeit heißt, weil sie immer glühen und fruchtbar sind, um Kinder und immer wieder Kinder zu erzeugen, wie ein Baum, der sich in zahllose Zweige weit ausdehnt. Von dem großen Feuer ihrer Umarmung, das in ihnen ist, sind sie wie Pfeile.

Haben solche Männer Verbindung mit Frauen, dann sind sie gesund und froh, müssen sie aber solchen Verkehr entbehren, dann vertrocknen sich in sich selbst und kommen wie Sterbende daher, wenn sie nicht im Übermaße der Träume, der Gedanken oder in einem widernatürlichen anderen Ding den Schaum ihres Samens auswerfen können. Sie entbrennen nämlich in solcher Glut der Lust, daß sie sich zuweilen auch einem gefühllosen und leblosen Geschöpf nahen und es krampfhaft umarmen ... Veranlaßt solche Männer die Not, die Scham, Gottesfurcht oder Liebe zu Gott, die Weiber zu fliehen, dann müssen sie ihnen wie Gift aus dem Wege gehen, weil sie kaum irgendeine Scheu oder Selbstbeherrschung von der Umarmung der Frauen, die sie sehen, zurückhalten kann ...

32. *Von den Sanguinikern.* Andere Männer haben ein warmes Gehirn, eine angenehme, aus weiß und rot vermischte Gesichtsfarbe, dicke Adern voll Blut, das kräftig ist und die richtige rote Farbe hat. Sie haben auch eine frohe Feuchtigkeit der Säfte in sich, die weder Traurigkeit noch Bitterkeit niederdrückt und die Herbe der Melancholie flieht und meidet. Und weil sie ein warmes Gehirn, gesundes Blut und keineswegs niederdrückende Gäste haben, so ist das Fleisch an ihrem Körper fett. Die Veranlagung an ihren Oberschenkeln ist mehr windig als feurig, und deshalb können sie sich auch enthalten, weil der überreiche Wind ihrer Schenkel das Feuer in ihnen niederdrückt und mäßigt. Und fällt auch zuweilen der Wind und das Feuer in die beiden Gezelte, so leisten solche Männer alle ihre Verpflichtungen doch in Ehrsamkeit und vernünftiger Liebe, weil ihr Stamm ehrsam blüht und grünt. Man nennt sie deshalb ein gülden Gebäude in der richtigen Umarmung ...

Solche Männer müssen sich der Wohnung von Männern gesellen, weil die Natur des Weibes sanfter und milder ist als die der Männer. Sie können aber auch mit Ehrsamkeit und Fruchtbarkeit bei Frauen sein und vermögen sich andererseits ihrer zu enthalten. Mit schönen und nüchternen Augen sehen sie die Frauen an; denn während die Augen der anderen wie Pfeile sind, klingen ihre Blicke mit denen der Frauen ehrbar zusammen, und während die Stimme der anderen wie ein übergewaltiger Sturmwind die Frauen umbraust, ist ihre Stimme wie der Klang einer Zither, und während die Gedanken der anderen wie Böen sind, werden diese kluge Liebhaber in aller Ehrsamkeit genannt …

Wer von einem solchen Manne erzeugt wird, ist in all seinen Werken enthaltsam, glücklich, tüchtig und rechtschaffen. Den Neid kennen solche nicht, weil der Wind und das Feuer in den Schenkeln ihrer Eltern ihnen die richtige Mäßigung gab … Sind aber die Sanguiniker ohne Frauen, dann bleiben sie ohne Ruhmesglanz wie der Tag, an dem keine Sonne scheint. Und wie sich die Früchte an sonnenlosen Tagen halten und nicht verdorren, so bleiben diese Männer ohne Frauen in gemäßigter Stimmung, mit Frauen aber sind sie fröhlich wie ein sonnenklarer Tag.

Und weil diese Männer in Blick, Ton und Gedanken sanft sind, entsenden sie öfter als andere wässerigen und nicht gekochten Schaum, was ihnen beim Wachen und Schlafen begegnet. Und leicher als andere lösen sie sich allein und mit anderen Dingen von der Hitze der Lust.

33. Von den Melancholikern. Es gibt auch andere Männer, deren Gehirn fett und deren Gehirnhäutchen und Gehirnadern stürmisch sind. Ihr Antlitz zeigt düstere Farben; ihre Augen sind häufig feurig und viperngleich. Sie haben harte und starke Adern, in denen schwarzes und dickes Blut fließt. Dick und hart ist ihr Fleisch, grob sind ihre Knochen, die nur mäßig Mark enthalten, das aber so heftig brennt, daß sie mit Frauen wie Tiere und Vipern unenthaltsam sind … Eine richtige Liebe haben sie zu niemand; immer sind sie bitter, habsüchtig und unvernünftig, in der Lust ausschweifend und mit den Weibern wie die Esel. Lassen sie zuweilen von der Lust, dann werden sie leicht im Kopfe krank und wahnsinnig. Frönen sie jedoch im Umgang mit Frauen ihrer Lust, dann leiden sie nicht an Kopfschmerzen;

aber ihre Umarmungen, die sie maßvoll mit den Frauen vollziehen sollten, sind ein Verkrümmen, haßvoll und todbringend wie die von reißenden Wölfen ... Manche von den Melancholikern können das weibliche Geschlecht meiden, weil sie die Frauen nicht lieben, dann sind sie in ihren Herzen wild wie Löwen und haben Bärensitten; bei der Arbeit ihrer Hände aber sind sie brauchbar, geschickt und gerne tätig.

Der Wind der Lust, der in die beiden Gezelte solcher Männer fährt, ist so unmäßig und bricht mit derartiger Plötzlichkeit herein wie ein Sturm, der ein ganzes Haus plötzlich und stark erschüttert, und richtet den Stamm, der doch wie eine Blume aufblühen sollte, so tyrannisch empor, daß er sich mit Vipernbitterkeit verdreht und in seiner Bosheit wie eine todbringende und mordende Viper die Bosheit auf die Nachkommenschaft überträgt. Der teuflische Einfluß wütet nämlich so stark bei der Lust solcher Männer, daß sie, wenn sie könnten, die Frau bei der Umarmung töten würden. Deshalb haben auch die Söhne und Töchter, die sie hervorbringen, oft teuflischen Wahnsinn in ihren Lastern und ihrem Charakter, weil sie nicht aus Liebe hervorgegangen sind ...

34. *Von den Phlegmatikern.* Es gibt schließlich noch Männer, die ein fettes, weißes und trockenes Gehirn haben, weil die Äderchen ihres Gehirnes mehr weiß als rot sind. Deren Augen sind groß und garstig. Ihr Antlitz hat Weiberfarbe, ihre Haut kein heiteres Aussehen, sondern eine erloschene Farbe, ihre Adern sind weit und weich, ohne viel Blut ... In ihren Gedanken und ihren Worten sind sie kühn und tüchtig wie das Feuer, dessen Flamme bald plötzlich auflodert und plötzlich wieder zusammensinkt. Auch in ihrem Auftreten zeigen sie sich kühn; in ihren Werken jedoch fin-

det sich diese Kühnheit nicht ... Der Wind in ihren Lenden hat nur ein ganz mäßiges Feuer, so daß er nur ein wenig wärmt wie Wasser, das kaum warm ist. Und die beiden Häuser, die wie Blasebälge das Feuer erwecken sollten, sind in ihrer Schwäche verlassen und haben nicht Kraft genug, den Stamm aufzurichten, weil in ihnen nicht die Fülle des Feuers ist. In ihrer Umarmung können sie geliebt werden; sie vermögen auch gut mit Männern und Frauen zusammenzuleben, weil sie treu sind ... Und weil Samen nach Männerart nicht in ihnen sein kann, so zeigen sie auch weder im Barte noch in anderen derartigen Dingen Männlichkeit. Weil sie aber den Neid nicht kennen, lieben sie in ihrer gutmütigen Art bei ihrer schwachen Natur die Frauen, die ebenfalls schwach sind, weil das Weib in seiner Schwäche wie ein Knabe ist. Dabei erwärmen sich diese Männer etwas, so daß ihnen ein bißchen Bart wächst, der aussieht wie ein Land, das ein bißchen Gras hervorsprießen läßt. Des Pfluges Vollkommenheit haben sie jedoch nicht und können also die Erde nicht besteigen, denn sie vermögen sich mit den Weibern nicht wie fruchtbare Männer zu verbinden, sie sind ja unfruchtbar. Daher leiden sie in ihrer Seele nicht viel an der Lust, höchstens haben sie zuweilen eine Vorstellung davon und den Wunsch danach. Und weil dieser Mangel ihrem Körper anhaftet, ist auch ihr Geist träge ...

35. Von der Lust des Weibes. Die Lust des Weibes ist mit der Sonne zu vergleichen, die einschmeichelnd, linde und beständig die Erde mit ihrer Wärme durchgießt, so daß sie Früchte hervorbringt, denn würde sie dauernd heftiger auf sie niederbrennen, so würde sie eher die Früchte schädigen als sie hervorbringen. So ist auch die Lust im Weibe einschmeichelnd, lind und währt ständig, so daß es Kinder empfangen und gebären kann ...

36. Von der Veränderung des Mondes und der Säfte. Wächst der Mond zu seiner Fülle, dann mehrt sich auch das Blut im Menschen, und nimmt er ab, dann mindert sich auch im Menschen das Blut. So ist es immer, sowohl beim Manne wie beim Weibe. Wenn nämlich das Blut im Menschen sich nicht mindern würde, nachdem es zu seiner Fülle herangewachsen ist, dann könnte der Mensch nicht weiterbestehen, sondern würde völlig bersten.

37. Von der Zeit zum Erzeugen. Wenn bei zunehmendem Monde sich das Blut also mehrt, dann ist auch der Mensch, der Mann sowohl wie die Frau, fruchtbar ..., weil zur Zeit der Zunahme des Blutes der Samen stark und kräftig ist ...

38. Von der Einsammlung der Kräuter. Werden edle und gute Pflanzen bei zunehmendem Monde von der Erde abgeschnitten oder entwurzelt, wenn sie reif sind, dann sind sie für Latwerge, Salben und Heilmittel jeder Art besser, als wenn sie bei abnehmendem Monde eingesammelt werden ...

39. Vom Schlafe. Schläft der Mensch, so erholt sich sein Mark und wächst; wacht er, so wird es etwas verdünnt und schwächer ... Wenn also das Mark des Menschen durch Arbeit ermüdet oder durch Wachen vermindert ist, dann wird der Mensch vom Schlafe überwältigt, und mag er stehen, sitzen oder liegen, er wird leicht einschlafen, weil seine Seele das Bedürfnis des Körpers fühlt. Ist das Mark durch Wachen vermindert und geschwächt, so bringen die Kräfte der Seele aus dem Marke einen gar lieblichen und süßen Wind hervor, der die Adern des Halses und das ganze Gehirn des Menschen durchbläst, der zu den Schläfen übergeht und die Adern des Hauptes einnimmt und den Lebenshauch des Menschen so niederhält, daß dann der Mensch wie gefühllos, ohne Besinnung und ohne über seinen Körper eine Gewalt zu haben daliegt ... Nur die Seele führt den Lebenshauch ein und aus, wie sie es auch beim wachen Menschen macht, wodurch sie den Schlafenden wie den Wachenden zusammenhält ... So läßt also die Seele des Menschen sich dessen Kräfte sammeln und sein Mark sich stärken und wachsen, gibt dadurch den Knochen Kraft, kocht das Blut ein, setzt alle seine Glieder wieder zusammen und mehrt die Weisheit und das Wissen in diesem Menschen, wobei sich dessen Leben freut. So hat der Mensch beim Schlafen eine größere Wärme in sich als beim Wachen ...

40. *Von den Träumen.* Weil die Seele des Menschen von Gott ist, sieht sie manchmal, während der Körper schläft, Wahres und Zukünftiges und ahnt zuweilen des Menschen Zukunft, die auch hie und da eintrifft. Oft aber kommt es auch vor, daß der Teufel den Geist irreführt, ermüdet und verwirrt, so daß er dies nicht völlig sehen kann und getäuscht wird. Oft beschweren den Menschen auch in seinen Träumen die Gedanken, Vermutungen und Wünsche, mit denen er sich wachend beschäftigt, er wird dann darin zuweilen erhoben wie ein Sauerteig, der eine Mehlmasse in die Höhe treibt, gleichviel ob diese Gedanken gut oder böse sind. Falls die Gedanken gut und heilig sind, so zeigt Gottes Gnade dem Menschen darin oft Wahres; sind sie jedoch eitel und bemerkt dies der Teufel, so erschreckt er oft die Seele eines solchen Menschen und mengt seine Lügen in dessen Gedanken. Aber auch heiligen Menschen zeigt er oft, sich selbst zum Spotte, Schändliches ...

41. *Von der Wirkung der Seele.* Wie die Sonne das Licht des Tages ist, so ist die Seele auch das Licht des wachen Körpers, und wie der Mond das Licht der Nacht ist, so ist wiederum die Seele das Licht des schlafenden Körpers.

Wenn nämlich der Körper des schlafenden Menschen in der richtigen Wärme ist, so daß sein Mark das richtige Maß hat und selbst den Körper erwärmt, und wenn weder ein Sturm von Leidenschaften noch ein unausgeglichener Charakter in ihm ist, dann sieht er sehr oft Wahres, weil dann das Wissen seiner Seele in Ruhe ist, wie der Mond den Glanz hell und voll entsendet, wenn er nachts von wirbelnden Wolken und Winden frei ist. Wenn aber der Sturm mannigfaltiger und entgegengesetzter Gedanken Geist und Körper des Wachenden beschäftigt und er dann in diesem Sturme einschläft, dann ist, was er im Schlafe sieht, meist falsch, weil das Wissen seiner Seele in all den Widersprüchen umwölkt ist ... Und weil die Seele Feuer ist, zieht sie den Atem des Schlafenden mäßig ein und aus, damit der Körper nicht verwüstet werde, sie macht es wie der Töpfer, der das Gebilde am Feuer hütet, damit das Feuer nicht zu schwach und nicht zu stark sei, damit nicht bei unmäßiger Hitze das gebrechliche Gefäß völlig zerfalle.

42. *Vom Atem.* Hätte der Mensch nicht den ein- und austretenden Atem, so hätte auch sein Körper keine Bewegung und sein Blut wäre nicht flüssig, wie je auch das Wasser ohne den Zug der Luft nicht fließt.

43. *Vom Gegensatz der Seele und des Fleisches.* Die Seele ist ein Lufthauch, der zum Guten strebt, das Fleisch aber strebt zur Sünde. Die Seele kann den Körper nur selten und mit Mühe vom Sündigen zurückhalten, wie ja auch die Sonne den Würmlein keinen Widerstand leisten kann, die an der Stelle aus der Erde kriechen, die sie selbst mit ihrem Glanze und ihrer Hitze erwärmt. Die Seele ist ferner ein Anhauch des Körpers, wie der Blasebalg der des Feuers, denn wo Holz und glühende Kohlen daraufgelegt werden, entzündet der Blasebalg das Feuer. In gleicher Weise neigt die

mit dem Körper, den Knochen, den Nerven und dem Fleische verbundene Seele zu jeglichem Werke und kann nicht davon lassen, solange sie im Körper ist. Die Seele ist so in das Mark, die Knochen, das Fleisch und alle Glieder eingebohrt wie ein Mensch, der so an einen Holzstamm geheftet ist, daß er sich nicht davon losreißen kann. Wie aber zuweilen Feuer vom Wasser ausgelöscht wird, damit es nicht über die Maßen brenne, so unterdrückt auch zuweilen die Seele, unterstützt von Gottes Gnade und ermahnt von der Vernunft, die Sündenlaster, damit sie nicht über alles Maß sich erheben und auswachsen.

Nachdem das Mark des Schlafenden sich vermehrt und erholt, und nachdem die Seele das ganze Gefüge des schlafenden Körpers wieder gefestigt hat, zieht sie den milden Wind, den sie aus dem Marke zur Ruhe des Menschen entsandte, wieder an sich –, und also erwacht der Mensch ... Ein Mensch, der oft erwacht, aber dann ebensooft noch schneller wieder einschläft, dessen Mark und Glieder werden um so angenehmer und linder erquickt, wie ein Kind, das oft saugt und oft wieder damit aufhört, inzwischen die Kräfte zu seiner Belebung sammelt ...

44. *Von der Sanguinikerin.* Manche Frau hat Anlage zur Beleibtheit, ein weiches, köstliches Fleisch, schlanke Adern und ein gesundes, von jeder Fäulnis freies Blut. Und weil sie schlanke Adern hat, hat sie auch weniger Blut in sich, und ihr Fleisch mehrt sich desto besser und ist desto mehr vom Blute durchdrungen. Solche Frauen haben ein lichtes, weißes Antlitz, sind gerne bei der Umarmung der Liebe, sind liebenswürdig, feinfühlig für Kunstarbeiten, in ihrer Seele enthaltsam und erleiden zur Zeit des monatlichen Blutflusses nur eine geringe Einbuße an Blut. Das Gefäß der Gebärmutter ist bei ihnen zum Gebären stark gebaut, und deshalb

sind sie auch fruchtbar und können den männlichen Samen aufnehmen. Freilich sehr vielen Kindern können sie das Leben nicht schenken, und wenn sie ohne Männer sind, so daß sie keine Nachkommenschaft haben, dann werden sie leicht an ihrem Körper krank, haben sie aber Männer, dann sind sie gesund ...

45. *Von der Phlegmatischen.* Bei anderen Frauen wächst das Fleisch nicht viel, weil sie große Adern haben und etwas gesundes, weißes Blut, das jedoch einiges Gift enthält, wodurch die weiße Farbe aufgesaugt wird. Sie haben ein ernstes Gesicht und einen dunklen Teint, sind tüchtig, brauchbar und besitzen einen etwas männlichen Geist. Zur Zeit des Monatsflusses ergießen sich die Blutbächlein weder zu wenig noch zu stark, sondern gerade im richtigen Maße. Und weil sie große Adern haben, sind sie außerordentlich fruchtbar an Nachkommenschaft und empfangen leicht, weil auch ihre Gebärmutter und all ihre Eingeweide stark sind. Sie ziehen die Männer an sich und nach sich, und deshalb lieben sie die Männer. Wollen sie sich aber der Männer enthalten, so können sie es und werden dadurch nur ein wenig geschwächt ...

46. *Von der Cholerischen.* Andere Frauen haben wenig Fleisch, starke Knochen, mittelmäßige Adern, dickes, rotes Blut und einen blassen Teint. Sie sind klug und wohlwollend, werden von den Menschen verehrt und gefürchtet. Beim Monatsflusse verlieren sie sehr viel Blut; die Gebärmutter ist bei ihnen stark, und sie sind fruchtbar. Die Männer lieben ihren Charakter, doch gehen sie ihnen etwas aus dem Wege, weil diese Frauen die Männer nicht anlocken und nicht nach sich ziehen. Sind sie mit Männern ehelich verbunden, dann sind sie keusch, halten die eheliche Treue und sind mit ihnen an ihrem Leibe gesund; müssen sie aber

ohne Mann sein, dann leiden sie an ihrem Körper, sowohl weil sie nicht wissen, welchem Manne sie die weibliche Treue halten sollen, wie auch weil sie keinen Gemahl haben. Und hört bei ihnen der Monatsfluß früher auf, als er sollte, dann werden sie leicht lahm und zerfließen in ihren Säften, so daß sie in diesen Säften erkranken oder leberleidend werden, oder sie bekommen leicht ein schwarzes Blutgeschwür, und ihre Brüste schwellen vom Krebse an.

47. *Von der Melancholikerin.* Schließlich gibt es noch andere Frauen. Sie haben mageres Fleisch, große Adern, mittelmäßige Knochen und ein Blut, das mehr Fäulnis als gesundes Blut enthält. Ihr Teint ist eisengrau und schwarz. Diese Frauen sind in ihren Gedanken windig und ausschweifend, voll Überdruß siechen sie in ihren Beschwerden dahin ... Beim Monatsflusse verlieren sie sehr viel Blut; außerdem sind sie unfruchtbar, weil sie eine schwache und gebrechliche Gebärmutter haben. Sie können also den Samen eines Mannes nicht empfangen, nicht behalten und nicht erwärmen, und daher sind sie ohne Männer gesünder, stärker und fröhlicher ... Aber auch die Männer gehen ihnen aus dem Wege und fliehen sie, weil sie die Männer nicht liebenswürdig anreden und weil sie sie wenig lieben. Und fühlen solche Frauen auch einmal zu einer Stunde die fleischliche Lust, so verschwindet sie wieder schnell bei ihnen. Hat aber die eine oder andere solche Frau einen starken und blutreichen Mann, dann kann es vorkommen, daß sie mit ganz reifen Jahren, vielleicht mit fünfzig Jahren, ein Kind gebärt ...

48. *Von der Kahlheit.* Ein Mensch mit großer breiter Glatze hat eine starke Wärme in sich. Und diese Hitze und der Kopfschweiß werfen die Haare herab; doch ist die Feuchtigkeit des Atems eines solchen Mannes fruchtbar und

macht das Fleisch, wo der Bart wächst, naß, so daß sich dort sehr viele Haare erheben. Der Mensch jedoch, der nur wenig Haare am Barte, viele aber am Scheitel hat, ist kalt und etwas unfruchtbar, und wenn sein Hauch das Fleisch um seinen Mund berührt, so macht er es unfruchtbar.

Fallen einem Menschen die Haare in Kahlheit aus, so können sie durch keinerlei Heilmittel wiederhergestellt werden, weil eben die Feuchtigkeit und die grünende Kraft, die er zuvor in der Kopfhaut, d.i. im »Hirnschädel« (hirneschädele) hatte, bereits vertrocknet ist. Hier kann sich kein frisches Grün mehr erheben, und so werden auch die Haupthaare dort nicht wieder geboren. Und so kommt es sehr oft, daß, wer eine große, breite Glatze hat, auch einen großen breiten Bart hat ...

49. *Vom Schwindel.* Ein Mensch, der sich ohne die Lehrunterweisung Vorgesetzter und ohne Not rein nach seinem Belieben häufig mit sehr vielen und verschiedenartigen Gedanken beschäftigt, der benimmt seinen Säften den richtigen Lauf, und so wird er zuweilen übereilt, dann wieder säumig und ohne rechte Ordnung sein. Daher wird der Kopf eines solchen Menschen zum Schwindel verdreht, so daß Wissen und richtiges Gefühl von ihm schwinden.

50. *Vom Wahnsinn.* Und kommen all diese Seuchen zusammen, so daß sie zumal im Haupte eines Menschen wüten, so führen sie einen solchen Menschen zum Wahnsinn, verdrehen ihn und machen ihn leer von richtiger Einsicht, wie ein Schiff, das vom Sturme umhergeworfen wird, zerbricht. Daher glauben viele, ein solcher Mensch wäre vom Teufel besessen, auch wenn es nicht der Fall ist. Die Dämonen eilen vielmehr zu dieser Seuche und zu diesem Schmerze hinzu ... Aber selbst können sie dort keine Worte hervorstoßen, weil dieser Mensch nicht vom Teufel besessen ist. Wenn

der Teufel durch Gottes Zulassung selbst in einem Menschen Worte hervorbringen kann, so übt er an dem Orte des Heiligen Geistes so lange seinen Raub mit Worten und Rasen aus, bis er vom Himmel vertrieben wird.

51. *Vom Gehirne.* Das Gehirn wird von den guten und schlechten Säften, die in einem Menschen sind, berührt und ist deshalb immer weich und feucht. Wird es einmal trocken, so tritt sofort Krankheit ein. Es ist von Natur aus sehr feucht und fett und ist auch der Stoff für die Wissenschaft, Weisheit und den Verstand des Menschen, so daß es diese entsendend und zurückziehend enthält und auch die Kräfte der Gedanken behält. Sitzen die Gedanken im Herzen, dann haben sie Süße oder Bitterkeit; die Süße aber macht das Gehirn fett, während die Bitterkeit es entleert. Und das Gehirn hat seine Wege, wie der Schornstein seine Öffnungen, durch die der Rauch hinauszieht; diese Wege aber sind die Augen, die Ohren, der Mund und die Nase und zeigen sich dort. Ist nun Bitterkeit darin, so zeigen die Augen Tränen, und in Zorn und Traurigkeit verraten dies das Gehör und die Sprache. Die Augen des Menschen aber sind nach der Art des Firmamentes gemacht.

52. *Von den Augen.* Die Pupille des Auges aber ist der Sonne und die dunkle oder graue Farbe, die die Pupille umgibt, dem Monde ähnlich; das äußere Weiß des Auges gleicht den Wolken.

Das Auge besteht aus Feuer und Wasser. Durch das Feuer wird es zusammengehalten und gestärkt, so daß es bestehen kann; das Wasser aber führt zum Sehen. Ist allzuviel Blut über dem Auge des Menschen, so erstickt es die Sehkraft des Auges, weil es das Wasser, das dem Auge das Sehen verleiht, austrocknet; wird dagegen das Blut dort allzusehr vermindert, dann hat das Wasser, das dem Auge zum Sehen dienen sollte, nicht genügend Kraft, weil das Blut in ihm fehlt, das seine Kräfte wie eine Taube tragen sollte. Deshalb verdüstern sich in den Greisen die Augen, weil ihnen das Blut entzogen wird und das Wasser mit dem Blute sich mindert. Junge Leute aber sehen klarer als Greise, weil ihre Adern noch die richtige Mischung von Blut und Wasser haben; denn bei ihnen haben das Feuer und das Wasser die Wärme und Kälte noch nicht übermäßig ausgetrocket und vermindert.

53. *Von den grauen Augen.* Der Mensch, der graue, dem Wasser gleichende Augen hat, zieht sie in erster Linie von der Luft. Daher sind seine Augen schwächer als andere Augen, weil die Luft von dem verschiedenen Lufthauche der Wärme, Kälte und Feuchtigkeit öfters geändert wird und daher auch die Augen leicht von der schlechten, schwächenden oder feuchten Luft und auch vom Nebel Schaden erleiden. Denn wie diese Dinge die Reinheit der Luft beeinträchtigen, so schädigen sie auch die von der Luft hergezogenen Augen.

54. *Von den feurigen Augen.* Wer feurige Augen hat, die einer schwarzen Wolke neben der Sonne gleichen, hat sie naturgemäß vom warmen Südwind empfangen. Diese Augen sind gesund, weil sie von der Feuerwärme kommen. Doch schädigt sie Staub und jeder üble Geruch, weil die Heiterkeit vom Staub und die Reinheit von unbekanntem Gestank nichts weiß . .

55. *Von den schwarzen Augen.* Wer schwarze, unruhige Augen hat, so wie zuweilen eine Wolke ist, der hat sie vor allem von der Erde. Sie sind kräftiger und schärfer als andere Augen und behalten lange ihre Sehkraft, weil sie von der Stärke der Erde sind. Doch leiden sie leicht unter der Feuchtigkeit der Erde, der Wasser und der Sümpfe, wie auch die

Erde von schlimmer Feuchtigkeit und von zu großer Nässe der Wasser und Sümpfe vergiftet wird.

56. *Vom Zahnschmerze.* Ganz winzige Äderchen umgeben die feine Haut oder Membrane, in die das Gehirn eingebettet ist. Diese Äderchen erstrecken sich zu dem Zahnfleisch und zu den Zähnen. Werden nun diese mit schlechtem, überflüssigem oder fauligem Blute angefüllt – sie werden nämlich bei der Reinigung des Gehirnes vom Schaume verpestet –, dann tragen sie Fäulnis und Schmerz aus dem Gehirne in das Zahnfleisch und in die Zähne. Und daher schwillt das Fleisch um die Zähne und auch die Wangen des Menschen sehr stark an, und der Mensch empfindet im Zahnfleische Schmerz. Wenn aber der Mensch seine Zähne nicht oft mit Wasser reinigt, dann wächst die Fäulnis in dem Fleische, das die Zähne umgibt, und daher erkrankt dieses Fleisch, und daher entstehen in der Fäulnis, die sich um die Zähne bereits fest eingenistet hat, Würmer, und so schwillt dieses Fleisch an, und der Mensch bekommt Schmerzen davon ...

57. *Vom Hause der Seele.* Baut sich ein Mensch ein Haus, so macht er darein eine Türe, Fenster und einen Schlot, damit er durch die Türe aus und ein gehen und alles Notwendige in Empfang nehmen kann, um durch die Fenster Licht zu bekommen, und damit der Rauch, nachdem man ein Feuer entzündet, durch den Schlot abziehen möge, so daß das Haus nicht durch den Rauch leidet.

So sitzt auch die Seele im Herzen wie in ihrem Hause und entsendet ihre Gedanken wie durch eine Pforte daraus und läßt Gedanken herein und betrachtet sie wie durch Fenster und führt ihre Kräfte, als wäre ein Feuer entzündet, zum Gehirne wie zu einem Schlote, damit sie sie dort prüfe und sondere. Hätte der Mensch nämlich keine Gedanken, so hätte er kein Wissen, er wäre dann wie ein Haus ohne Tür, ohne Fenster und ohne Schlot. Die Gedanken aber sind die Urheber von Gut und Bös und ordnen alle Dinge, und dies nennt man Gedanken. Denn die Gedanken sind die Urheber der Güte, Weisheit, Torheit und anderer ähnlicher Dinge, so daß vom Herzen schlechte Gedanken ausgehen, und das ist die Pforte. Und so geht der Weg vom Herzen zu den Elementen, mit denen der Mensch wirkt, was er denkt. Und die Kräfte der Gedanken steigen zum Gehirne empor, und das Gehirn hält sie fest, weil das Gehirn die Feuchtigkeit des ganzen Körpers ist, so wie der Tau alles benetzt. Werden aber im Menschen schlimme und übelriechende Säfte erweckt, dann entsenden sie eine Art schädlichen Rauch zum Gehirne.

58. *Vom Lungenschmerze.* Das also erregte Gehirn führt diesen Rauch durch bestimmte Adern zur Lunge und verseucht sie, so daß sie etwas aufgebläht wird, und daß sie den Atem ein bißchen schwer entsendet und ihm einen schlechten Geruch gibt. Doch ist eine solche Lungenaufblasung nicht gefährlich, weil sie sich leicht heilen läßt ...

59. *Vom Magen und der Verdauungsschwierigkeit.* Der Magen liegt im Menschen, um alle Speisen aufzunehmen und zu verdauen. Er ist zäh und innen etwas runzlig, damit er die Speisen zur Verdauung gut behalten kann, damit sie ihm nicht allzu schnell entgleiten, wie auch ein Maurer die Steine also behaut, daß sie den Mörtel packen und festhalten können, so daß er nicht zerfließt und wegfällt. Wenn aber manche Menschen zuweilen im Übermaß Speisen zu sich nehmen, rohe nämlich und ungekochte oder halbgare, und im Übermaß und Überfluß, oder fette, allzu schwere, oder dürre und trockene, dann können das Herz, die Leber, die Lunge und die übrige Wärme im Menschen dem Magen

nicht so starkes und so viel Feuer abgeben, daß die Speisen gargekocht werden können. Sie gerinnen dann im Magen, werden hart und schimmlig. Der Magen bekommt davon grüne, eisenfarbene, schwarzbleiche und massenhafte Fäulnis, d. i. »Slim«; davon werden zuweilen durch den ganzen Körper fauliger Unflat, schlechte Säfte und übler Gestank verbreitet, so wie eben entzündetes, noch grünes und feuchtes Holz allenthalben Rauch ausqualmt ...

60. *Woher der Monatsfluß kommt.* Als der Fluß der Begierde in Eva eintrat, wurden alle ihre Adern im Blutflusse geöffnet. Daher hat jede Frau Blutstürme in sich, so daß sie ähnlich der Enthaltsamkeit und Ausgießung des Mondes Tropfen ihres Blutes festhält und ausgießt, und zwar, so, daß alle ihre Glieder, die mit den Adern verbunden sind, sich öffnen. Wie nämlich der Mond wächst und abnimmt, so werden auch das Blut und die Säfte des Weibes zur Menstruationszeit gereinigt, denn sonst könnte sie nicht weiterleben, weil sie feuchter als der Mann ist; sie würde sonst in eine schwere Krankheit fallen. Die Schamhaftigkeit aber ist das Schloß der Unversehrtheit in einer Jungfrau, weil das Werk des Mannes dasselbe Werk unwissend übersprang, und daher ist das Monatsblut in einer Jungfrau blutreicher als in einer Frau, weil sie eine noch verschlossene Jungfrau ist. Denn nachdem eine Jungfrau geschwächt wurde, hat sie mehr Fäulnisstoff in ihrem Monatsblute ... Und solange das Mädchen in Unversehrtheit eine Jungfrau ist, so lange fließt ihr Monatsblut in Tropfen aus den Adern; nachdem sie aber geschwächt wurde, fließt es wie ein Bächlein, weil es durch des Mannes Werk gelöst wurde, und es ist deshalb wie ein Bächlein, weil ihre Adern in jenem Werke gelöst wurden. Wenn nämlich das Schloß der Unversehrtheit in einer Jungfrau aufgebrochen wurde, so läßt dieses Aufbrechen Blut

fließen. Das Weib ist nämlich so eingerichtet, daß es durch sein Blut den Samen des Mannes aufnimmt und behalten muß, und deshalb ist es auch schwach, kalt, und sind die Säfte ihn ihm schwach. Daher wäre es auch immer krank, wenn nicht sein Blut durch die Menstruation gereinigt würde, so wie die Speise im Topfe gereinigt wird, wenn sie den Schaum von sich wirft ...

61. *Von der Empfängnis.* Ist die Frau mit dem Manne vereinigt, dann verkündet die Hitze in ihrem Gehirne, die eine Lustempfindung in sich schließt, den Geschmack dieser Lust in dieser Vereinigung und den Samenausguß. Und ist der Same an seinen Platz gefallen, dann zieht ihn die erwähnte große Hitze an sich und hält ihn fest. Hierauf werden die Nieren dieser Frau zusammengezogen, und alle Glieder, die in der Menstruationszeit zur Öffnung bereit sind, werden alsbald so geschlossen, wie wenn ein starker Mann etwas fest in seiner Hand umschließt. Und dann vermischt sich das Monatsblut mit diesem Samen und macht ihn blutreich und gibt ihm Fleisch. Und nachdem er Fleisch geworden, umgibt ihn dieses Blut mit einem Gefäße wie der Wurm (Schnecke), der sich aus sich selbst ein Haus bereitet. Und so bereitet das Blut dieses Gefäß von Tag zu Tag, auf daß der Mensch in ihm gebildet werde und den Lebenshauch empfange. Und dies Gehäuse wächst mit dem Menschen und wird so stark gefestigt, daß es sich bis zum Ausgange dieses Menschen nicht von seinem Platze bewegen kann.

62. *Von der Eva.* Die erste Mutter des Menschengeschlechtes war so nach der Ähnlichkeit des Äthers gebildet, daß, wie der Äther alle Sterne in sich schließt, so auch sie unversehrt und unverdorben ohne jeglichen Schmerz das ganze Menschengeschlecht in sich hatte, als ihr gesagt ward:

»Wachset und mehret euch!« Und dies geschieht in vollem Schmerze.

63. *Von der Empfängnis.* Denn jetzt ist das Weib wie die vom Pfluge durchfurchte Erde, und sie nimmt den Samen des Mannes auf und hüllt ihn in ihr Blut, wärmt ihn mit ihrem Blute, und so wächst der Same, bis der Lebenshauch in ihn gesendet wird und bis die Zeit der Reife kommt, zu der er herausschreitet.

64. *Von der Geburt.* Soll aber die Nachkommenschaft aus der Frau hervorgehen, dann kommt ein solcher Schrecken und ein solches Entsetzen über sie, daß jede Frau in diesem Furchtbaren erzittert, daß ihre Adern überreich Blut vergießen, daß jegliches Gefüge ihrer Glieder verletzt wird und daß sie sich unter Tränen und Wehgeschrei lösen, so wie es heißt: »Im Schmerze wirst du gebären«, und zwar in solchem Schmerze, wie am Ende der Zeiten sich die Erde ändern wird. Aller Frauen Blut ist also mehr mit faulenden Stoffen durchsetzt als das der Männer, weil sie geöffnet sind wie ein Holz, an dem Saiten zum Zitherspiele aufgespannt sind, und sie sind auch wie mit Fenstern durchbrochen und windreich, weil die Elemente in ihnen heftiger sind als in den Männern und weil die Säfte in ihnen reichlicher sind als in den Männern ...

65. *Von der Verdauung.* Ißt der Mensch, so verteilen die Äderchen, die den Geschmack empfinden, diesen Geschmack durch den ganzen Körper. Die inneren Adern, nämlich die der Leber, des Herzens und der Lunge, nehmen den feineren Saft der Speisen vom Magen aus auf und tragen ihn durch den ganzen Körper, und also wird das Blut im Menschen vermehrt und der Körper ernährt, so wie das Feuer durch den Blasebalg zum Brande erweckt wird und wie durch Wind und Tau das Gras grünt und wächst. Denn

wie der Blasebalg das Feuer erweckt, und wie Wind und Tau die Gräser herausführen, so läßt auch der Saft der Speisen und Getränke das Blut, die Flüssigkeit und das Fleisch des Menschen sich erheben und sich mehren. Aber wie der Blasebalg das Feuer nicht ist, und wie der Wind und Tau nicht das Gras sind, so ist auch der Speisesaft nicht das Blut und der Saft der Getränke nicht die innere Flüssigkeit. Es färbt sich vielmehr der Speisesaft vom Blute und ist in ihm, und der Getränke Saft nimmt die Farbe der inneren Flüssigkeit an und bleibt in ihm, und sie erheben das Blut und lassen es zu der inneren Flüssigkeit sich erheben, wie der Sauerteig die ganze Mehlmasse, d.i. den Teig; und in diesen bleiben sie, vereinigen sich damit, und mit ihnen verschwinden sie und werden aufgezehrt ...

66. Vom Blute. Wenn der Mensch trinkt, vermehrt der feinere Saft des Getränkes die Flüssigkeit im Blute; das Verdorbene steigt mit dem Getränke nach unten, und nachdem es ausgekocht wurde, geht es vom Menschen, so wie das Hellflüssige vom Weine oben schwimmt, die Hefe aber auf dem Grunde liegt. Das Blut wird nämlich vom Speisesaft genährt, die Blutflüssigkeit aber vom Getränke, und das Blut könne nicht ohne Flüssigkeit sein, wie auch die Speise nicht ohne Trank im Körper, denn hätte das Blut keine Flüssigkeit, so wäre es hart und hätte keine Wellen zum Fließen. Auch der Mensch würde, wenn er nur äße und nicht auch tränke, ganz ausdorren und könnte nicht leben. Daher nährt der Mensch, der schlechte und überflüssige Speisen ißt, das schlechte Blut, und wer schlechte und überflüssige Getränke zu sich nimmt, mehrt die schlechte Flüssigkeit in sich ...

67. Vom Schlafe. Nach dem Essen soll der Mensch nicht sofort schlafen, nämlich nicht bevor der Geschmack, der Saft und der Geruch der Speisen an seinen Ort gelangt ist.

Man soll sich also nach dem Essen kurze Zeit vom Schlaf zurückhalten, damit er nicht den Geschmack, den Saft und den Geruch der Speisen an unrechte und verkehrte Orte führe, und damit er sie nicht da und dort in den Adern zerstreue. Hat sich aber der Mensch kurze Zeit beherrscht und legt sich dann ein mäßiges Stündlein zum Schlafe, so wächst sein Fleisch und Blut und wird davon gesund.

68. *Vom nächtlichen Durst.* Erwacht der Mensch zur Tages- oder Nachtzeit, so kommt es oft vor, daß ihn dann von der Hitze und Trockenheit der Speisen dürstet. Doch hüte man sich, da nicht sogleich zu trinken, solange nämlich noch Schlaftrunkenheit in ihm ist; denn dann würde er sich Krankheiten zuziehen und sein Blut und seine Säfte zu ungesunden Stürmen erregen. Erst wenn er ganz wach geworden und sich einige Zeit beherrscht hat – und wenn es ihn dann noch so dürstet –, mag er trinken, wenn der Schlaf gänzlich von ihm gewichen ...

69. *Vom Frühstücke.* Für einen Menschen mit gesundem Körper ist es zu einer guten Verdauung förderlich, bis ungefähr zur Mittagsstunde kein Frühstück zu nehmen. Für einen Kränklichen, Schwächlichen und einem mit entkräftetem Körper dagegen ist es gut und gesund, in der Frühe etwas zu speisen, damit er die Kräfte, die er nicht in sich hat, von der Nahrung nehme. Am Abend kann der Mensch dieselben Speisen und Getränke zu sich nehmen wie am Tage, wenn er will. Er muß es dann nur früh genug vor Einbruch der Nacht tun, damit er vor dem Schlaf noch seinen Spaziergang haben kann.

70. *Von der Verschiedenheit der Getränke.* Ein köstlicher und starker Wein erregt die Adern und das Blut des Menschen, in zu starkem Maße und zieht die Säfte und alle Feuchtigkeit, die der Mensch hat, an sich, so wie es Reini-

gungstränke tun, und so muß er zuweilen vor der richtigen Zeit unter Gefahr für die Gesundheit Urin lassen. Der Ungarwein hat diese Folgen allerdings nicht, weil er keine so starken Kräfte in sich hat, daß er die Säfte des Menschen übermäßig erregen könnte. Man soll deshalb die Kraft kostbarer Weine entweder durch Eintunken von Brot oder Zugießen von Wasser schwächen, weil es weder für einen gesunden noch für einen schwächlichen Menschen gut ist, einen nicht also gemilderten Wein zu trinken. Ungarwein braucht man aber nicht so zu mischen, weil er keine so starken Kräfte in sich hat. Will aber doch jemand auch in diesen Wasser gießen oder Brot tunken und so trinken, dann wird er dadurch zwar milder, aber nicht gesünder. Der Wein hat übrigens schon von Natur aus etwas Wasser in sich, weil er vom Tau und Regen genährt wird. Und daher kommt es, daß ein Mensch, der andauernd nur Wein und kein Wasser trinkt, in seinem Blute doch Wassersäfte hat ...

71. *Vom Aderlaß.* Sind die Adern des Menschen voll Blut, so müssen sie durch einen Einschnitt von schädlicher Fäulnis und Flüssigkeit gereinigt werden. Wird aber ein Einschnitt in die Ader eines Menschen gemacht, dann wird dessen Blut wie von plötzlichem Schrecken erschüttert, und was zuerst herauskommt, ist Blut, und zugleich fließen hierauf Fäulnis und zersetztes Blut, heraus. Deshalb hat das, was jetzt herausfließt, verschiedene Farben, weil es Fäulnis und Blut zugleich ist. Ist Fäulnis und Blut herausgeronnen, so folgt reines Blut, und dann muß man mit dem Aderlaß aufhören. Ist der Mensch gesund und hat er einen kräftigen Körper, so lasse man von ihm so viel Blut beim Aderlaß, als ein starker und durstiger Mann auf einen Schluck Wasser trinken kann. Ist dagegen jemand schwach, dann nehme man so viel Blut aus der Ader, als ein Ei von normaler Größe

fassen kann. Ein zu starker Aderlaß schwächt den Körper, wie auch ein Regenguß, der ohne Mäßigung auf die Erde fällt, sie schädigt. Ein richtig bemessener Aderlaß aber nimmt die schlechten Säfte und heilt den Körper, wie auch ein Regen, der mählich und mäßig auf die Erde fällt, sie bewässert und zum Hervorbringen von Früchten geeignet macht ...

72. *Vom Brennen.* Das Brennen, d. h. das Kochen, ist zu jeder Zeit gut und nützlich, weil es bei bedächtiger Ausführung die Feuchtigkeit und Fäulnisstoffe unter der Haut mindert und dem Körper Gesundheit bringt. Das Brennen ist für alt und jung zuträglich, für junge Leute, weil mit dem Wachsen des Fleisches und Blutes in der Jugend auch die schlechten Säfte sich mehren; für ältere Personen aber, weil beim Schwinden des Fleisches und Blutes im Greisenalter zwischen Fleisch und Haut die schlechten Säfte zurückbleiben. Etwas zuträglicher ist es allerdings für Greise als für Jünglinge, weil bei jenen Fleisch und Blut schwindet, die Haut sich zusammenzieht und sich infolgedessen die Fäulnis zwischen Haut und Fleisch mehr verbreitet. Für die Jünglinge dagegen ist das Brennen deshalb nicht so gesund, weil sich in ihnen das Fleisch noch mehrt, das Blut in ihnen hitzig wallt und ihre Haut noch dünn und geschmeidig ist; infolgedessen fließt oft das Blut, das ihnen Gesundheit und Kraft gibt, beim Brennen zugleich mit den schädlichen Säften aus. Auf jeden Fall ist für junge Leute das Brennen im Winter gesünder als im Sommer; denn wenn sie selbst und der Sommer zugleich in Hitze brennen, müssen sie sich hüten, im Sommer nicht zugleich das Blut mit den Fäulnisstoffen herauszulassen. Für die Greise dagegen ist es gerade im Sommer am besten. Denn während sie selbst erkalten, ist der Sommer warm, und so fließen die durch die heiße Jahreszeit erweck-

ten Säfte beim Brennen heraus, weil sie die Hitze, die sie zum Heraustreiben der Fäulnisstoffe nicht in sich haben, durch den Sommer erhalten.

Wer sich aber brennen läßt, durchbohre nur die Haut, damit nicht, wenn man zu tief in das Fleisch eindringt, mehr die Gesundheit und das Blut als die schlechten Säfte des Menschen entfließen ...

Zum Brennen bediene man sich eines Nußkernes, des Markes von Pfaffenkäppchen oder eines Leinenknotens, nicht aber des Eisens, weil dies wahllos viele Säfte an sich zieht, nicht des Schwefels, weil er das Fleisch faulend und übelriechend macht; auch nicht des Weihrauches, weil er Flammen gibt und die Haut austrocknen läßt. Der Nußkern, das Mark von Pfaffenkäppchen und ein Leinentuch haben ein milderes Feuer als die übrigen Brennstoffe und öffnen nur die Haut, ohne das Fleisch zu durchlöchern. Wo nur die Haut verletzt wird, fließt nur Feuchtigkeit, nicht aber die Gesundheit des Menschen heraus; wo aber das Fleisch mit der Haut vom Feuer durchlöchert wird, tritt die Gesundheit zugleich mit der Fäulnis heraus ...

73. *Vom Speichel.* Eine Kraft, den Speichel, nimmt die Seele im Menschen vom Wasser; denn das Wasser benetzt die Vernunft, so daß sie sprechen kann, und richtet sie dazu her, so wie Saiten durch Wachs oder Harz geschmeidigt werden, so daß sie einen schönen Ton bekommen. Der Speichel wäre rein und klar, wenn die Seele nicht feurig wäre; so aber ist der Speichel gleichsam der Schaum vom Feuer der Seele, gleichwie das Wasser infolge von Feuer- und Sonnenhitze Schaum auswirft. Und weil die Seele feurig ist, so hat sie auch Wasser in sich; die Fenster der Seele sind nämlich die Augen, und die haben Feuer und Wasser. Und jegliche Feuchtigkeit, die im Menschen ist, ist wasserhaltig und

strebt zum Wege der Vernunft, auf daß die Vernunft im Menschen Laut geben könne. Die Seele leitet aus dem Gehirne und den Eingeweiden Wasser in den Speichel, auf daß der Mensch sprechen könne; denn der Mensch vermöchte keinen Ton zu geben und nicht ein Wort zu bilden, hätte er keine Feuchtigkeit in sich; er wäre dann ja trocken, und so ist der Speichel wie eine gute Salbe; denn wie die Salbe die Gesundheit herbeiruft, so hält auch der Speichel im Menschen Gesicht, Gehör, Geruch, Stimme und alles was zur Gesundheit nützlich ist und bringt es hervor ...

74. *Vom Fleische.* Jegliches Fleisch ist grün, und von der grünenden Kraft hat es seine Feuchtigkeit. Das sieht man auch am Fleische frisch geschlachteter Tiere; wird es nämlich aufgehängt, so fließen Tropfen heraus. – Ein Mensch mit magerem und dünnem Fleische bringt leichter durch Schwitzen die Feuchtigkeit aus sich heraus als der, welcher mit fettem Fleische belastet ist; denn wer mageres und dünnes Fleisch an seinem Körper hat, ist wie ein von vielen Öffnungen durchlochter Käse, der nicht stark zusammengepreßt ist. Und die Luft und die übrigen Elemente durchdringen einen solchen Menschen leicht. Daher hat er auch leicht Flüssigkeit in sich und scheidet sehr viel aus, weil er dünnes Fleisch hat. Sodann erheben sich auch die Hitze, der Geschmack der Speisen und Getränke aus seinem Magen und rauchen und steigen zur Leber, zum Herzen und zur Lunge wie ein Gift empor. Aber die Hitze der Leber, des Herzens und der Lunge können diese Flüssigkeit nicht ertragen, sondern treiben sie zur Brust und Gurgel heraus, wie die Speise, wenn sie am Feuer gekocht wird, Schaum ausfließen läßt.

75. *Vom Schneuzen.* Wer einen schwachen und kalten Magen und schwache Eingeweide hat, entsendet von dieser

Schwäche einen kalten und feuchten Rauch zu seinem Gehirne. Dieser Rauch wird wie gekochtes Gift und wird also von der Nase und dem Munde ausgestoßen, wie auch die Sterne in der Luft gereinigt werden, und wie auch die Erde mancherlei Schmutziges und Übelriechendes ausstößt ...

76. *Vom Niesen.* Ist das Blut in den Adern eines Menschen nicht wach und flink, sondern liegt es darin, als schliefe es, und sind die Säfte im Menschen nicht schnell, sondern träge, so merkt dies die Seele in ihrer Natur und erschüttert durch Niesen den ganzen Körper und läßt das Blut und die Säfte wieder wach werden und zu ihrem Stande zurückkehren. Denn würde das Wasser nicht durch Stürme und Überschwemmungen bewegt werden, so ginge es in Fäulnis über, und so würde auch der Mensch, der nicht niest oder seine Nase nicht durch Schneuzen reinigt, innerlich faulen.

77. *Vom Nasenbluten.* Haben Menschen gewaltigen Zorn und einen hartnäckigen Sinn in sich, äußern sie dies jedoch nicht aus Mangel an Mut, aus Furcht, aus Traurigkeit oder weil sie sonst nicht können, so werden zuweilen die Adern des Gehirnes, des Halses oder der Brust zerrissen und platzen und ergießen sich durch den Zugang und den Weg, durch den die Düfte zur Nase getragen werden. Es gibt auch Menschen, die sich mit eitlen und verschiedenartigen Gedanken beschäftigen, sie aber nicht in die Tat umsetzen können, oder solche, die unsteten und zerstreuten Sinnes im Geiste von Ort zu Ort schweifen, oder durch einen ungewöhnlichen Charakter oder in einer Ausgelassenheit außer Rand und Band in ihrem Sinne da und dorthin geworfen und so gleichsam in Wahnsinn umhergetrieben werden, so daß sie weder ihre Augen noch ihr Antlitz in richtigem Stande und ordentlicher Gebärde bewahren können. Von diesen ausschweifenden Gedanken platzen ihnen die Adern

des Gehirnes oder des Halses und der Brust, so daß, wie gesagt, ihr Blut aus der Nase fließt ...

78. *Von der Diät.* Wer gesund bleiben will, esse nach natürlich warmen Speisen von Natur aus kalte und nehme nach natürlich kalten von Natur aus warme und nach natürlich trockenen von Natur aus feuchte und nach natürlich feuchten von Natur aus trockene, seien es nun gekochte oder ungekochte, die ihrer Natur nach warm oder kalt sind, damit sie sich gegenseitig gut ergänzen.

79. *Von der Erschaffung Adams und der Bildung der Eva.* Als Gott Adam erschaffen hatte, fühlte Adam in dem tiefen Schlafe, den Gott in ihn sandte, eine große Liebe. Und Gott machte eine Gestalt nach der Liebe des Mannes, und so ist das Weib die Liebe des Mannes. Und nachdem das Weib gebildet worden war, gab Gott die Schöpferkraft dem Manne, damit er nach seiner Liebe, die das Weib ist, Söhne erschaffe. Als Adam die Eva erblickte, ward er ganz mit Weisheit erfüllt, weil er die Mutter, durch die er Söhne schaffen sollte, erblickte. Als aber Eva dem Adam ansah, schaute sie ihn an, als blickte sie in den Himmel, wie die Seele nach oben strebt, die Himmlisches ersehnt, denn ihre Hoffnung ging zum Manne. Und deshalb wird und darf nur eine Liebe des Mannes und der Frau sein und keine fremde dazwischen. Die Liebe des Mannes verhält sich in ihrer Gluthitze zur Liebe der Frau, wie das Feuer brennender Berge, das sich schwer auslöschen läßt, zum leicht erlöschenden Holzfeuer; die Liebe der Frau aber steht zur Liebe des Mannes im gleichen Verhältnis wie die milde Wärme, die von der Sonne ausgeht und Früchte hervorbringt, zum brennendsten Feuer von Holz, weil auch sie milde in ihrer Nachkommenschaft Früchte hervorbringt. Die große Liebe aber, die in Adam war, als Eva aus ihm hervorging, und die Süßigkeit des tiefen

Schlafes, in dem er damals lag, wurde bei seinem Sündenfall in das Gegenteil von Süße verkehrt. Und deshalb, weil der Mann diese große Liebe in sich fühlt und hat, so läuft er hurtig zur Frau, wie der Hirsch zur Quelle, und das Weib zu ihm, wie eine Scheuertenne, die durch viele Schläge erschüttert und erhitzt wird, wenn man das Korn in ihr drischt.

80. Vom Marke. Das Mark in den Knochen des Menschen ist die Grundfeste seines ganzen Körpers. Es ist etwas dicht, nicht überlaufend und von solcher Stärke und Kraft in den Knochen wie das Herz im übrigen Körper. Das Mark erglüht in brennendster Hitze, so daß seine Wärme über Feuerwärme geht; denn das Feuer kann ausgelöscht werden, das Feuer des Markes aber wird nicht ausgelöscht, solange ein Mensch lebt; es durchdringt vielmehr in seiner Wärme und seinem Schweiß die Knochen und stärkt sowohl die Knochen wie den ganzen übrigen Körper des Menschen.

81. Vom Schluchzen. Der Schmerz, den man Schluchzen nennt, kommt von einer Kälte des Magens, und diese Kälte dreht sich um die Leber und breitet sich um die Lunge aus, so daß auch die Kräfte des Herzens in Bewegung kommen. Und wie der Mensch durch die Kälte zittert und die Zähne des Menschen in diesem Zittern knirschen, so hat der Mensch mit dem Tone seiner Stimme das Schluchzen …

82. Von der Traurigkeit und dem Zorne. Fühlt die Seele des Menschen etwas, das entweder ihr selbst oder dem Körper zuwider ist, so zieht sie das Herz, die Leber und deren Adern zusammen. Infolgedessen erhebt sich um das Herz eine Art Nebel, der es verdüstert, und also wird der Mensch traurig; nach der Trauer aber erhebt sich der Zorn. Denn während der Mensch etwas sieht, hört oder denkt, wovon er traurig wird, bereitet ein Nebel der Trauer, der sein Herz gefangen nimmt, einen warmen Rauch in allen seinen feinen

Säften und um seine Galle und erregt die Galle, und so erhebt sich schweigend der Zorn aus der Bitterkeit der Galle. Bringt der Mensch den Zorn nicht zur Ausführung, sondern erträgt er ihn schweigend, dann tritt die Galle wieder zurück. Hört jedoch der Zorn nicht auf, dann breitet sich dieser Rauch über die Melancholie* hin und erweckt sie, und diese entsendet ihrerseits einen ganz schwarzen Nebel, der über die Galle hinstreicht und ihr einen überaus bitteren Rauch abringt. Dieser Rauch steigt nun zum Gehirne des Menschen empor und entfacht in seinem Kopfe Raserei. Hierauf schlägt er sich wieder in den Unterleib hinab und erschüttert dessen Adern sowie die Eingeweide und verdreht den Menschen zum Wahnsinn. Und jetzt setzt der Mensch, sich selbst vergessend, den Zorn in die Tat um. Denn vom Zorne entflammt, rast der Mensch mehr als von irgendeiner anderen Art des Wahnsinns. Auch zieht sich der Mensch infolge des Zornes mancherlei schwere Krankheiten zu. Werden nämlich die widrigen Säfte von der Galle und der Melancholie öfters erregt, so machen sie den Menschen krank; denn wäre der Mensch von der Bitterkeit der Galle und der Schwärze der Melancholie frei, dann wäre er immer gesund ...

83. Vom Gelächter und vom Lachen. Wie im Ungehorsame Adams die heilige und keusche Natur zu erzeugen in eine andere Art fleischlicher Lust verändert wurde, so wurde auch die Stimme höherer Freuden, die Adam ebenfalls innewohnte, in die entgegengesetzte Art des Lachens und schallenden Gelächters verkehrt. Die unpassende Freude nämlich und das Lachen hat eine gewisse Gemeinschaft mit der Fleischeslust und daher erschüttert der Wind, der das Lachen

* »melancholia«, hier wohl in der ursprünglichen Bedeutung: schwarze Galle.

hervorruft, vom Marke des Menschen ausgehend auch dessen Schenkel und Eingeweide. Und zuweilen entlockt das Lachen durch die allzu heftige Erschütterung vom Blute der Adern den Augen Tränenwasser, so wie auch manchmal vom Blute der Adern durch die Glut der Lust der Schaum menschlichen Samens ausgeworfen wird.

84. Von der Freude und vom Lachen. Fühlt die Erkenntnis eines Menschen keine Traurigkeit, nichts Widriges und nichts Böses in sich, dann öffnet sich das Herz dieses Menschen der Freude, so wie sich die Blumen der Sonnenwärme entgegen öffnen. Alsbald nimmt die Leber diese Freude in sich auf und hält sie in sich fest wie der Magen die Speise. Und wenn der Mensch also vom Guten oder Bösen, das ihm gefällt, erfreut wird, dann tritt der obenerwähnte Wind zuweilen aus dem Marke aus, berührt zuerst den Schenkel, setzt sich dann in der Milz fest, erfüllt deren Adern, breitet sich zum Herzen hin aus, erfüllt die Leber und macht den Menschen lachen und läßt seine Stimme wie die der Tiere ertönen in schallendem Gelächter. Ein Mensch, der in seinen Gedanken wie der Wind leicht hier- und dorthin geworfen wird, bekommt eine etwas dicke Milz, freut sich leicht und lacht leicht. Und wie die Traurigkeit und der Zorn den Menschen schwächt und austrocknet, so verletzt auch unmäßiges Lachen die Milz, schwächt den Magen und verteilt durch seine Erschütterung die Säfte in unrichtiger Weise.

85. Von der Beleibtheit. Ißt ein Mensch übermäßig fettes Fleisch oder andere Speisen oder nimmt er mit zu vielem Blute durchsetzte Nahrung zu sich, so wird er davon eher krank als gesund, weil diese übermäßig fetten Speisen infolge der zu großen und schlüpfrigen Feuchtigkeit, die in ihnen ist, nicht zur richtigen Verdauung im Magen bleiben können. Daher soll der Mensch mäßig fettes Fleisch und richtig mit Blut durchsetzte Speisen genießen, damit er sie bis zur vollen und richtigen Verdauung in sich behalten kann ...

86. Vom Biere. Das Bier macht das Fleisch des Menschen dick und gibt infolge seiner Stärke und des guten Getreidesaftes seinem Antlitze eine schöne Farbe. Das Wasser aber schwächt den Menschen, und ist er schwach, so läßt es um seine Lunge faulige Säfte entstehen, weil das Wasser schwach ist und keine starke Kraft in sich hat. Trinkt jedoch ein gesunder Mensch zuweilen Wasser, so schadet es ihm nicht ...

Drittes Buch

Die hier verzeichneten, von Gott gezeigten Heilmittel werden den Menschen entweder von den Krankheiten befreien, oder er wird sterben und Gott will ihn nicht gesund machen

1. Gegen Haarausfall. Sobald einem noch jungen Menschen die Haare auszufallen beginnen, nehme er Bärenfett und ein wenig Asche vom Weizen- oder Kornstroh, mische das zusammen und salbe damit seinen ganzen Kopf, und zwar vor allem dann, sobald die Haare von seinem Haupte zu entfließen beginnen. Hierauf wasche er lange diese Salbe nicht herunter. Die Haare, die noch nicht ausgefallen sind, werden durch diese Salbe so befeuchtet und gestärkt, daß sie lange Zeit nicht ausfallen werden. Und so mache er es oft und wasche seinen Kopf nicht. Denn die Natur des Bärenfettes pflegt sehr viele Haare hervorzubringen, und die Asche vom Weizen- oder Kornstroh stärkt das Haar, daß es nicht schnell ausfalle ...

2. *Gegen melancholisches Kopfweh.* Hat Melancholie einen Menschen erfaßt und mit verschiedenen Fiebern heimgesucht, und macht sie das Gehirn schmerzen, so nehme man Käsekraut und zweimal soviel Salbei und zerstoße es in einem Mörser bis zum Safte, gieße etwas Olivenöl oder, hat man das nicht, etwas Essig darauf und lege dies von der Stirne über den Scheitel zum Hinterkopf, binde es mit einem Tuche darauf und mache dies drei Tage lang. An diesen drei Tagen erneuere man gegen Beginn der Nacht das Olivenöl oder Essig und fahre so fort, bis es besser wird. Denn der Saft des Käsekrautes löst die Melancholie auf, der Saft des Salbei trocknet sie aus, das Olivenöl salbt das ermüdete Haupt, und der Essig zieht die Schärfe der Melancholie heraus, daher mildert diese Mischung einen derartigen Kopfschmerz …

3. *Was folgt, geht gegen Lungenleiden.* Nimm gleichviel Kalmus und Fenchel, zweimal soviel von der Muskatnuß und Spiegelkraut, so daß die Muskatnuß und das Spiegelkraut gleichviel wiegen; pulverisiere dies, mische es und nimm täglich nüchtern von diesem Pulver im Gewichte von zwei Münzen mit einem kleinen Bissen Brot. Dann trinke sofort etwas warmen Wein und iß einige edle Kräuter, die einen guten Geruch haben; von diesen nimm sowohl nüchtern als auch oft nach dem Frühstücke, damit deren guter Geruch auf die Lunge übergeht und den übelriechenden Atem unterdrücke. Wer irgendwie an der Lunge leidet, vermeide fettes Fleisch, blutreiche Speisen und auch gekochten Käse, weil dies alles Lungenfäule bewirkt. Aber auch Erbsen, Linsen und rohes Gemüse esse man nicht, und Nüsse und Öl meide man. Will man Fleisch speisen, so wähle man mageres, und ißt man Käse, so nehme man weder gekochten noch rohen, sondern trockenen; will man Öl, so nehme man

nur recht mäßig davon; Wasser trinke man keinesfalls, denn es bereitet Fäulnis und Schleim um die Lunge. Man trinke keinen neuen, ungegorenen Most, der den Schmutz in der Glut des Kochens noch nicht ausgeworfen hat; Bier schadet nicht viel, weil es gekocht ist, Wein aber darf man nicht trinken. Vor feuchter und nebeliger Luft hüte man sich …

4. *Gegen Augenschwäche.* Wird in den Augen eines Menschen Blut und Wasser entweder infolge des Alters oder durch eine Krankheit allzusehr geschwächt, dann gehe man zu grünem Grase und sehe es so lange an, bis die Augen wie vom Weinen feucht werden; denn das Grün des Grases nimmt das, was in den Augen trüb ist, und macht sie rein und klar. Man gehe auch an einen Fluß oder gieße frisches Wasser in ein Gefäß, neige sich darüber und nehme die Feuchtigkeit dieses Wassers mit seinen Augen auf, so wird diese Feuchtigkeit das Wasser in den Augen, das bereits im Vertrocknen ist, erwecken und klar machen. Man nehme auch einen Leinenfleck, tauche ihn in reines und kaltes Wasser und binde und lege ihn um die Schläfen und Augen, hüte sich jedoch dabei, damit die Augen innen zu berühren, damit sie nicht dadurch zum Eitern gebracht werden. Deshalb aber ist ein Leinenfleck zu nehmen, weil er milde ist, und deshalb sind die Augen mit kaltem Wasser anzufeuchten, weil durch dieses Wasser das Wasser der Augen wieder zum Sehen erweckt wird. Weil nämlich die Augen feurig sind, wird das Augenhäutchen durch das Feuer verdickt, berührt aber, wie vorerwähnt, Wasser dies Häutchen, so wird es durch die Kälte und Feuchtigkeit wieder dünner …

5. *Für schwarze Augen.* Hat jemand schwarze oder trübe Augen, so daß sich zuweilen eine Wolke zeigt, und schmerzt und dunkelt es zuweilen in ihnen, so nehme man Rautensaft und doppelt soviel reinen flüssigen Honig; etwas guten und

klaren Wein vermische man damit, lege Krümchen von Weizenbrot darauf und binde dies nachts mit einem Tuche über die Augen. Weil nämlich die schwarzen Augen von der Erde sind, so nützt ihnen die Wärme der Raute und die Wärme des Honigs verbunden mit der Wärme des Weines, wenn noch ein Brotkrümchen darauf gelegt wird, das seine Kräfte ebenfalls von der Erde hat ...

6. *Gegen Gehörschwund.* Wird durch schlechte Säfte oder sonst eine Krankheit das Gehör eines Menschen beeinträchtigt, so nehme er weißen Weihrauch, lege ihn auf eine brennende Kohle und lasse diesen Rauch in das verhärtete Ohr hinaufsteigen. Man tue dies aber nicht oft; denn macht man es übermäßig, so wird es dadurch schlechter. Der warme Rauch des weißen Weihrauches, der reiner als der Rauch eines anderen Weihrauches ist, vertreibt, von anderem Feuer erweckt, den bösen Rauch, der Gehirn und Gehör des Menschen stört.

7. *Gegen Zahnschmerz.* Wer infolge von fauligem Blute oder der Reinigung des Gehirnes Zahnschmerzen hat, nehme Wermut und Eisenkraut in gleichen Teilen, koche dies in einem neuen Topfe mit klarem, gutem Weine, seihe es durch ein Tuch, gebe etwas Zucker dazu und trinke dann diesen Wein; außerdem lege er diese also gekochten Kräuter warm beim Schlafengehen auf die Wange, wo er die Zahnschmerzen hat, und binde sie mit einem Tuche darauf. Und das setze er so lange fort, bis er geheilt ist. Dieser Wein ... reinigt nämlich die Äderchen, die von der Gehirnhaut zum Zahnfleisch gehen, von innen heraus, während die um die Wangen gelegten Kräuter den Zahnschmerz von außen lindern, die Wärme des Wermuts sowie die des Eisenkrautes und des Weines beruhigen diese Schmerzen. Wer an Zahnschmerzen leidet, schneide mit einem mäßig großen Ader-

messer oder mit einem Dorne in das Fleisch, das um diesen Zahn ist, d.i. in das »zanefleis« etwas hinein, so daß es eine Wunde gibt, durch die die Fäulnis abziehen kann, und er wird sich wohler fühlen.

8. *Für die Kräftigung der Zähne.* Wer gesunde und kräftige Zähne haben will, nehme des Morgens, wenn er sich von seinem Bette erhebt, reines und kaltes Wasser in seinen Mund und lasse es während einer mäßigen Stunde darin, so daß es faulige Stoffe, die um die Zähne sind, auflöse. Auf diese Weise reinige er durch das Wasser, das er im Munde hat, die Zähne, und das tue er oft; es wird sich dann die Fäulnis um die Zähne nicht mehren, sie werden vielmehr gesund bleiben.

9. *Gegen die Würmer in den Zähnen.* Benagen Würmer die Zähne eines Menschen, so nehme er zu gleichen Teilen Aloe und Myrrhe, tue sie in ein irdenes Gefäß mit einem engen Schnabel, in dem glühende Buchenkohlen sind, und lasse den Rauch durch den engen Schnabel an den leidenden Zahn hinziehen; dabei habe man die Lippen offen, die Zähne jedoch fest zusammengepreßt, damit nicht zuviel Rauch in die Kehle komme. Dies mache er zwei- bis dreimal am Tage, und hat er es fünf Tage lang getan, so wird er geheilt werden. Da nämlich die Wärme der Aloe und Myrrhe zugleich mit der Wärme und Kühle der glühenden Kohlen erweckt wird, vernichtet deren Rauch die Zahnwürmer ...

10. *Gegen schlechte Verdauung.* Kann der Mensch zuweilen die Nahrung, die er zu sich genommen, nicht verdauen, so nehme er den Saft der langen Holwurz im Gewichte von zwei Münzen, Bibernellensaft im Gewichte von einer Münze, Seidelbast im Gewichte eines Obolus, ebensoviel Ingwer, dann etwas Semmelmehl. Mit diesen Säften mache man Törtchen in der Größe einer Münze, doch etwas dicker,

und koche sie an der Sonne oder im bereits erkaltenden Backofen. – Ein Mensch nun, der an schlechter Verdauung leidet, nehme in der Frühe nüchtern, wenn er innerlich warm und die Speise in ihm ausgebrannt ist, eines dieser Törtchen; zwei oder drei aber, wenn er innerlich kalt ist, weil die Speise infolge innerer Kälte geronnen und zusammengepreßt ist. Die Speise, die er hierauf zuerst zu sich nimmt, sei eine Brühe, und hierauf esse er andere gute und milde Speisen. Das setze er so lange fort, bis er sich im Magen frei fühlt …

11. *Gegen Nierenschmerzen.* Fühlt der Mensch zuweilen in den Nieren oder Lenden Schmerzen, so kommt dies oft von einer Magenschwäche; in diesem Falle nehme man gleiche Mengen Rautenkraut und Wermut und etwas mehr Bärenspeck. Das alles stoße man zusammen und reibe sich damit neben einem Feuer an den Lenden, wo es schmerzt, kräftig ein. Nieren- und Lendenschmerz erhebt sich oft von unrechten Säften. Wenn aber die Wärme des Rautenkrautes, Wermuts und Bärenschmeres sich untereinandermischen, so vertreibt dies die schädlichen kalten Säfte …

12. *Gegen Impotenz des Mannes.* Ein Mann, dessen Same ohne zu befruchten zerfließt, nehme Haselnußkerne, den dritten Teil davon scharfe Hauswurz (?), und den vierten Teil von der Hauswurz Zaunglockenkraut und ein bißchen gewöhnlichen Pfeffer; dies koche man mit der Leber eines jungen Bockes, der bereits sprungreif ist, und gebe noch etwas rohes, fettes Schweinefleisch dazu. Man tue nun diese Kräuter weg, esse das Fleisch mit Brot, das man in das Wasser, in dem dieses Fleisch gekocht wurde, eintaucht. So zubereitetes Fleisch genieße man oft, bis von dessen Saft der Same Erzeugungssaft gewinnt, wenn es das gerechte Urteil Gottes erlaubt, daß dem also geschehe.

13. Gegen Unfruchtbarkeit der Frau. Ein Weib, dessen Gebärmutter zum Empfangen zu kalt und zu dünn ist, verhelfe sich – wenn es Gott also will – auf die Weise zur Fruchtbarkeit: Man nehme die Gebärmutter eines Lammes oder einer Kuh im gebärfähigen Alter, sie müssen aber noch rein sein, d.h. noch niemals befruchtet, und koche sie mit Speck, sonstigem fetten Fleische und Schmer und gebe es dem Weibe zu essen, wenn es sich eben mit dem Manne verbindet oder doch sehr bald verbinden wird. Solches Fleisch genieße es oft, und dann wird sich der Saft der Gebärmutter der erwähnten Tiere mit der Gebärmutter der Frau vereinigen, so daß sie davon fetter und stärker wird, und daß sie dadurch, wills Gott, leichter empfängt; freilich geschieht es oft durch Gottes Urteil, daß von den Menschen die Kraft zu erzeugen genommen wird ...

14. Gegen Schlaflosigkeit. Kann jemand wegen irgendeiner Widerwärtigkeit im Sommer nicht schlafen, so nehme er Fenchel und zweimal soviel Schafgarbenkraut und koche dies mäßig im Wasser. Darauf drücke man aus den Kräutern das Wasser heraus, lege sie warm auf Schläfe, Stirne und den Kopf und binde ein Tuch darauf. Außerdem nehme man grünen Salbei, besprenge ihn etwas mit Wein und lege ihn so auf Herz und Hals. Man wird sodann durch Schlaf erleichtert werden. Ist es aber Winterszeit, dann nehme man Fenchelsamen und eine Schafgarbenwurzel; koche dies im Wasser und lege es wie oben gesagt auf Schläfen und Kopf; den Salbei pulverisiere man, feuchte ihn etwas mit Wein an, lege ihn auf Herz und Hals und befestige ihn durch ein darübergebundenes Tuch – im Winter kann man nämlich keine grünen Kräuter, wie sie oben angegeben wurden, haben. Also wird man besser schlafen können. Die Wärme des Fenchels führt den Beginn des Schlafes herbei, die Wärme des

Schafgarbenkrautes festigt ihn, die Wärme des Salbei macht das Herz träge und drückt die Halsadern nieder, so daß der Schlaf nahen kann ...

Viertes Buch

1. *Gegen die Unkeuschheit.* Um die Ergötzung und die Lust des Fleisches in sich zu erlöschen, nehme man im Sommer Dill, zweimal soviel Bachminze und Lungenwurz, davon etwas mehr als von der Bachminze, von der blauen Lilie zweimal soviel als von der Bachminze und von den Schalotten ebensoviel wie von den Blaulilien. All das lege man in Essig und mache ein Gewürz daraus und genieße es oft mit allen übrigen Speisen. Im Winter aber pulverisiere man das alles und esse dieses Pulver mit seinen Speisen, weil man diese Kräuter dann eben nicht grün haben kann. Die Trokkenheit und Kälte des Dill löscht die Hitze der Lust aus, der kalte Saft der Bachminze widersteht jenem verdorbenen Safte, und der kalte und unergötzliche Saft der Lungenwurz benimmt diese verdorbene Süße, die tugendhafte Kälte der blauen Lilie überwindet die Lust, und die giftige Kälte der Schalotte mindert das schlimme Gift der Lust ...

2. *Gegen die Vergeßlichkeit.* Wer wider seinen Willen vergeßlich ist, nehme Brennesseln und zerstoße sie, bis sie ein Saft sind, gebe etwas Olivenöl dazu und reibe sich damit, wenn er schlafen geht, Brust und Schläfen ein. Dies tue er oft, und seine Vergeßlichkeit wird sich mindern; denn die Hitze der Brennessel und die Wärme des Olivenöles erweckt die zusammengezogenen Adern der Brust und Schläfen, die manchmal den wachen Sinn verlieren und ein bißchen schlafen ...

3. *Gegen das übermäßige Lachen.* Wer von vielem und unmäßigem Lachen durchschüttert und von diesen Erschütterungen leidend wird, pulverisiere eine Muskatnuß, gebe zweimal weniger Zucker dazu, tue dies in erwärmten Wein und trinke es nüchtern und nach dem Frühstücke. Das unmäßige Lachen trocknet nämlich die Lunge aus und erschüttert die Leber; die Wärme der Muskatnuß jedoch heilt die Leber, und die Wärme und der Saft des Zuckers erneuert die Lunge. Und da sie mit der veränderten Wärme des Weines gemischt und so genommen werden, stellen sie die durch das übermäßige Lachen zerstörten guten Säfte wieder her ...

4. *Für die Schafe.* Beginnen die Schafe krank zu werden, so nimm Fenchel und Dill, und zwar mehr Fenchel als Dill, lege das in Wasser, so daß es den Geschmack davon annimmt, gib es den Schafen zu trinken, und sie werden gesunden.

5. *Für das Pferd.* Fließt Rotz von der Nase des Pferdes, so daß es davon hustet, so nimm Brennessel und etwas mehr vom Liebstöckel, koche das im Wasser und laß den Dampf davon warm in die Nase und das Maul des aufgezäumten Pferdes einziehen, und es wird gesund werden. Hat das Pferd Schmerzen im Bauch, so menge oft Brennessel und noch mehr Liebstöckel in sein Futter, so daß es alles zusammen frißt, und es wird geheilt werden ...

6. *Vom Schweine.* Hat das Schein irgendeine Krankheit, so nimm Schneckenhäuser und etwas mehr Dill, mische das und menge es so in das Schweinefutter, daß es gefressen wird; koche auch Brennesseln in Wasser und mische es in den Schweinetrank, so daß es genommen wird; tue das oft, und das Schwein wird geheilt werden ...

Fünftes Buch

1. Von den Lebenszeichen. Ist der Mensch an seinem Körper gesund, und hat er reine und klare Augen, gleichviel welche Farbe sie haben, so hat er das Zeichen des Lebens; sind die Augen in der Weise hell, wie eine weiße Wolke, durch die hie und da eine Wolke wie Glas erscheint, so wird dieser Mensch leben und nicht bald sterben …

2. Von den Augen. Denn der Blick der Seele ist in den Augen eines solchen Menschen mächtig, wenn dessen Augen klar und licht sind, weil die Seele in dessen Körper machtvoll sitzt, da sie noch viele Werke in ihm wirken wird. Die Augen des Menschen sind nämlich die Fenster seiner Seele …

3. Von den trüben Augen und dem Zeichen des Todes. Hat jemand trübe Augen, und ist er dabei noch gesund, sind aber die Augen nicht durchsichtig, so hat er, gleichviel welche Farbe seine Augen haben, das Zeichen des Todes. Auch wenn seine Augen in der Weise trübe sind, wie es eine Wolke ist, die so dicht ist, daß man eine glashelle Wolke unter ihr nicht sehen kann, so wird der Betreffende bald krank werden, und der Tod wird folgen. Im Blicke eines solchen Menschen ist nämlich die Seele nicht mächtig, weil sie dortselbst nur mehr wenige Werke wirken wird, und weil sie wie umwölkt darin sitzt, so wie ein Mensch, der im Zweifel ist und überlegt, wann er seinen Wohnsitz verlassen und aus seinem Hause fortgehen will …

4. Vom Zeichen des Todes. Ist ein Mensch noch gesund, liegt jedoch eine rote oder etwas rote Farbe in den Augenlidern über der Haut, so daß man infolge dieser Röte die Haut in den Lidern nicht mehr sehen kann, so hat er ein Todeszeichen …, schnell wird er krank werden, und der Tod wird folgen. Die rote Farbe nämlich, die in den Lidern über der

Haut liegt, ist der feurige Lebenshauch der Seele. Sie zeigt bereits ihre Kraft außerhalb des Körpers, innerhalb des Körpers aber zeigt sie sich schwach und unsicher, wie ein Mensch, der bereits zur Türe seines Hauses geht, da er im Begriffe ist es zu verlassen …

5. *Vom Pulse und den Zeichen des Lebens.* Liegt der Mensch irgendwie erkrankt im Bette, gibt aber die Ader im rechten Arme einen ordentlichen und mäßigen Schlag, so daß der Mensch seinen Atem ordentlich und regelmäßig einzieht und ausstößt, so wird er leben und nicht sterben. Denn ist auch eine sehr starke Krankheit infolge der glühenden Fieber der Säfte im Menschen, behält aber die Seele trotzdem einen geordneten Atem in sich, so wird sie nicht aus dem Körper gehen, und deshalb ist der Adernschlag regelmäßig und nicht zu stark und zu schwach, weil die Seele die Ader nicht zu ihrem Ausgange bewegt …

6. *Von der Verschiedenheit der Wasser und der Bäder.* Es ist für den Menschen nicht zuträglich, sich oft im Wasser zu baden, außer er ist mager und trocken, weil er in diesem Falle infolge seines dünnen Fleisches leicht abkühlt und wieder warm wird. Ein solcher möge sich im Wasser baden, damit er seinem Körper etwas Wärme zuführe und ihn befeuchte. Wer aber fettes Fleisch hat, dem schaden die Bäder, weil solche Menschen bereits von innen heraus warm und feucht sind und sie so ihrem Körper noch mehr Feuchtigkeit und Wärme zuführen. Sie dürfen sich nur sehr selten, und nur um den Schmutz wegzuwaschen, baden und müssen das Wasser alsogleich verlassen, sonst schaden sie ihrem Körper.

Die Wasser, die gut zum Trinken sind, sind auch zum Baden gut, doch wärmen sie nur wenig. Der Mensch kann lange in ihnen sitzen bleiben, wenn er will, denn sie führen keine Krankheiten herbei, sie geben ihm vielmehr eine gute und schöne Farbe. Die Wasser, die schlecht zum Trinken sind, sind es auch zum Baden. Muß man in einem solchen Wasser ein Bad nehmen, dann koche man es zuvor, damit sich ihr Fäulnisstoff mindere. Nur ein kurzes Stündlein soll man in ihnen sitzen bleiben, weil sie nicht gesund sind. Aber auch das Regenwasser ist etwas scharf, weil die Wolken und die Luft von verschiedenen Flüssen, von guten und bösen, sowie von der Feuchtigkeit der Erde den Regen emporziehen, und deshalb ist es nicht gesund ... Schneewasser ist etwas trübe, und badet sich der Mensch darin, so holt er sich leicht schlechte Säfte und Krätze, weil die Schneewasser von den Schuppen der Elemente und der Kälte und dem Schmutze der Erde kommen. Zisternenwasser ist für Bäder etwas milder und zuträglicher als Regen- und Schneewasser, weil es etwas gereinigt ist.

Wer im Sommer in fließenden Flüssen badet, wird dadurch nicht geschädigt, weil die Flüsse durch die Sonnen- und Luftwärme so angewärmt sind, so daß sie weder zu warm noch zu kalt, sondern eben recht sind. Freilich unterdrücken sie die schädlichen und schlechten Säfte nicht besonders, doch mehren sich diese auch nicht davon ...

7. *Einiges von der Empfängnis.* Menschen, die empfangen werden, wenn der Mond in Regenzeiten viele Wassergüsse in sich trägt, zieht das Wasser gerne an, um sie zu ertränken. Und wer empfangen wird, wenn der Mond in zu großer Sommershitze ist, den zieht gerne das Feuer zu sich, ihn zu verbrennen. Und wer zur Zeit der Hundstage empfangen wird, die bissige Tage sind, den verschlingen gerne die wilden Tiere. Und wer zur Zeit des Blätterfalles empfangen wird, der stürzt leicht von Bäumen und anderen Höhen.

8. Der erste Mond. Ein Mensch, der im ersten Monde, d. h. wenn er die erste Nacht sein Licht von der Sonne erhält, empfangen wird, wird, falls er männlich ist, stolz und hart sein, und er wird keinen Menschen lieben, außer wer ihn fürchtet und ehrt. Er verrät gerne die Mitmenschen, ihren Stolz und alles was sie haben; doch an seinem Körper wird er gesund sein und keine schweren Krankheiten haben, ein Greis aber wird er nicht lange sein.

Ist es eine Frau, so will sie immer geehrt sein und wird immer mehr von Auswärtigen als den eigenen Hausgenossen geliebt. In sich selbst ist sie unfromm, liebt alle fremden und neu ankommenden Menschen, dafür ist sie gegen die Hausgenossen übel und vernachlässigt sie; an ihrem Körper ist sie gesund. Ergreift sie aber irgendeine Krankheit, dann erkrankt sie schwer und lebt nicht lange …

9. Der zweite Mond. Wer am zweiten Monde empfangen wird, hat, falls er männlich ist, einen umherschweifenden Sinn und in der Weisheit einen weit ausgreifenden Geist, einen beständigen Charakter und wird von den Menschen voll Ehrfurcht behandelt; allerdings erschrickt er leicht in Furcht und und ist oft leicht krank, doch kann er länger leben, als wer beim ersten Monde empfangen wurde. – Ist es eine Frau, so wird sie klug sein und vieles erforschen; sie ist für sich und andere »arbeitsam« und möchte geliebt werden, doch kann sie nicht geliebt werden; durch Melancholie wird sie ermüdet und wird leicht »suarmudich«; sie kann jedoch lange leben …

10. Der vierte Mond. Wer am vierten Monde empfangen wird, ist, falls es ein Mann ist, dumm und wird leicht von anderen getäuscht; er ist jedoch gutmütig und hat Glück, so daß er stolz, reich und geehrt wird; er hat einen gesunden Körper und lebt ziemlich lange, wird jedoch nicht sehr betagt. – Ist es eine Frau, so wird sie »lobesam« und den Menschen lieb sein. Sie wird bei den Menschen in Gunst stehen, leicht krank werden, oft an ihrem Körper Schwäche fühlen und nicht lange leben …

11. Der fünfte Mond. Wer am fünften Monde empfangen wird, wird, falls es ein Mann ist, zuverlässig, treu, tapfer und hart sein, einen gesunden Körper haben und einige Zeit leben. Ist es aber eine Frau, dann wird sie nämlich »stridich« und »nidich« (neidisch), doch rechtschaffen sein; zuweilen wird sie unter einer leichten Krankheit leiden, doch nicht oft, und sie wird einige Zeit leben können …

12. Der achte Mond. Wer am achten Mond empfangen wird, wird, falls es ein Mann ist, klug, keusch und in allen seinen Werken maßvoll sein, den Menschen beistehen, und er wird einen gesunden Körper haben, nur manchmal wird er krank werden, ohne Schwierigkeit alt und ziemlich betagt, doch nicht zu hochbetagt werden. – Ist es eine Frau, so wird sie »wuneclich«, begehrenswert, schmuck (?) (»zirgerne«) und rechtschaffen sein; doch die Männer liebt sie nicht, sie hat einen gesunden Körper, wird ziemlich alt, jedoch nicht besonders hochbetagt werden …

13. Der zehnte Mond. Wer am zehnten Mond empfangen wird, wird rechtschaffen, tüchtig, brauchbar und glücklich sein. Er wird einen gesunden Körper haben und lange leben. – Ist es eine Frau, dann wird sie rechtschaffen, den Menschen lieb, begehrenswert wie eine Lilie, sittsam und glücklich sein. Sie wird zwar leicht erkranken, jedoch schnell gesund werden und lange leben …

14. Der neunundzwanzigste Mond. Wer am neunundzwanzigsten Mond empfangen wird, wird, falls es ein Mann ist, neugierig werden, verdrehte Sitten und Gebärden haben und neue Gebräuche in Kleidung und in den Sitten (von fremden) Gegenden bevorzugen, neue und unbeständige Menschen lieben. Er wird leicht giftige Säfte in seinem Körper haben, oft krank werden und nicht lange leben. – Ist es eine Frau, so wird sie bequem und eitel sein, durch ihre Sitten und Gebärden Männer nach sich ziehen, leicht am Magen erkranken und nicht lange leben …

15. Der dreißigste Mond. Wer am dreißigsten Mond empfangen wird, wird, falls es ein Mann ist, arm sein, und ist er adelig, wird er immer tiefer sinken und kein Glück haben, an Körper, Kräften und Fleisch leicht schwach werden, aber ziemlich lange leben. – Ist es eine Frau, so wird sie arm sein, »wortselich« in der Schmach (im Schmähen, *infamia*); sie ist lieber bei fremden Menschen als bei Bekannten; an ihrem Körper wird sie nicht viel krank sein und ziemlich lange leben.

Das Buch der Physika

Hier beginnt das Buch der heiligen Hildegard von den Feinheiten der verschiedenen geschaffenen Naturen und von sehr vielen anderen guten Dingen

Das erste Buch
Von den Pflanzen

Vorwort

1. Bei der Erschaffung des Menschen wurde von der Erde eine andere Erde genommen, und diese ist der Mensch. Alle Elemente dienten ihm, weil sie fühlten, daß er Leben habe. In allen seinen Handlungen kamen sie ihm entgegen und wirkten mit ihm und er mit ihnen. Und die Erde gab ihr Grün nach der Art, der Natur, dem Charakter und jeglicher Eigenschaft des Menschen. Die Erde zeigt nämlich in ihren Nutzpflanzen im einzelnen die Beschaffenheit der geistigen Charakteranlagen des Menschen, während sie in ihren schädlichen Kräutern die schlechten und teuflischen Seiten des Menschen wiedergibt.

Es gibt nämlich Pflanzen, die, mit gewissen anderen Speisen zusammengekocht, den Menschen schnell zum Essen eilen lassen; sie sind leicht, weil sie ihn nicht sonderlich schwer machen; sie lassen sich mit dem Fleische des Menschen vergleichen. Der Saft (der Früchte) der Obstbäume ist ungekocht schädlich, gekocht aber leicht; er gleicht dem Blute des Menschen. Die fruchtlosen Bäume, die nichts zeitigen, sind Gehölz, aber keine (Frucht)bäume; sie haben Blätter, deren Genuß für die Menschen wertlos ist. Ißt sie jemand, so nützen und schaden sie nicht viel; man vergleicht sie mit der Flüssigkeit im Menschen. Der Stoff der Fruchtbäume und des Gehölzes, aus dem man Seile herstellt, entspricht den Adern des Menschen. Die Steine der Erde vergleicht man mit den Knochen des Menschen und ihre Feuchtigkeit mit dem Knochenmarke; denn hat der Stein Feuchtigkeit, so hat er auch Wärme. Die Steine, mit denen man die Dächer deckt, sind den Nägeln des Menschen an den Händen und Füßen ähnlich. Manche Pflanzen wachsen gar luftig. Sie sind leichtverdaulich und haben eine fröhliche Natur, weil sie den Menschen, der sie genießt, frohgemut machen. Sie gleichen den Haaren des Menschen, weil sie immer leicht und luftig sind. Manche Pflanzen schließlich sind windig, weil sie vom Winde wachsen. Sie sind trocken, schwerverdaulich und von trauriger Natur; sie machen den Menschen, der sie verzehrt, traurig und ähneln dem Schweiße des Menschen. Der Saft der nutzlosen Kräuter, der nicht genossen werden kann, ist giftig, er ist für den Menschen eine todbringende Speise; man kann ihn mit dem Auswurfe des Menschen vergleichen.

Die Erde hat Schweiß, Feuchtigkeit und Saft. Der Schweiß bringt die nutzlosen Kräuter hervor, die Feuchtigkeit die nützlichen, die man essen und die der Mensch auch sonst verwerten kann. Der Saft der Erde läßt die Weinstöcke und Fruchtbäume wachsen. Die Pflanzen, die der Mensch mit Mühe sät und die sich mählich erheben und wachsen, sind wie die Haustiere, die der Mensch mit Sorgfalt in seinem Hause aufzieht. Diese Pflanzen verlieren durch die Arbeit des Pflügens und Säens ihre Bitterkeit und Herbheit, so daß die Feuchtigkeit ihrer Säfte der Art des Saftes im Menschen sich nähert, so daß sie für Speise und Trank gut und nützlich sind. Die Pflanzen jedoch, die ohne die Arbeit des Menschen, so wie ihr Same fällt, wachsen und sich plötzlich und schnell wie ungezähmte Tiere erheben, sind keine zuträgliche Speise für den Menschen, weil er durch Milch, Nahrung und in der richtigen Zeit seine Speise empfängt, was bei diesen Pflanzen nicht der Fall ist. Dennoch unterdrücken einige dieser Pflanzen als Arznei die schädlichen und krankhaften Säfte des Menschen.

Jede Pflanze aber ist warm oder kalt und wächst so, weil die Wärme der Pflanzen die Seele sinnbildet und die Kälte den Körper: und je nach ihrer Art gedeihen sie kräftig, wenn sie reichlich Kälte oder Wärme haben. Wären nämlich alle Pflanzen warm und keine kalt, so würden sie denen, die sie gebrauchen, schaden. Wären jedoch alle kalt und keine warm, so würden sie den Menschen krank machen, weil das Warme im Menschen dem Kalten und das Kalte dem Warmen widerstrebt.

Manche Pflanzen haben die Kraft der stärksten und die Strenge der herbsten Gewürze in sich. Daher unterdrücken sie auch sehr viele Übel, weil die bösen Geister ... Widerwillen dagegen haben. Schließlich gibt es auch noch Pflanzen, die gleichsam den Schaum der Elemente in sich bergen. Menschen auf schlimmen Abwegen versuchen aus ihnen ihr Schicksal zu erkunden; solche Pflanzen liebt der Teufel und dringt in sie ein.

Hier beginnt das erste Buch

2. *Vom Weizen.* Der Weizen ist warm und eine vollkommene Frucht, weil an ihm kein Fehl ist. Wird aus ihm richtiges Mehl hergestellt, so ist das Brot davon für Gesunde und Kranke gut und erzeugt im Menschen gutes Fleisch und Blut ... Wer Weizen, der nicht in einer Mühle zermahlen

wurde, so wie eine andere Speise kocht, der bekommt davon weder gesundes Fleisch noch gesundes Blut, sondern nur viel Schleim, weil eine solche Kost kaum verdaut wird, besonders für Kranke ist es durchaus unzuträglich, während es ein Gesunder schließlich verarbeiten kann.

Hat aber jemand ein leeres Gehirn und leidet infolgedessen an Geistesgestörtheit, so daß er sich wie ein Wahnsinniger gebärdet, dann nimm ganze Weizenkörner, koche sie im Wasser, gieße es ab, lege die Körner warm um des Kranken Haupt und binde ein Tuch darüber. Dadurch wird das Gehirn von dem Weizensafte angefüllt, wodurch der Leidende wieder Kraft und Gesundheit erhält. Man setze diese Behandlung fort, bis der Kranke wieder zur Vernunft kommt. Wer am Rücken und an den Lenden Schmerzen hat, koche ebenfalls Weizenkörner im Wasser, lege sie warm an die leidenden Stellen, und dann wird die Wärme des Weizens die Kräfte der Krankheit vertreiben.

3. *Vom Roggen.* Der Roggen ist warm, doch kälter als der Weizen und hat viele Kräfte. Aus ihm bereitetes Brot ist für Gesunde zuträglich und macht sie stark; für Fettleibige ist Roggen besonders gut, weil er deren Fleisch mindert, sie aber doch kräftig macht. Wer jedoch einen kalten Magen hat und davon oft erkrankt, für den ist der Roggen schädlich, weil er ihn infolge seiner Schwäche nicht verdauen kann …

4. *Vom Hafer.* Der Hafer ist warm und hat einen scharfen Geschmack sowie eine starke Dunstbildung. Für gesunde Menschen ist er eine fröhliche und zuträgliche Speise. Er verleiht frohen Sinn, einen reinen, klaren Geist, eine gute Farbe und ein gesundes Fleisch. Auch für leicht Erkrankte ist er in Brot und Mehl gesund zu nehmen und schadet ihnen nicht. Wer aber schwer leidend und kalt ist, der darf keinen Hafer

genießen, weil er immer Wärme sucht. Ißt ein solcher Haferbrot oder Hafermehl, so ballt sich dies in seinem Magen zusammen, erzeugt Schleim und gibt keine Kraft, weil der Hafer kalt ist. Wer gelähmt ist und infolgedessen an Gedankenflucht leidet, so daß er etwas geisteskrank wird, der übergieße im Heißbade die glühenden Steine mit Wasser, in dem Hafer gekocht wurde. Das tue man oft, und der Kranke wird wieder zur Besinnung kommen und gesund werden.

5. *Von der Gerste.* Die Gerste ist kalt, kälter und schwächer als die bisher genannten Früchte. Ißt man sie in Brot oder Mehl, dann schädigt sie Gesunde wie Kranke, weil sie nicht soviel Kräfte wie die übrigen Getreidearten hat. Wer jedoch krank ist und am ganzen Körper hinsiecht, der koche Gerste kräftig in Wasser, gieße dieses Wasser in ein Faß und bade sich darin. Tut er es häufig, so wird sein Körper wieder Fleisch ansetzen, und er wird gesunden. Und wer so schwer krank ist, daß er überhaupt kein Brot essen kann, nehme Gerste und Hafer zu gleichen Teilen, gebe etwas Fenchel dazu, koche es zusammen in Wasser und seihe hierauf den Saft durch ein Tuch und trinke diese Brühe an Stelle des Brotes. Dies tue er, bis er gesund ist. Wer in seinem Gesichte eine harte und rauhe Haut hat, und wer vom Winde leicht eine aufgerissene Haut bekommt, koche Gerste in Wasser, seihe es durch ein Tuch und wasche sich mit dem mäßig warmen Wasser leicht im Gesichte, die Haut wird davon mild und bekommt eine schöne Farbe. und ist das Haupt eines Menschen krank, so wasche er sich oft mit einem solchen Wasser, und es wird gesunden.

6. *Vom Dinkel.* Der Dinkel ist ein ausgezeichnetes Korn, warm, fett, kräftig und milder als die übrigen Körnerfrüchte. Wer ihn ißt, bekommt gesundes Fleisch und Blut; außerdem bewirkt der Dinkel fröhlichen Sinn und Freude

im Geiste des Menschen. Mag man ihn im Brote, Mehle oder anderen Speisen genießen, immer ist er gut und milde. Und ist jemand so krank, daß er vor Schwäche nicht essen kann, so nehme man die ganzen Speltkörner, koche sie in Wasser, gebe Fett dazu oder Eidotter, damit es wegen des besseren Geschmackes lieber genommen werde, und reiche dies dem Kranken; es heilt von innen wie eine gute und gesunde Salbe ...

7. Von der Bohne. Die Bohne ist kalt und für gesunde, kräftige Menschen gut ... Essen Kranke Bohnen, so schadet ihnen das nicht viel, weil sie nicht soviel ungesunde Flüssigkeit und Schleim erzeugen wie die Erbsen. Bohnenmehl ist für gesunde und kranke Menschen zuträglich; denn es ist leicht und gut verdaulich. Leidet jemand in den Gedärmen, so koche er Bohnen im Wasser, gebe etwas Fett und Ei dazu, nehme die Bohnen heraus und trinke diese Brühe (»soff«) warm. Man tue dies oft, und man wird innerlich gesund.

8. Von der Linse. Die Linse ist kalt und mehrt weder Fleisch noch Blut des Menschen; sie gibt ihm auch keine Kräfte, sie sättigt ihm nur den Bauch und füllt ihn mit Wertlosem an. Sie erregt die krankhaften Säfte im Menschen zum Sturme.

9. Von der Hirse. Hirse ist kalt, nur ein wenig warm, weil sie weder Blut noch Fleisch im Menschen mehrt. Sie gibt ihm auch keine Kräfte, sondern füllt ihm nur den Bauch und mindert den Hunger in ihm, weil sie nicht den Geschmack der Erquickung hat. Sie macht auch das Gehirn wasserreich, den Magen träge und läßt die Säfte, die im Menschen sind, Sturm erregen. Sie ist beinahe ein Unkraut und taugt für den Gesunden nichts ...

10. Vom Hanfe. Der Hanf ist warm. Ist die Luft weder besonders warm noch besondersr kalt, so wächst er. So ist auch seine Natur. Sein Same hat Gesundheit und ist für gesunde Menschen gut zu essen. Für ihren Magen ist er leicht und zuträglich, weil er den Magenschleim etwas behebt, leicht verdaulich ist, die schlechten Säfte mindert und die guten stärkt. Wer aber einen schwachen Kopf und ein leeres Gehirn hat, bekommt leicht Kopfschmerzen, wenn er Hanf ißt. Wer jedoch einen gesunden Kopf und ein volles Gehirn hat, erleidet keinen Schaden davon. Wer aber schwer krank ist, bekommt auch etwas Magenschmerzen davon, wer jedoch nur etwas leidend ist, wird dadurch nicht geschädigt ...

11. Vom Pfeffer. Der Pfeffer ist sehr warm und trocken und hat etwas von Überstürzung in sich. Wird er in großen Menschen genossen, so schädigt er den Menschen, hat Seitenstechen zur Folge, macht die Säfte nachlassen und ruft schlechte Säfte hervor. Ist jemand milzleidend und ekelt ihm vor den Speisen, so daß er sie nicht gerne ißt, dann menge er mäßig Pfeffer in sie und genieße sie mit Brot. Die Milz wird dadurch gesünder, und der Ekel vor den Speisen wird sich legen ...

12. Vom Zimt. Auch der Zimt ist sehr warm und hat starke Kräfte sowie etwas Feuchtigkeit in sich. Seine Wärme ist jedoch so stark, daß sie die Feuchtigkeit unterdrückt, und wer ihn oft genießt, mindert die schlechten Säfte und mehrt die guten.

13. Von der Muskatnuß. Die Muskatnuß hat große Wärme und eine gute Mischung der Kräfte in sich. Ißt sie der Mensch, so öffnet er sein Herz, reinigt seinen Sinn und bekommt einen guten Geist. Nimm gleichviel von der Muskatnuß und vom Zimt und etwas Nelken und pulverisiere es. Mache davon und von etwas Semmelmehl und Wasser Törtchen. Genieße sie oft, und du wirst alle Bitterkeit deines

Herzens und Sinnes sänftigen. Dein Herz und deine stumpfen Sinne werden sich öffnen, dein Gemüt wird froh und deine Sinne werden rein werden; alle schlechten Säfte in dir werden sich mindern, und du führst deinem Blute einen guten Saft zu, und dies wird dich stark machen.

14. Von der Rose. Die Rose ist kalt, und ihre Kälte hat eine gute Mischung in sich. In der Frühe oder wenn der Tag bereits angebrochen ist, nimm ein Rosenblatt, lege es über deine Augen, es zieht die Feuchtigkeit, das »trieffen«, heraus und macht sie klar. Und wer ein mäßiges Geschwür an seinem Körper hat, lege Rosenblätter darüber, sie ziehen die Fäulnisstoffe heraus. Die Rose ist auch gut für Tränke, Salben und jederlei Heilmittel, wenn sie beigemengt wird; sie sind um so viel besser, als ihnen etwas von der Rose zugemischt wird. Es braucht nicht viel zu sein. Das kommt von den eben erwähnten guten Kräften der Rose ...

15. Vom Lavendel. Der Lavendel ist warm und trocken, weil er nur wenig Saft in sich hat. Er taugt nicht zum Essen, doch hat er einen starken Geruch. Sind an einem Menschen viele Läuse, und riecht er oft am Lavendel, so werden sie an ihm sterben. Auch macht sein Geruch die Augen klar ...

16. Vom Pfefferkraut. Das Pfefferkraut ist warm und feucht, und diese Feuchtigkeit hat eine gute Mischung in sich. Für Gesunde und Kranke ist es gut und nützlich zu essen. Und was an ihm sauer ist, das beißt den Menschen innerlich nicht, sondern stärkt ihn. Und wer einen traurigen Sinn hat und ißt Pfefferkraut, den macht es froh. Es heilt und klärt auch die Augen ...

17. Von der Winde. Die Winde ist kalt, hat keine starken Kräfte und ist nicht viel nütze. Ißt sie ein Mensch, dann bekommt er keine Schmerzen, es hilft ihm aber auch nichts. Wenn aber die Nägel eines Menschen »grindig« zu werden beginnen, so nehme man eine Winde, zerstoße sie, gebe etwas »quecksilber« dazu, mische es, lege dies über die Nägel und binde ein Tuch darüber; die Nägel werden schön davon …

18. Vom Rettich. Der Rettich ist mehr warm als kalt. Hat man ihn ausgegraben, so lege man ihn zwei oder drei Tage lang unter die Erde an einen feuchten Platz, so daß seine Frische gemildert wird, dadurch wird er genießbarer. Er reinigt das Gehirn und mindert die schlechten Säfte der Eingeweide. Denn ißt ein starker und dicker Mensch Rettiche, so heilt ihn dies und reinigt ihn innerlich; einem Kranken aber und Trockenen schadet er. Will aber ein Leidender trotzdem Rettiche essen, so trockne er sie zuvor auf einem heißen Steine aus, zerstoße sie zu Pulver und gebe helles oder geröstetes Salz dazu. Auch etwas Fenchelsamen mische man darein und nehme dies mit Brot. Auf diese Weise säubert der Rettich die inneren Fäulnisstoffe und kräftigt den Leidenden. Wer sehr viel wässerige Feuchtigkeit im Geblüte hat, pulverisiere den Rettich, koche Honig und Wein, mische das Rettichpulver dazu und nehme nüchtern oder nach dem Frühstücke den mäßig abgekühlten Trank. Das Pulver wird den Leidenden von der schädlichen Feuchtigkeit reinigen, während ihn der Honig vor zu starkem Austrocknen bewahrt. Was man nach dem Rettichgenusse fühlt und tut, das kommt davon, daß der Rettich die schlechten Säfte und den Gestank aus dem Menschen vertreibt. Wer ihn ißt, nehme hernach »galgan«, wodurch der übelriechende Atem, beseitigt wird und der Mensch keinen Schaden erleidet …

19. Vom wilden Lattich. Der wilde Lattich ist kalt und löscht die Luft im Menschen aus. Ein Mann, der in seinen Lenden Überfluß hat, koche wilden Lattich in Wasser und übergieße sich damit in einem heißen Bade. Er lege sich auch den also gekochten und heißen Lattich um seine Lenden. Das tue er oft. Damit löscht er die Lust in sich aus und schadet seiner Gesundheit nicht. Und hat ein Weib eine in Lust anschwellende Gebärmutter, so daß es unenthaltsam ist, dann richte es sich mit dem wilden Lattich ein heißes Bad an, setze sich hinein, gieße das Wasser, in dem der Lattich gekocht ist, auf glühend heiße Steine und lege sich dies auf den Nabel. Das tue es oft, und so wird es die Lust von sich treiben, und ihre Gesundheit wird nicht gemindert werden. Und Mann oder Weib, die in der Lust unenthaltsam sind, sollen wilden Lattich in der Sonne trocknen, in der Hand zu Pulver zerreiben und dies Pulver oft mit warmem Weine trinken; das erlöscht die Lust in ihnen, ohne der Gesundheit zu schaden.

20. *Vom Senfkraut.* Der Senf, ein Kraut, das auf den Feldern und in Weingärten wächst, und das gegessen wird, ist zwar warm, aber seine Wärme ist ungleich; er ist auch feucht und hat in seiner Feuchtigkeit eine ungute Kälte, weil er von verschiedenen Stürmen und Lüften wächst. Er ist nicht zuträglich, weil er gifthaltig ist und im Menschen krankheiterregende Säfte hervorruft. Er beschwert den Magen, wenn er auch schnell verdaut wird. Gesunden und mageren Menschen bringt er keinen Nachteil, wohl aber beleibten und kranken; die Kranken beschwert er nämlich im Magen, und die Dicken macht er schweratmig.

21. *Von der Brennessel.* Die Brennessel ist sehr kalt. Wegen ihrer Schärfe darf man sie nicht roh essen. Gekocht aber ist sie als menschliche Speise wohl brauchbar, weil sie den Magen reinigt und ihn von Schleim frei macht. Und das tut jede Brennesselart ...

22. *Vom Wermut.* Der Wermut ist sehr warm und kräftig und ein ausgezeichneter Meister für alle Schwächen. Gieße

von seinem Safte genügend in warmen Wein und befeuchte damit das Haupt eines Menschen, der Schmerzen hat, vollständig bis zu den Augen, Ohren und dem Genicke. Dies tue nachts, wenn du schlafen gehst, und bedecke bis zum Morgen das Haupt mit einer Leinenmütze. Das unterdrückt die Schmerzen des anschwellenden Kopfes und den Schmerz, der von der Gicht im Haupte tobt, und vertreibt auch den inneren Kopfschmerz. Gieße auch Olivenöl dazu, so daß das Öl um zwei Teile mehr ist, erwärme dies in einem Glasgefäße an der Sonne und bewahre es das Jahr über auf. Hat nun irgend jemand in der Brust oder Brustgegend Schmerzen, so daß er davon »hustet«, so salbe ihn dort, das macht ihn innen und außen gesund. Zerstoße auch Wermut in einem Mörser zu Saft, gib Unschlitt, Hirschtalg und Hirschmark dazu, so daß es doppelt soviel Wermut als Unschlitt und doppelt soviel Unschlitt als Hirschtalg ist, und mache eine Salbe davon. Leidet der Mensch unter einer sehr heftigen Gicht, so daß selbst seine Glieder zu brechen drohen, dann salbe ihn schnell damit an der feurig brennenden, leidenden Stelle, und er wird geheilt werden.

Ist der Wermut noch frisch, so zerstoße ihn, und drücke seinen Saft über einem Tuche aus; koche dann mäßig Wein mit Honig, gieße den Wermutsaft in den Wein, so daß der Wermutgeruch vor dem Wein- und Honigsaft vorschlägt, und trinke dies nüchtern jeden dritten Tag vom Mai bis Oktober. Dann wird die Melancholie in dir niedergehalten: deine Augen werden klar, dein Herz stark; dies läßt dir auch die Lunge nicht erkranken, macht dir den Magen warm, reinigt deine Gedärme und bereitet dir eine gute Verdauung.

23. *Von der Bergarnika.* Die Bergarnika ist sehr warm und hat giftige Hitze in sich. Und entbrennt ein Mann oder eine Frau in Lust und berührt jemand ihn oder sie mit grüner

Bergarnika, so loht die Liebe zu der betreffenden Person auf. Welkt später das Kraut, so wird der Mann oder die Frau, die damit berührt wurde, von dieser Liebe fast unsinnig, so daß sie von nun an töricht wird ...

24. *Von den Erdbeeren.* Das Kraut, an dem die »erpere« wachsen, ist mehr warm als kalt. Es läßt in dem Menschen, der davon ißt, Schleim entstehen und ist für Heilmittel nicht zu brauchen. Auch die Frucht, die Erdbeere, ist schleimbildend und hat weder für den gesunden noch für den kranken Menschen einen Wert, weil sie nahe der Erde und in fauliger Luft wächst.

Von den Waldbeeren. Das Kraut, an dem die Waldbeeren, wegen ihrer Schwärze auch »heydelbere« genannt, wachsen, hat außerordentliche Kälte in sich, wenn auch manchmal die Kälte der Wärme etwas weicht. Die kalte Feuchtigkeit aus der Erde und den Steinen schadet mehr als sie nützt. Als Heilmittel hat dies Kraut keinen Wert. Ihre Früchte schaden dem, der sie ißt, weil sie die Gicht hervorrufen ...

25. *Von der Butter.* Die Butter von den Kühen ist besser und gesünder als die von den Schafen und Ziegen. Ein Mensch, der schwer atmet, hustet oder an seinem Körper trocken ist, esse Butter. Das heilt und erwärmt, d. h. »labet«, von innen heraus den, der krank und trocken ist. Wer gesund ist und mäßig Fleisch an seinem Körper hat, für den ist Butter gut und gesund. Wem sich jedoch fettes Fleisch an seinem Körper ansetzt, esse nur nicht viel davon, damit sich sein krankes Fleisch nicht noch mehre.

26. *Vom Salze.* Das Salz ist sehr heiß, etwas feucht und dem Menschen zu mancherlei Gebrauch nütze. Ein Mensch, der die Speisen ungesalzen ißt, der wird in seinem Innern träge; wer sie aber mäßig gesalzen genießt, den stärken sie und machen ihn gesund. Wer sie jedoch zu sehr salzt, den

trocknen sie innen aus und verletzen ihn; sie trocknen ihn aus, weil die Lunge Feuchtigkeit sucht, und so wird sie geschädigt und schweratmig. Fällt das Salz auch noch etwas auf die Leber, so hat auch sie Nachteil, wenngleich sie kräftig ist und es überwindet. Das über dem Feuer geröstete Salz ist etwas gesünder als das rohe, weil die Feuchtigkeit, die in ihm war, ausgetrocknet würde. Ißt der Mensch solches Salz im Brote oder in irgendeiner Speise, so ist es ihm bekömmlich und gesund.

Helleuchtendes Salz ist wärmer als anderes Salz und hat auch eine gewisse Feuchtigkeit. Es ist gut brauchbar für den Menschen und zu allen Heilmitteln. Wird nur ein wenig davon beigemischt, so werden sie davon besser. Es ist köstlicher als andere Salze, wie ja auch farbige Pflanzen andere übertreffen ...

27. *Vom Essig.* Der Essig kommt vom Weine und ist für alle Speisen gut, wenn er ihnen so beigemischt wird, daß sie ihren ursprünglichen Geschmack nicht verlieren, sondern so, daß man den Essig nur ein wenig merkt. Tut man also etwas Essig in die Speise, so wird der Mensch von fauligen Stoffen gereinigt, die Flüssigkeit in ihm gemindert, und die Speise nimmt in ihm den richtigen Weg. Wird aber so viel Essig dazu getan, daß der Essiggeschmack vorwiegt, ... dann schadet er dem Genießenden, weil seine Wärme die Speise im Menschen noch einmal kocht und sie so hart macht, daß sie kaum mehr verdaut werden kann ...

28. *Vom Schwefel.* Der Schwefel ist warm und zieht sowohl beim Verbrennen wie beim Kochen schlechte Säfte an sich; zu Heilmitteln taugt er nicht, außer es wurde jemand verzaubert oder es leidet jemand an falschen Einbildungen. Wird dort Schwefel angezündet, so entwickelt er einen so starken Rauch, daß alles schwach wird, dem Menschen aber

schadet es nicht; denn wo zwei schlimme Gesellen sind, verachtet einer den andern und überwindet ihn.

29. Von der Hauswurz. Die Hauswurz ist kalt und dient dem Menschen nicht zur Speise; denn sie ist von fetter Natur. Ist jemand in seinen Ohren taub, so daß er nichts hört, nehme er die Milch einer Frau, die einen Knaben geboren hat – es müssen zehn oder zwölf Wochen seit der Geburt vorüber sein –, und gebe etwas vom Safte der Hauswurz zu dieser Milch und träufle davon drei oder vier Tropfen in sein Ohr. Dies lasse er immer geschehen, und er wird das Gehör wieder erhalten ...

30. Von dem Himmelsschlüssel. Der »Hymelsloszel« (primula officinalis) ist warm und hat all sein Grün von der Hitze der Sonne. Denn manche Pflanzen erhalten in erster Linie von der Sonne, andere vom Monde und wieder andere von Sonne und Mond zugleich ihre Kraft. Der Himmelsschlüssel also bekommt vor allem von der Kraft der Sonne seine Stärke. Daher hält er auch im Menschen die Melancholie nieder. Erhebt sich diese in ihm, dann macht sie ihn traurig, gibt ihm einen verdrießlichen Charakter und läßt ihn Schmähworte gegen Gott ausstoßen. Die Geister der Luft sehen dies, eilen herbei und machen einen solchen Menschen oft sinnlos. Deshalb soll ein an ihr Leidender dies Kraut auf dem bloßen Leibe über dem Herzen tragen, damit er davon warm werde und ihn die belästigenden Luftgeister aus Widerwillen vor der Kraft, die diese Pflanze von der Sonne erhält, in Ruhe lassen.

Auch wer von schlimmen Säften in seinem Kopfe so niedergedrückt wird, daß er zuweilen ohne Sinne ist, nehme diese Pflanze, lasse sich die Haare aus dem Genicke rasieren und lege den Himmelsschlüssel darauf; ebenso trage er davon auf seiner Brust, lasse es drei Tage darauf, dann wird er wieder zu Sinnen kommen. Wer am ganzen Körper gelähmt ist, tue dies Kraut in seinen Becher, so daß er den Duft davon hat, und er wird gesunden ...

Das zweite Buch
Von den Elementen

1. *Vom Meere.* Das Meer entsendet die Flüsse, welche die Erde befeuchten, so wie das Blut in den Adern den Körper des Menschen befeuchtet. Manche Flüsse strömen mit Ungestüm aus dem Meere, andere sanft fließend und wieder andere mit Stürmen. Die Erde hat beim Ablaufe eines jeden Flusses irgendeine Art von Erzwerk, wenn sie nicht eben zu fett, zu trocken oder zu aufgerissen ist, denn dann können sich keine Erzwerke bilden ...

Von dem See. Der See entsteht durch einen Ansturm des Meeres. Sein Grund und sein Sand sind schmutzig wie die eines Sumpfes, weil er sich zuweilen mit den Stürmen erhebt und zuweilen mit ihnen fällt. Sein Wasser ist ungekocht zum Trinken und auch gekocht für Speisen und Gesundheitszwecke unbrauchbar, weil er vom Schaume des Meeres entsteht. Wer sich jedoch ein Bad daraus macht und sein Antlitz damit wäscht, bekommt eine glatte Haut und sieht gesund aus, weil der See gesalzen ist, doch fügt er zuweilen innerlich Schaden zu. Vom Meere her sind verschiedene Fischarten in ihm. Sie werden durch den salzhaltigen, sandigen Grund gesund und fett.

2. *Vom Rheine.* Der Rhein wird vom Meere mit Ungestüm entsendet, deshalb ist er hell und läuft über sandige Erde; der Sand ist leicht und richtig beschaffen, so daß sich auch Erz darin findet. Weil der Rhein das Meer mit Unge-

stüm verläßt, ist er scharf wie Lauge. Wird sein Wasser ungekocht genommen, so zehrt es die schädlichen und fäulnishaltigen Säfte auf; findet es jedoch solche nicht vor, so verzehrt es den gesunden Menschen, weil es nichts antrifft, was es reinigen könnte. Daher benimmt es Speisen, die mit ihm gekocht werden, die schädlichen Stoffe und macht sie einigermaßen gesund. Wird jedoch sein Wasser in Speisen und Getränken genommen oder beim Baden über das Fleisch und das Gesicht des Menschen gegossen, so bläst es dies auf und macht es geschwollen; es verrenkt und schwärzt außerdem das Fleisch – auch Fleisch, das darin gekocht wird, dunkelt und bläht es auf –, weil es rauh ist und das Fleisch des Menschen schnell durchdringt. Frisch gefangene Fische aus dem Rheine sind jedoch zuträglich, läßt man sie aber liegen, so faulen sie schnell, weil sie von dieser Rauheit zerrieben sind ...

3. *Von der Donau.* Die Donau hat ihren Ursprung von einem Ansturme des Meeres. Ihr Wasser ist daher hell und rauh, und ihr Sand gesund und schön; es ist jedoch für Speise und Trank nicht gesund, weil es durch seine Rauheit die Gedärme des Menschen verletzt. Die Haut macht es infolge dieser Rauheit schwarz, ohne sie jedoch zu schädigen, weil ihr Wasser hell und rauh ist. Ihre Fische sind wegen der Rauheit gesund und halten sich lange.

4. *Von der Mosel.* Die Mosel enspringt von Wassern, die vom Meere kommen, es ist deshalb leicht und hell. Das Trübe in ihr setzt sich auf den Boden, und so ist ihr Sand schlammig. Deshalb sind auch ihre Fische nicht gesund und halten sich nicht lange, weil sie sich von faulem Zeuge nähren ...

Das dritte Buch
Von den Bäumen

Vorwort

1. Alle Bäume haben ebenso wie die Pflanzen Wärme oder Kälte in sich. Manche Bäume sind wärmer als andere und manche kälter ... Die Bäume tragen Früchte, und die, welche richtige Früchte haben wie die Waldbäume, sind mehr kalt als warm. Die Waldbäume jedoch, die größere und zahlreichere Früchte als andere tragen, sind wärmer als die übrigen Waldbäume. Die Bäume mit wenigen und kleinen Früchten sind kälter als die anderen Waldbäume.

Hier beginnt das dritte Buch

2. *Vom Apfelbaume.* Der Apfelbaum ist warm und feucht, und zwar so feucht, daß er zerfließen würde, hielte ihn nicht die Wärme zusammen. Leidet ein alter oder junger Mensch an Verdunkelung der Augen, so nehme er zur Frühlingszeit Blätter von diesem Baume, noch ehe er die Früchte dieses Jahres ansetzt, also beim ersten Ausschlagen im Frühling. Die Blätter sind dann milde und heilkräftig, wie junge Mädchen, ehe sie Kinder erzeugen. Man zerstoße die Blätter, drücke sie aus und gebe ebenso viele Tropfen von dem Safte, der aus den Weinreben fließt, dazu. Man bewahre dies in einem Gefäße auf, und wenn man sich nachts schlafen legt, salbe man sich mit einer darin eingetauchten Feder die Augenlider so mäßig, wie der Tau auf das Gras fällt, und so, daß nichts in das Auge selbst eindringt. Hierauf lege man die etwas zerstoßenen und mit dem Safte aus den Reben besprengten Blätter auf die Augen, binde ein Tuch darüber

und schlafe so. Das tue man oft, und man wird das Dunkel aus den Augen vertreiben und heller sehen ...

Blüht bereits der Apfelbaum im Frühlinge, dann nimm Erde, die um seine Wurzeln liegt, und erwärme sie am Feuer. Hat man Schmerzen an den Schultern, Lenden oder im Unterleibe, so lege man die warme Erde auf die schmerzende Stelle, und man wird Besserung verspüren. Sind jedoch die Früchte an dem Baume bereits mehr gewachsen, so daß sie dick zu werden beginnen, dann hat eine solche Erde für die genannten Krankheiten keinen Wert mehr, weil die Erdfeuchtigkeit und der Baumsaft zu den Früchten emporsteigen; es ist deshalb in der Erde und in den Zweigen nicht mehr viel Kraft.

Die Frucht dieses Baumes ist leicht und gut verdaulich. Gesunde Menschen können sie ungekocht ohne Schaden essen. Die Äpfel wachsen vom Tau, wenn er in seiner vollen Kraft ist, das heißt von der Zeit, da man zu schlafen beginnt, bis fast der Tag anbricht. Sie sind deshalb für gesunde Menschen, roh gegessen zuträglich, weil sie vom starken Taue gekocht sind. Dagegen schädigen rohe Äpfel kranke Menschen etwas, weil sie schwächlich sind. Gekocht aber und gebraten sind sie für Gesunde und Kranke gut. Werden sie alt und schrumpfen sie ein, wie es im Winter ist, dann dürfen sie Gesunde und Kranke verzehren.

3. *Vom Birnbaume.* Der Birnbaum ist mehr kalt als warm. Seine Schwere und Stärke verhält sich zum Apfelbaum wie die Leber zur Lunge. Denn wie die Leber im Vergleiche zur Lunge etwas stärker, nützlicher und auch in manchem schädlicher ist, so ist es auch beim Birn- und Apfelbaum. Die Wurzeln, die Blätter und der Saft des Birnbaumes taugen wegen ihrer Härte nicht für Arzneien. Dagegen leistet die Mistel an ihm einige Dienste für Heilzwecke. Wenn nämlich

jemand brust- und lungenleidend ist, so daß er schwer atmet, dann nehme er Birnbaummistel, zerstoße sie zu Pulver, gebe ferner Pulver von Süßholz dazu und esse oft nüchtern und nach dem Frühstücke davon ...

Die Frucht des Birnbaumes ist schwer, gewichtig und rauh. Wer sie roh im Übermaße genießt, zieht sich Kopfschmerzen zu und macht seine Lunge schweratmig ...

4. *Vom Nußbaum.* Der Nußbaum ist warm und hat Bitterkeit in sich. Ehe er Früchte trägt, ist in seinem Stamme und in seinen Blättern Bitterkeit und Wärme. Diese Bitterkeit entsendet Wärme und bringt die Nüsse hervor. Und wenn die Nüsse zu wachsen beginnen, dann läßt die Bitterkeit nach, und die Süßigkeit steigt auf. Ist die Süßigkeit in die Nuß gedrungen, dann hat sie ihren Höhepunkt erreicht ... und dann bleiben die Bitterkeit und Wärme im Stamme zurück und lassen die Nuß von außen wachsen.

Sind die Früchte groß und reif geworden, dann haben die Blätter aller Fruchtbäume keine Heilkraft mehr, weil ihr Saft in die Früchte überging. Nimm deshalb die Blätter des Nußbaumes vom ersten Ausschlagen des Baumes bis zum Beginne des Wachsens der Nüsse, solange sie also noch unreif und ungenießbar sind, und presse den Saft der noch frischen Blätter auf die Stelle aus, wo Maden oder Würmer am Menschen fressen. Tust du dies oft, so werden sie sterben. Wachsen aber in deinem Magen Würmer, so nimm Nußbaum- und Pfirsichblätter zu gleichen Gewichtsteilen, noch ehe die Früchte an diesen Bäumen reif sind, und zerstoße sie über einem feuererhitzten Steine zu Pulver. Dieses Pulver koche mit einem Ei in einer Brühe oder mit Mehl, iß das oft, und die Würmer in deinem Magen werden sterben ...

5. *Vom Kirschbaume.* Der Kirschbaum ist mehr warm als kalt. In seiner Fülle gleicht er dem Scherze, der Freude zeigt,

aber auch Schädliches enthält. Der Saft und die Blätter dieses Baumes haben keine besondere Heilkraft, weil sie Schwäche bergen. Seine Frucht ist mäßig warm und nützt und schadet nicht viel. Genießt sie ein gesunder Mensch, so hat er davon keinen Nachteil; ein Kranker jedoch und wer schlechte Säfte in sich hat, bekommt etwas Schmerzen, wenn er viel davon ißt. Nimm aber Kerne von noch rohen Kirschen, zerstoße sie kräftig, schmilz Bärenfett in einem Gefäße dazu, knete das zusammen und mache eine Salbe daraus. Wer so schlimme Geschwüre an seinem Körper hat, daß er beinahe einem Aussätzigen gleicht – den Aussatz selbst aber darf er nicht haben –, salbe sich an einem Feuer oft damit, und er wird geheilt werden …

6. *Von der Zypresse.* Die Zypresse ist sehr warm und sinnbildet das Geheimnis Gottes. Wer am Magen leidet, nehme von ihrem Holze, gleichviel ob es grün oder trocken ist, gebe etwas davon in Wein und koche dies. Davon trinke er oft nüchtern, und er wird sich gesünder fühlen. Wer krank ist oder an seinem ganzen Körper dahinsiecht, koche Zweige mit den Blättern im Wasser, bade sich oft darin, und er wird geheilt werden und seine Kräfte wieder gewinnen. Nimm von der Mitte, dem Herzen, dieses Baumes, trage dies ständig bei dir, und der Teufel wird dir aus dem Wege gehen; denn dieser Baum zeichnet sich infolge der Stärke seiner Natur vor dem Holze anderer Bäume etwas aus; der Teufel mißachtet nämlich alles, was Tüchtigkeit besitzt, weil er nichts Tüchtiges in sich hat. Ist ein Mensch in Teufelsnetze oder in Magie verstrickt, so nehme man etwas aus dem Herzen dieses Baumes, mache mit einem Bohrer ein Loch hinein, schöpfe mit einem Tongefäße aus einem fließenden Quell, gieße das Wasser durch das gebohrte Loch, fange es mit dem Tongefäße auf und spreche dabei: »Ich gieße dich, Wasser,

durch dieses Loch. Fließe in der Tugendkraft, die Gott ist, und mit der Stärke, die dir von der Natur aus innewohnt, in jenen Menschen, der in seinem Sinne verstrickt ist, auf daß du in ihm alles Feindselige, was ihm innewohnt, zerstörest und ihn wieder zum Rechten zurückführest, in das ihn Gott ursprünglich eingesetzt hat, im richtigen Sinne und im richtigen Wissen!« Dieses Wasser gebe man dem Leidenden neun Tage lang nüchtern zum Trinken ... und er wird sich besser fühlen. Neun Tage lang werde das Waser auf diese Weise gesegnet ...

7. *Von der Buche.* Die Buche hat die richtige Mischung von Kälte und Wärme, und beides ist in ihr gut. Sie sinnbildet die richtige Zucht. Wenn die Blätter der Buche auszuschlagen beginnen, sich aber noch nicht ganz entfaltet haben, gehe zum Buchenbaum, ergreife einen Zweig mit der linken Hand und halte ihn unter folgenden Worten auf die rechte Schulter: »Ich schneide dein Grün ab, damit du alle Säfte des Menschen, die einen falschen Weg gehen oder sich in ungesunde, gelbe Galle verkehren, durch das lebendige Wort, das den Menschen ... schuf, besserest.« Während du diese Worte sprichst, halte deine Linke den Zweig, dann schneide ihn mit einem Eisen ab und hebe ihn ungefähr ein Jahr lang auf. Das tue alle Jahre, und wenn jemand an Gelbsucht leidet, dann schneide ein kleines Stück von diesem Zweige, lege dies in ein Gefäß, gieße dreimal etwas Wein darauf ... und gib es warm dem Kranken nüchtern drei Tage zum Trinken, und er wird geheilt werden, falls es Gott nicht anders haben will ...

Das vierte Buch
Von den Steinen

Vorrede

1. Jeder Stein hat Feuer und Feuchtigkeit in sich. Der Teufel hat Schrecken, Haß und Verachtung gegen die Edelsteine. Sie erinnern ihn nämlich daran, daß ihr Glanz schon erschien, ehe er von der ihm von Gott verliehenen Herrlichkeit herabstürzte, und außerdem entstehen manche Edelsteine in dem Feuer, in dem er selbst seine Strafpeinen erleidet. Denn durch Gottes Willen ward er vom Feuer besiegt und stürzte selbst in das Feuer, so wie er auch durch das Feuer des Heiligen Geistes besiegt wird, wenn die Menschen durch die erste Einhauchung des Heiligen Geistes seinem Rachen entrissen werden.

Im Osten und wo allzu heftige Sonnenglut herrscht, entstehen die Edelsteine. Die Berge in jenen Gegenden haben von der Sonnenglut Hitze wie Feuer, und die Flüsse dort sind von ihr immer heiß, so daß zuweilen eine Überschwemmung dieser Flüsse losbricht und sie zu jenen Bergen emporsteigen. Es werden dann die ebenfalls von der Sonnenhitze glühenden Berge von ihnen berührt, und wo das Wasser mit dem Feuer zusammentrifft, werfen sie Schaum aus, wie es bei feuerglühendem Eisen oder feuerflüssigem Steine ist ... Nun bleibt hier der Schaum haften und erstarrt während dreier oder vier Tagen zu Stein. Hört dann die Überschwemmung der Wasser wieder auf, so daß sie wieder in ihr Bett zurückkehren, dann trocknet dieser Schlamm, der an verschiedenen Plätzen an den Bergen hängen blieb, je nach den verschiedenen Tageszeiten und deren Temperatur aus. Je nach der Temperatur dieser Tagesstunden bekommt der

Schlamm Farbe und Kräfte und wird zu Edelsteinen verhärtet. Wie Fischschuppen werden sie von ihren Plätzen losgelöst und fallen dann in den Sand. Tritt dann wieder eine Überschwemmung dieser Flüsse ein, dann nehmen sie zahlreiche derartige Steine auf und tragen sie in andere Länder, wo sie schließlich von Menschen gefunden werden. Diese Berge aber, an denen so zahlreiche und so gewaltige Edelsteine entstehen, erglänzen dort wie das Tageslicht. Und also werden die Edelsteine von Feuer und Wasser erzeugt, deshalb haben sie auch Feuer, Wasser und viele Kräfte und Wirkungen in sich, so daß man sehr viel mit ihnen unternehmen kann; Dinge, die gut, ehrenvoll und den Menschen nützlich sind, nicht aber Verführung, Unzucht, Ehebruch, Feindschaft, Mord und ähnliches, was auf Laster hinzielt und dem Menschen schädlich ist; denn die Natur der Edelsteine sucht Ehrbares und Nützliches und verabscheut Verkehrtes und Böses, so wie auch die Tugenden die Laster abschütteln und wie Laster nicht mit den Tugenden zusammenwirken können.

Es gibt auch andere Steine. Sie entstehen nicht auf den geschilderten Bergen und nicht aus der angegebenen Natur. Sie kommen von irgend anderen, wertlosen Dingen. Mit Gottes Zulassung kann ihrer Natur entsprechend aus ihnen Gutes und Böses entstehen.

Gott hatte den ersten Engel wie mit Edelsteinen geschmückt. Sie sah Luzifer im Spiegel der Gottheit erglänzen, wodurch er das Wissen gewann und erkannte, daß Gott noch viele Wunderwerke schaffen wollte. Davon ward sein Sinn in Stolz erhoben, weil der Schmuck der Steine, der an ihm war, in Gott widerspiegelte. Er glaubte nun, er könne ebensoviel und mehr noch als Gott, und also ward sein Glanz ausgelöscht. Aber wie Gott für Adam wieder ein besseres Teil zurückgewann, so ließ er auch die Zier und die Kraft der Edelsteine nicht zugrunde gehen; er wollte vielmehr, daß sie zur Ehre und zum Segen und als Heilmittel auf der Erde blieben.

Hier beginnt das vierte Buch

2. *Vom Smaragde.* Der Smaragd entsteht in der Morgenfrühe, beim Aufgange der Sonne, wenn sie mit Macht in ihren Kreislauf einsetzt ... Da stehen das Grün der Erde und die Pflanzen in größter Kraft, weil dann die Luft noch kalt, die Sonne aber heiß ist; zu dieser Zeit saugen die Kräuter das Grün so gierig in sich, wie ein Lamm die Milch. Die Hitze des Tages reicht kaum hin, dies Grün zu kochen und zu nähren, so daß die Pflanzen Früchte bringen können. – Und deshalb ist der Smaragd ein starkes Mittel gegen alle Schwächen und Krankheiten der Menschen, weil ihn die Sonne zubereitet, und weil sein ganzer Stoff aus dem Grün der Luft ist. Wer also am Herzen, am Magen oder an der Seite Schmerzen hat, trage einen Smaragd bei sich, damit durch ihn das Fleisch seines Körpers Wärme bekomme, und er wird sich wohler fühlen. Und wenn ihn diese Krankheiten so überschwemmen, daß er sich vor deren Ansturm kaum halten kann, dann nehme man den Smaragd alsbald in den Mund, so daß er vom Speichel naß wird. Den vom Steine erwärmten Speichel ziehe man oft ein und werfe ihn wieder aus, dann werden die heftigen Anfälle dieser Krankheiten ohne allen Zweifel bald verschwinden.

Ist jemand infolge der hinfallenden Krankheit zu Boden gestürzt, so stecke man in den Mund des Daliegenden einen Smaragd, und der Geist des Kranken wird wieder aufleben. Hat er sich dann wieder erhoben und den Stein aus seinem

Munde genommen, dann blicke er ihn aufmerksam an und spreche: »Wie der Geist des Herrn den Erdkreis erfüllt hat, so erfülle er das Haus meines Körpers mit seiner Gnade, so daß es nie mehr erschüttert werden kann.« So mache er es am Morgen der folgenen neun Tage, und er wird geheilt werden. Diesen Stein muß er aber immer bei sich haben, ihn täglich frühmorgens anschauen und, während er ihn anblickt, diese Worte sprechen, und dann wird er geheilt werden.

Leidet jemand an starken Kopfschmerzen, so halte er den Smaragd an seinen Mund und erwärme ihn mit seinem Hauche, so daß er davon feucht wird. Damit mache er einen Strich über die Schläfen und die Stirne, nehme dann den Stein in den Mund und behalte ihn eine kurze Stunde darin, und er wird sich besser fühlen.

Wer sehr viel schlechte Säfte und Speichel in sich hat, mache guten Wein warm, lege ein Leinentuch über ein Gefäß und darauf den Smaragd. Den warmen Wein gieße man über den Stein, so daß der Wein durch das Tuch gehe. Man setze das lange fort, wie jemand, der ein Purgiermittel herstellt, und dann trinke man oft von diesem Weine und esse Bohnenmehl dazu. Das reinigt das Gehirn und mindert die bösen Säfte und den Speichel.

Wird jemand von Würmern gebissen, so lege man auf die Wunde ein Leinentuch und binde einen Smaragd und andere kleine Tuchstücke darauf, wie jemand, der Vorbereitungen zum Brennen* trifft. Dies soll den Stein erwärmen. Drei Tage lang setze man dies fort, und die Würmer werden sterben ...

3. Vom Saphir. Der Saphir ist warm und wächst zur Mit-

* Vgl. Seite 101 f.

tagszeit, wenn die Sonne so stark brennt, daß sie die Luft dadurch etwas verbaut und der Sonnenglanz nicht ganz klar erscheint ...

Ein Mensch, der ein Häutchen in seinem Auge hat, halte einen Saphir in seiner Hand und erwärme ihn darin oder am Feuer und berühre das Häutchen mit dem feuchten Steine. Dies tue er drei Tage lang morgens und nachts, und es wird kleiner werden und verschwinden ...

Wer dumm ist, weil jegliche Wissenschaft in ihm fehlt, und klug sein möchte, es aber nicht sein kann, und dabei nicht Bosheit erhofft und sich nicht nach ihr ausstreckt, der bestreiche of nüchtern seine Zunge mit einem Saphir, so daß dessen Wärme und Kraft mit der warmen Feuchtigkeit des Speichels die schädlichen Säfte, welche das Verständnis im Menschen verscheuchen, unterdrücken. Auf diese Weise gewinnt der Mensch gutes Verständnis.

Und wer im Zorne sehr aufgeregt wird, nehme sofort einen Saphir in den Mund, und der Zorn wird erlöschen und aufhören ...

Ist ein Mensch von einem bösen Geiste besessen, dann lasse ein anderer einen Saphir auf den Boden legen und nähe die Erde, auf der er lag, in ein Ledersäckchen, hänge dies an den Hals des Besessenen und spreche: »Du ganz schändlicher Geist, verlasse eilig diesen Menschen, so wie in deinem ersten Falle die Herrlichkeit deines Glanzes blitzschnell von dir fiel!« Dadurch wird der böse Geist sehr gequält werden und aus diesem Menschen entweichen, wenn es nicht ein ganz hitziger und nichtswürdiger Geist ist ... Stachelt der Teufel einen Mann zur Liebe für eine Frau auf, so daß er ohne verzaubert zu sein liebestoll wird, und ist dies der Frau lästig, so gieße sie dreimal etwas Wein über einen Saphir und spreche dreimal: »Ich gieße in glühenden Kräften diesen

Wein über dich, so wie Gott von dir, ungehorsamer Engel, deinen Glanz nahm, damit du Lust und Liebe dieses brennenden Mannes von mir nehmest!« Will das die Frau nicht selbst tun, so mache es jemand anders, dem diese Liebe lästig ist, für sie und gebe diesen Wein drei oder mehr Tage lang dem Manne zu trinken. Er darf noch nüchtern sein oder schon gefrühstückt haben und kann es wissen oder auch nicht merken. Und wenn eine Frau in Liebe zu einem Manne entbrannt ist, und dies dem Manne lästig fällt, dann behandle er wie angegeben die Frau mit Wein und Saphir, und die schon entbrannte Liebe wird schwinden ...

4. *Vom Luchssteine.* Der Luchsstein ist warm. Er entsteht nur von einer ganz bestimmten Art des Luchsurines. Der Luchs ist nämlich kein unzüchtiges, geiles und unreines Tier, sondern hat immer gleiches Temperament. Seine Kraft ist so groß, daß sie auch Steine durchdringt, davon hat er auch ein scharfes Gesicht, so daß er nicht leicht erblindet. Aus seinem Urine entsteht nicht immer der Luchsstein, sondern nur, wenn die Sonne sehr heiß brennt und eine linde, einschmeichelnde und wohlgemäßigte Luft weht. Denn dann erfreut sich zuweilen das Tier an der Wärme und Reinheit der Sonne und der Lieblichkeit der schönen Luft, und will es dann Urin lassen, so gräbt es mit einem Fuße ein Loch in die Erde und läßt da seinen Urin hinein. Von der Wärme der Sonne gerinnt und wächst hierauf der Luchsstein ... Hat jemand ein starkes Magenleiden, so legt er ihn eine kurze Stunde in Wein, Bier oder Wasser, und nehme ihn dann heraus. Die Flüssigkeit wird von den Kräften des Steines durchdrungen ... und keinerlei Fieber oder Seuche, vom Tode abgesehen, ist im Magen so stark, daß er nicht dadurch gereinigt und geheilt wird, es müßte nur der Tod unmittelbar bevorstehen ...

Das fünfte Buch
Von den Fischen

Vorrede

1. Es gibt Fische, die sich von Natur aus auf dem Grunde des Meeres und der Flüsse aufhalten, hier ihre Nahrung suchen und sich wie Schweine suhlen ... Ihr Fleisch ist etwas weich und kraftlos und nicht gesund, weil sie immer auf dem Grunde der Gewässer verweilen. Manche von ihnen lieben den Sonnenglanz mehr als die Nacht und den Schein des Mondes, während andere die Nacht und den Mondschein vorziehen. Verschiedene laichen ihren Rogen ohne Unterbrechung ..., wovon sie geschwächt werden, weil sie sich dabei so beeilen. Andre laichen in Abschnitten und warten, bis sie wieder Kräfte gewonnen haben, so daß sie wenigstens vom März bis zum Herbst Rogen ausscheiden.

Andere Fische suchen vor allem die Mitte und das klare Wasser des Meeres und der Flüsse auf und finden hier ihre Nahrung; sie stoßen dabei zuweilen an vorspringenden Felsen auf sehr gesunde Kräuter, die so viel Heilkraft in sich haben, daß ein Mensch, der sie finden könnte, alle Krankheiten zu vertreiben imstande wäre. Es ist gesund, solche Fische zu essen; ihr Fleisch besitzt ziemliche Stärke, weil sie sich vorwiegend in reinem Wasser aufhalten ...

Alle Fische verschlingen je nach ihrer Art im Winter und manchmal auch im Sommer ihnen zuträgliche Kräuter, wovon ihr Milchner und Rogen wächst, ... würde eine unfruchtbare Frau davon essen, so würde sie fruchtbar werden und empfangen. Die Fische vermischen sich zu keiner anderen Art der Begattung, als daß nur der Rogen und der Milchner in ihnen wächst, und sie haben dieselbe Begier, diese zu laichen, wie die anderen Tiere zur Begattung. Und jeder Fisch sucht einen anderen von gleicher Art, der zu ihm paßt, und wenn er dann vor dem Laichen steht, dann wählt er sich einen Platz am Ufer, wo weder Winde noch Stürme schaden können, wo ruhiges, gutes und wohltemperiertes Wasser ist, und wo ringsum zarte Kräuter wachsen. Dann schwimmt das Fischweibchen in einer geraden Linie, bis es gelaicht hat, und nun wartet es, bis sich ein Männchen naht. Dies folgt dann und ergießt über den Rogen seinen Milchner ... Würde ein Mensch von diesem Gelaiche essen, so wäre dies wie Gift, und deshalb muß man die Netze mit großer Sorgfalt waschen, daß sich kein Laich daranheftet ... Und wie es vorkommt, daß der Mensch seine Art verläßt und sich mit Tieren vermischt, so machen es zuweilen auch die Tiere und gehen zu einer anderen Art über. So neigen auch manchmal Fische bei Ausgießung ihres Samens zu anderen Tieren und bringen dann eine von ihnen verschiedene Art hervor, wie man es am Aale und manch anderen Fischen beobachten kann.

Gott hat in die Fische nach ihrer Natur und Art ein Wissen hineingelegt, indem sie gewisse Kräuter und Wurzeln im Wasser erkennen, von denen sie sich, wenn sie nichts anderes haben, nähren. (Haben sie einmal davon genommen, dann können sie damit allein vier Monate bis zu einem halben Jahre, ohne an ihrem Fleische abzunehmen, leben.)

Würde der Mensch diese Kräuter und Wurzeln kennen, und könnte er sie erreichen, dann würde auch er vier oder fünf Monate ohne andere Speise aushalten, wenn er nur manchmal davon zu sich nähme, allerdings würde sein Fleisch hart werden und verkrümmen, es wäre nicht mehr so weich wie jetzt. Als Adam aus dem Paradiese vertrieben worden war, aß er manchmal von diesen Kräutern ...

2. *Vom Hausen.* Der Hausen besteht mehr aus warmer als aus kalter Luft, liebt den nächtlichen Glanz des Mondes und der Sterne und zieht die Nacht dem Tage vor. Tagsüber ruht er. Er hält sich gerne in schnellaufenden Wassern auf und müht sich beim Schwimmen darin so ab, daß sein Fleisch davon weich wird. Er schwimmt in der Mitte des Wassers, den Grund sucht er nur selten auf. Er nährt sich mit reinen Speisen, wovon sein Fleisch für gesunde Menschen gut wird, Kranken schadet es etwas. Er laicht wie die übrigen Fische. Beginnt die Wassersucht in einem Menschen zu wachsen, dann lege man die Blase dieses Fisches ins Wasser, bis es den Geschmack davon annimmt, und dann trinke man oft davon ...

3. *Vom Hechte.* Der Hecht besteht mehr aus warmer als aus kalter Luft und hält sich gerne in reinem Wasser, und zwar in der Mitte auf. Er liebt den Tag und ist scharf und grimmig wie ein Raubtier des Waldes. Wo er weilt, frißt er die übrigen Fische auf und macht das Wasser leer davon. Er ist für Gesunde und Kranke eine zuträgliche Speise. Denn er sucht reine Nahrung und hat hartes und gesundes Fleisch ... Ißt ein Mensch oft Hechtleber, so bekommt er eine gesunde und linde Verdauung. Und wird ein Mensch oder Tier vom Wurme gebissen, dann pulverisiere man die Gräten dieses Fisches und lege dies Pulver über die betreffende Stelle, dann sterben die Würmer ...

Das sechste Buch
Von den Vögeln

Vorrede

1. Wie die Seele des Menschen, solange sie im Körper verweilt, luftig ist, so daß sie von der Luft emporgehoben und in der Höhe gehalten wird, weil sie sonst im Körper erstickt würde ..., so sind auch die Vögel geschaffen und beschaffen. Mit ihnen muß die Seele fühlen und wissen, was sie zu wissen hat, weil die Vögel durch die Federn in die Höhe getragen werden und sich überall in der Luft aufhalten. So wird auch die Seele, solange sie im Körper verweilt, durch die Gedanken emporgehoben und breitet sich allum aus ...

Hier beginnt das sechste Buch

2. *Vom Greife.* Der Greif ist sehr warm und hat etwas von den Naturen der Vögel und der (Säuge-)Tiere an sich. Die Vogelnatur macht ihn so hurtig, daß ihn eine Last aus seinem Körper nicht beschwert; infolge seiner Bestiennatur verzehrt er Menschen. Wenn er in der Luft fliegt, dann steigt er nicht zu ganz glühender Hitze empor, sondern nähert sich ihr nur etwas. Sein Fleisch ist dem Menschen nicht zuträglich; äße er davon, so würde er sich sehr schaden, weil der Greif in dieser Beziehung ganz die Raubtiernatur hat; freilich fehlt ihm sonst etwas an beiden Naturen.

Naht die Zeit, zu der er seine Eier legt, dann sucht er eine geräumige Höhle mit einem so engen Zugange, daß er kaum hineinschlüpfen kann. Hier bewacht er sorgfältig seine Eier. Dabei hat er vor dem Löwen Furcht, der diese Eier von weitem riecht. Kann er dazukommen, so zertritt und zerbricht er sie, weil ihm der Greif stets nachstellt, und deshalb leidet er ihn auch nicht in seiner Nähe. Der Löwe verachtet die Stärke des Greifes ... Der Greif legt seine Eier so, daß weder das Sonnenlicht noch das Windeswehen sie berühren kann. Aber weder sein Fleisch, noch seine Eier und was sonst in ihm ist, hat Wert für Heilzwecke, weil er mehr die Mängel als die Vorzüge seiner beiden Naturen besitzt ...

3. *Vom Adler.* Der Adler ist sehr heiß, gleichsam feurig, und seine Augen sind mehr feuer- als wasserhaltig; deshalb kann er auch fest in die Sonne schauen. Und weil er fast feurig ist, kann er Hitze wie Kälte ertragen und in der Höhe fliegen. Sein Fleisch ist für den Menschen tödlich, weil es wegen des ihm innewohnenden Feuers zu stark ist. Weil er von der Sonnenhitze durchgossen ist und die Sonne stark anschaut, ist er grimmig und hat ein starkes Gefühl in seinem Herzen. Er raubt und nimmt sehr viel mit fort, was er dann wieder wegwirft und nicht verzehrt, denn er frißt nur, was gesund und warm ist.

Legt er Eier, dann sucht er einen Ort, an dem die Sonne oder Luft sehr heiß sind, damit sie von dieser Hitze sehr stark durchgossen und gekräftigt werden. Träfe es sich zufällig, daß ein Ei nicht so erhitzt würde, dann würde das Junge daraus schwach und krank werden und könnte nicht leben ...

Das siebente Buch
Von den (Säuge-)Tieren

Vorrede

1. Die Vögel, die sich in der Luft aufhalten, stellen die Fähigkeit des Menschen dar, sich in seinen Gedanken vieles oft vorzusagen und zu bestimmen, was er in sich erwogen hat, ehe er all dies in ein offenkundig Werk umsetzt. Die Tiere aber, die auf der Erde herumlaufen und auf ihr wohnen, sinnbilden die Gedanken des Menschen, die er zur Tat macht ... Der Löwe und ihm ähnliche Tiere zeigen den Willen des Menschen, der bald zur Tat wird, während der Panther und seinesgleichen auf den glühenden Wunsch etwas zu beginnen hinweisen ...

2. *Vom Elefanten.* Der Elefant hat Sonnen- und nicht Fleischeswärme und viel Schweiß, der so stark ist, daß er seine Knochen, wie das Feuer die Speise, auskocht, daher sind sie auch schön ... Sein Nabel ist wie der Kopf seiner Eingeweide, und diese sind sehr heiß ... Der Elefant ist nicht hinterlistig, und in seiner Rechtschaffenheit ist nichts Böses; zuweilen ist er heftig; er sucht und geht zur Erde, die Paradiesessaft hat, und gräbt in sie so lange mit seinem Fuße, bis er ihn mit seiner Nase riecht, und davon erfüllt, sucht er Begattung. Hat das Elefantenweib empfangen, dann trägt es das Junge lange Zeit in sich, weil dies nicht schnell wachsen kann; denn es besteht mehr aus Knochen als aus Fleisch. Und hat das Elefantenweib dann geboren, so sucht es keine Begattung, bis das Junge ebenso stark wie es selbst ist.

Wer an der Lunge leidet, so daß er schwer atmet und hustet, der erwärme einen Elefantenknochen an der Sonne, schabe etwas davon ab und lege dies in Wein. Dann koche er es in einer Schüssel, seihe es durch ein Tuch, gebe das Pulver dazu, trinke oft von diesem Weine, und er wird geheilt werden. Herz, Leber, Lunge und die übrigen Eingeweide des Elefanten sind für Heilzwecke nicht zu gebrauchen.

3. *Vom Kamele.* Das Kamel hat jähe Hitze in sich, die aber zuweilen gemildert ist ... In seinen Höckern hat es die Kraft des Löwen, Panthers und Pferdes, am übrigen Körper aber Eselsnatur. Der Höcker zunächst am Halse besitzt Löwenstärke, der folgende Pantherkraft und der letzte Pferdestärke. Durch diese Naturen wächst es in die Größe und Höhe, und wäre es nicht zahm, so wäre es stärker als der Löwe und die übrigen Tiere.

Hat jemand Schmerzen am Herzen, so nehme er von dem Knochen des löwenstarken Höckers, schabe ihn in Wasser ab und trinke oft davon ...

Vom Löwen. Der Löwe ist sehr warm; hätte er nicht Tieresnatur, so würde er Steine durchdringen. Er kennt den Menschen, und wenn er ihn in seiner Wut verletzt, so bereut er es nach der Tat. Paaren sich Löwe und Löwin, so vergessen sie dabei ihre Tieresnatur und gesellen sich in Ehrbarkeit. Fühlt die Löwin nicht, daß ihre Jungen in ihr leben, dann wird sie traurig und dem Löwen feind, weil sie nicht weiß, daß sie empfangen hat; und wenn sie dann ihre Jungen geboren hat und sie tot sieht, so geht sie von ihnen weg; sieht dann der Löwe die Löwin, so weiß er, daß sie geboren hat, riecht sofort die Jungen und läuft zu ihnen. Er sammelt seine Kräfte, die er bei der Begattung verloren hat, und brüllt nun so machtvoll, daß die Jungen davon erwachen. Jetzt brüllen auch sie, die Löwin läuft freudig herzu, vertreibt den Löwen, wärmt und säugt sie und läßt den Löwen nicht mehr in die Nähe kommen, solange sie wachsen.

Und Adam und Eva schrieen nicht klagend auf, ehe ein

Mensch geboren wurde, aber als das erste Kind geboren war, schrie es klagend zur Höhe vieler Elemente hinauf. Adam hörte diese Stimme als etwas ihm völlig Unbekanntes, eilte herzu, und als er dies gehört hatte, schrie er erstmals in gleicher Weise, und Eva mit ihm, wie der Löwe, die Löwin und die Jungen, wenn sie wach werden ... Ist ein Mensch taub, dann schneide einem Löwen das rechte Ohr ab, und jemand anders lege es so lange in das Ohr des Tauben, bis es von dem des Löwen innen warm wird, aber nicht länger, und dabei sprich: »Höre durch den lebendigen Gott und die Schärfe des Löwengehöres!« Tu das oft, und der Taube wird das Gehör bekommen ...

4. *Vom Bären.* Der Bär hat ungefähr dieselbe Wärme wie der Mensch, er ist also zuweilen kalt. Ist er warm, so hat er eine hohe Stimme und ist sanft. Ist er aber kalt, dann verhält er seine Stimme und ist zornmütig. In der Lust haben sie zahmes Gebaren; sind sie jedoch enthaltsam, dann sind sie zornig ... Gott schuf die Vögel, Fische und Tiere vor dem Menschen, doch taten sie nichts, ehe er wirkte. Sie warteten auf die erste Tat des Menschen. Und als er den Apfel gegessen hatte und in Angst schwitzte, wurde sein Blut in die Menschennatur, so wie sie jetzt ist, verwandelt, und ebenso war es auch bei den Tieren. Daher hat der Bär seine Liebe zur Lust ... Ist der Mensch in Lust und Unkeuschheit, so riecht das der Bär ungefähr eine halbe Meile weit, läuft herzu, wenn er kann, der Bär zum Weibe und die Bärin zum Manne und möchte sich mit ihnen vermischen. Verhält sich der Mensch dabei vernünftig und nicht wie ein Tier, so würde der Bär oder die Bärin den Menschen zerreißen ...

5. *Vom Tiger.* Der Tiger ist warm und hat seinen Lauf auf den Bergen und in den Tälern. Er hat etwas von der Natur des Steinbockes. Und von seinem vielen Laufen bekommt er

Bläschen, die er abreibt. Sie haben einen feinen Geruch und sind für Heilzwecke gut ...

6. *Vom Hirschen.* Der Hirsch hat eine jähe Hitze in sich und friert wenig; er ist friedlich und frißt reine Nahrung. Sein Fleisch ist gesund und für Kranke gut. Wenn er fühlt, daß die Enden seiner Stangen nicht mehr weiter wachsen, dann weiß er, daß er in sich zu verdorren und altersschwach zu werden beginnt. Dann steigt er in einen Fluß und atmet dessen Dampf ein. Hierauf verläßt er den Fluß, frißt am Ufer ihm zusagende Kräuter und sucht einen Platz, wo er eine Unke findet. Er wird sehr schlaff und müde, weil ihn die Unke anbläst. Nun erhebt der Hirsch mehr und mehr seine Stimme, wird immer müder und reißt das Maul auf. Nun springt die Unke gleichsam aus Zorn hinein und dringt bis in den Bauch vor. Wie dies der Hirsch merkt, eilt er zu einem Quickborn, der alles Faule und Giftige wegnimmt, und säuft übermäßig daraus, so daß die Unke in diesem Wasser untertaucht und ertrinkt. Dann sucht der Hirsch feine Kräuter, die Reinigung bewirken, und verzehrt sie. Er scheidet nun die Unke mit dem Genossenen aus, sonst würde er an ihrem Gifte verenden. Und dann beginnt er zu erkranken, sucht ein Tal auf, wo die besten gesundheitbringenden Kräuter wachsen, frißt sie und bleibt einen Monat ruhig liegen. Da fallen sein Geweih und die Haare ab, und bald steht es besser um ihn. Er läuft jetzt wieder zum Quickborn, trinkt ein wenig daraus, und wenn noch etwas Fauliges in ihm zurückgeblieben ist, so reinigt er sich davon; er frißt wieder die feinen Kräuter und beginnt zu gesunden. Auch das Geweih und die Haare wachsen wieder. Und jetzt ist sein Fleisch und alles in ihm gesünder als zuvor.

Ißt ein Mensch mäßig warmes, jedoch nicht kochend heißes Hirschfleisch, so reinigt er seinen Magen und macht ihn leicht. Schabe etwas vom Hirschgeweih, gib dem Abgeschabten etwas Weihrauch zu und zünde das an einem Feuer an. Es verscheucht durch die Kraft des Hirschhornes die Luftgeister, unterdrückt die Magie und verjagt Zauber und böse Würmer. Ißt jemand Hirschleber, so vertreibt er die Gicht, reinigt seinen Magen und macht ihn leicht.

7. *Vom Flohe.* Der Floh ist warm und wächst vom Staube der Erde. Ist sie im Winter feucht und im Innern warm, dann liegen die Flöhe in ihr und verbergen sich darin. Wird sie aber im Sommer auf ihrer Oberfläche durch die Hitze ausgetrocknet, dann springen die Flöhe aus der Erde, fallen den Menschen an und beunruhigen ihn.

Nimm also etwas von der Erde, jedoch nicht von ihrem Staube, erhitze dies in einem irdenen Gefäße, so daß die Erde austrocknet und keine Feuchtigkeit mehr darin bleibt. Dies streue in dein Bett, und wenn dann die Flöhe die trokkene Erde bemerken, so können sie dies nicht ertragen, fliehen, gehen zugrunde, und also kann der Mensch Ruhe vor ihnen haben ...

Das achte Buch
Von den Reptilien

Vorrede

1. Von Anfang an schuf Gott jede Kreatur gut. Nachdem aber der Teufel den Menschen durch die Schlange getäuscht hatte, so daß er aus dem Paradiese hinausgeworfen wurde, wurden die Geschöpfe, weil sie nicht auf Gottes Willen schauten, zum Schlechteren verwandelt. Und so erhoben sich die Körner der grausamen und giftigen Würmer, um in ihrer tödlichen Grausamkeit die Höllenstrafen zu versinn-

bilden ... Und als die Erde in der Vergießung von Abels Blut geschändet wurde, entbrannte in der Hölle ein neues Feuer, das den Mord bestrafen sollte, und es erhob sich auch durch Gottes Willen ein aus der Unterwelt aufwallender Nebel, der sich über die Erde hinbreitete und sie mit ganz schlimmer Feuchtigkeit durchtränkte, so daß das bösartigste, giftige und todbringende Gewürm aus der Erde entstand und oft aus ihr heraussprudelte. Das Fleisch des Menschen sollte dadurch bestraft werden, weil der Mensch das Fleisch des Menschen getötet hatte.

Als durch Gottes Rache in der Sintflut die Menschen vernichtet wurden, da wurde auch dieses Gewürm, das nicht im Wasser leben konnte, erstickt. Seine Kadaver wurden aber durch die Überschwemmung über die ganze Erde hin zerstreut und verfaulten mit ihrem Gifte nach dem Verschwinden der Flut. Aus dieser Fäulnis entstanden andere Reptilien von der gleichen Art und verbreiteten sich über die ganze Erde.

Manche dieser Würmer töten durch ihr Gift Mensch und Tier, manche aber nur die Menschen. Das Gewürm, das in seiner Natur der Teufelslist gleicht, tötet Mensch und Tier; die Reptilien, welche infolge ihres schwächeren Giftes die Teufelskünste nicht nachahmen, bringen den Menschen durch ihr Gift mancherlei Krankheiten, Gefahren und den Tod, während sie die Tiere nicht töten können.

Hier beginnt das achte Buch

2. *Von dem Drachen.* Der Drache hat eine trockene, fremdartige Wärme und feuriges Unmaß in sich, sein Fleisch ist innen nicht feurig. Sein Hauch ist so stark und scharf, daß er sofort beim Ausblasen feurig auflodert, wie das Feuer, das aus

einem Steine geschlagen wird. Den Menschen haßt er maßlos, er hat Teufelsnatur und Teufelstücken in sich, daher kommt es, daß manchmal Luftgeister die Luft erfüllen, wenn der Drache seinen Odem ausstößt. Mit Ausnahme seines Fettes ist nichts von seinem Fleische und den Knochen für Heilzwecke verwendbar ...

Von der Spinne. Die Spinne ist mehr warm als kalt. Ihr Gift ist beinahe so gefährlich wie das des Skorpiones, nur hat dieser ein großes, fettes Herz, während das der Spinne ziemlich klein und schwach ist. Wenn das Spinnengift das Fleisch des Menschen von außen berührt, so ist es gefährlich. Ißt oder trinkt es ein Mensch, so wird er davon sterben oder der Todesgefahr nur mit Mühe entrinnen ...

Das neunte Buch
Von den Metallen

Vorrede

1. Von der Art der Metalle. Als der milde Geist Gottes über den Wassern schwebte und als das Wasser die Erde überflutete, ... ließ sie Gott durch seinen Hauch fließen, und also durchgossen die Wasser die Erde und festigten sie, damit sie nicht zerfiel. Und als die Feuerkraft des Wassers die Erde durchdrang, senkte sich das Feuer des Wassers in Goldwerken in die Erde. Und wo die Reinheit der Überschwemmung sich in die Erde ergoß, entstanden die Silbererze. Und wo sich die Wasser von Winden gepeitscht in die Erde eingruben, verwandelte sich die Flut in Stahl- und Erzgänge zusamt der Erde, in welche die Flut eindrang: Deshalb ist auch Stahl und Eisen härter als die anderen Erze, weil auch das

Sturmestoben stärker als der ruhige Lufthauch ist. Und wie der Geist des Herrn die Wasser überfluten machte, so belebt er auch den Menschen und gibt den Kräutern, Bäumen und Steinen das Grün.

Hier beginnt das neunte Buch

2. *Vom Golde*. Das Gold ist warm, hat etwas von der Natur der Sonne und ist gleichsam aus der Luft. Ein Mensch, der vergichtet ist, nehme Gold und koche es so, daß kein Schmutz mehr daran ist, und pulverisiere es dann. Er nehme hierauf ungefähr eine halbe Hand voll Semmelmehl, knete dies mit Wasser und gebe in diesen Teig Goldpulver im Gewichte eines Obolus. Dies esse er in der Frühe nüchtern. Am zweiten Tage mache er aus denselben Bestandteilen ein Törtchen und nehme es nüchtern am gleichen Tage, und es wird auf ein Jahr die Gicht unterdrücken ...

Das Buch Scivias

Vorwort

1. Siehe! Als ich in meinem dreiundvierzigsten Lebensjahre mit zitternder Aufmerksamkeit in großer Furcht einer himmlischen Vision hingegeben war, schaute ich einen gewaltigen Lichtglanz, aus dem eine Stimme vom Himmel her mir also entgegenscholl: »Du gebrechlicher Mensch, Asche von der Asche und Staub vom Staube, sage und schreibe, was du siehst und hörst! Weil du aber vor dem Sprechen Angst hast, im Darlegen einfältig bist und nicht gelernt hast, zu schreiben, so sprich und schreibe nicht, wie es Menschenmund tut, nicht wie es menschliche Einsicht und Erfindung macht und nicht in freigewollter Komposition, sondern so, wie du es von oben her in himmlischen Wundern schaust und hörst. Du mußt es vorbringen wie jemand, der die Worte seines Lehrmeisters vernimmt und in sich aufnimmt und dann deren Wortlaut verkündet, so wie er es will, zeigt und vorschreibt. So offenbare auch du, o Mensch, was du siehst und hörst, und zeichne es auf, nicht wie du oder ein anderer Mensch es wünscht, sondern nach dem Willen dessen, der alles in den Geheimnissen seiner Mysterien weiß, sieht und anordnet!«

Und wieder höre ich eine Stimme vom Himmel: »Verkünde diese Wunder und zeichne sie also belehrt auf und sprich!«

Im Jahre 1140 der Menschwerdung des Sohnes Gottes, Jesu Christi, als ich vierzieg Jahre und sieben Monate alt war, da kam vom geöffneten Himmel feuriges Licht von höchstem Glanze, durchgoß mein ganzes Gehirn und entzündete mein ganzes Herz und meine ganze Brust wie mit einer Flamme, die jedoch nicht brannte, sondern nur erwärmte, so wie die Sonne einen Gegenstand erwärmt, auf den sie ihre Strahlen sendet.

Und alsogleich drang ich in den Sinn der Psalmen, der Evangelien und der übrigen katholischen Schriften des Alten und Neuen Testamentes ein. Die Einzelworte und Silben der Texte, sowie die Fälle der Gegenstandswörter und die Zeiten der Verba lernte ich jedoch nicht kennen.

Die Kraft geheimnisvoller Mysterien und staunenswerter Visionen fühlte ich in wundervoller Weise von meinem Kindheitsalter, das heißt von meinem fünften Jahre an, so wie ich sie noch heute fühle. Ich erzählte jedoch davon nur einigen wenigen Ordenspersonen, die wie ich im Kloster lebten. Ich unterdrückte sie bis jetzt, da sie Gott in seiner Gnade offenkundig machen will ...

Als ich die Mädchenjahre hinter mir hatte und zum angegebenen Alter der Vollreife gekommen war, hörte ich eine Stimme mir zurufen: »Ich bin das lebendige Licht, welches das Dunkel erhellt. Den Menschen, den ich wollte, erschütterte ich und stellte ihn in eine große Wunderwelt hinein, mehr noch als frühere Menschen, die viele Geheimnisse in mir schauten. Ich warf ihn aber zur Erde nieder, damit er sich nicht stolz in seinem Sinne erhebe. Die Welt hat an ihm keine Freude und findet in ihm keine Ergötzung und kann kein weltlich Ding in ihm vollführen, weil ich ihn von halsstarriger Verwegenheit loslöste, ihn furchtsam und zitternd in seinen Mühen machte. In seinem Marke und den Adern seines Fleisches erleidet er nämlich Schmerzen, sein Sinn und Gefühl ist zusammengeschnürt, er muß ein schweres körperliches Leiden ertragen, so daß keine Sicherheit in ihm wohnt, und er bei allen seinen Handlungen sich schuldig wähnt und fürchtet. Mit Ruinen habe ich sein Herz umzäunt, damit sich sein Sinn nicht in Stolz oder eitler Ruhmsucht erheben kann und in allem mehr Furcht und Schmerz als Freude und Mutwillen empfinde ...«

Obgleich ich dies sah und hörte, weigerte ich mich doch voll Zweifel und in meiner geringen Selbstschätzung, sowie wegen des mannigfachen Geredes der Menschen, freilich nicht in Hartnäckigkeit, sondern aus Demut, dies niederzuschreiben, bis ich von Gottes Geißel niedergeworfen auf das Krankenlager sank. Endlich legte ich, von vielen Krankheiten dazu getrieben, Hand ans Schreiben. Ein Mädchen aus vornehmem Geschlechte mit guten Eigenschaften und ein Mann, den ich mir in aller Stille dazu ausgesucht und gefunden hatte, standen mir hierzu bei. Als ich an das Schreiben ging, fühlte ich die Tiefe der Auslegung der Heiligen Schrift, bekam meine Kräfte wieder und konnte mich von meinem Krankenlager erheben. Ungefähr zehn Jahre verwandte ich auf dies Werk und führte es zu Ende ... Und wiederum hörte ich eine Stimme vom Himmel zu mir sagen: »Rufe also und schreibe dies!«

Vom ersten Buch

Die erste Vision

2. Ich schaute einen großen, eisenfarbenen Berg. Auf ihm saß ein Mann in solch leuchtendem Glanze, daß mich diese Helligkeit blendete. Aus seinen beiden Seiten erhob sich je ein leuchtender Schatten, die sich beide wie Flügel von ungeheurer Größe ausdehnten.

Am Fuße des Berges stand vor dem Manne eine Gestalt,

die um und um voll Augen war. Ob sie die Figur eines Menschen hatte, konnte ich infolge der Menge der Augen nicht unterscheiden. Vor dieser Gestalt war eine andere. Sie hatte das Aussehen eines Knaben, war in ein matthelles Gewand gehüllt und hatte weiße Schuhe an. Über dessen Haupt stieg von dem Manne, der auf dem Berge saß, ein solches Strahlen hernieder, daß ich das Antlitz des Knaben nicht anschauen konnte. Von dem auf dem Berge Sitzenden gingen außerdem viele lebendige Funken aus, welche die beiden Gestalten in großer Anmut umflogen. An dem Berge sah ich zahlreiche Fenster, in denen blasse und weiße Menschenköpfe erschienen.

Und der auf dem Berge saß, rief mit gewaltiger, durchdringender Stimme: »Du gebrechlicher Mensch, Staub vom Staube der Erde und Asche von der Asche, rufe und künde vom Eintritte der makellosen Erlösung, damit jene unterwiesen werden, die zwar das Mark der heiligen Schriften sehen, sie aber doch nicht verkünden und predigen wollen, weil sie in der Erhaltung der göttlichen Gerechtigkeit lau und stumpf sind. Tue ihnen auf das Schloß der Geheimnisse, das sie auf verborgenem Felde furchtsam verheimlichen! Breite dich also in überfließendem Quell aus und ströme aus in mystischer Belehrung, damit jene von deiner Ausgießung und Bewässerung erschüttert werden, die dich wegen Evas Übertretung für verächtlich halten wollen! Denn du nimmst ja die Erhabenheit dieser Tiefe nicht von einem Menschen, sondern vom höchsten, furchtbaren Richter, von der Höhe, wo in hellstem Lichte diese Heiterkeit unter Leuchtenden stark strahlen wird. Erhebe dich also, rufe und künde, was dir in der riesenstarken Kraft göttlicher Hilfe geoffenbart wird! Denn der, welcher jeglichem seiner Geschöpfe machtvoll und wohlwollend gebietet, durchgießt die, welche ihn fürchten und ihm in anmutiger Liebe im Geiste der Demut dienen, mit der Klarheit himmlischer Erleuchtung und führt die auf dem Wege der Gerechtigkeit Ausharrenden zu den Freuden der ewigen Vision.«

Der große, eisenfarbene Berg sinnbildet die Stärke und Stetigkeit des ewigen Gottesreiches, das durch keinen Ansturm wankenden Wechsels ein Ende finden kann. Der Mann auf dem Berge, dessen Helligkeit dein Auge blendete, zeigt den im Reiche der Seligkeit, der im Glanze nie abnehmender Heiterkeit dem ganzen Erdkreise gebietet und menschlichem Geiste unfaßbar ist. Von seinen beiden Seiten breiten sich Flügel von wunderbarer Länge und Weite aus. Sie zeigen in der Ermahnung und in der Züchtigung seliger Verteidigung den milden und linden Schutz und versinnbilden recht und fromm die unaussprechliche Gerechtigkeit in der Ausdauer wahrer Billigkeit ...

3. Vor der Gestalt mit den unzähligen Augen erscheint eine andere im Knabenalter in matthellem Gewande und in weißen Schuhen, weil unter Vorantritt der Furcht Gottes die Armen am Geiste folgen. Die Furcht Gottes hält nämlich die Seligkeit der Armut im Geiste fest, die weder eitles Rühmen, noch Selbstüberhebung des Herzens anstrebt und einen einfältigen, nüchternen Sinn liebt. Ihre gerechten Werke schreibt sie, gleichsam in matthellem Gewande, in dem gedämpften Glanze der Unterwürfigkeit, nicht sich, sondern Gott zu und folgt den leuchtenden Spuren des Gottessohnes getreulich nach. Auf das Haupt des Knaben steigt von dem, der auf dem Berge sitzt, ein solcher Glanz hernieder ..., weil die Heiterkeit der Heimsuchung dessen, der jeglichem Geschöpfe preiswürdig gebietet, Macht und Stärke in solcher Fülle eingießt, daß sie die Betrachtung eines schwachen Sterblichen nicht zu erfassen vermag ...

Von dem, der auf jenem Berge sitzt, gehen viele lebendige Feuerfunken aus, welche diese Gestalten gar anmutig umfliegen. Dies läßt erkennen, daß verschiedene riesenstarke Tugenden, die in göttlicher Klarheit erglänzen, vom allmächtigen Gotte kommen. Sie umgeben die wahrhaft Gottesfürchtigen und die treuen Liebhaber der Armut des Geistes mit ihrer Hilfe und ihrem Schutze ...

An dem Berge sieht man zahllose Fenster, an denen blasse und weiße Menschenköpfe erscheinen, weil in der erhabensten Höhe der abgrundtiefen und überaus scharfsinnigen Erkenntnis Gottes die Bestrebungen der menschlichen Werke nicht verheimlicht und nicht verborgen werden können ... Bald schlafen die Menschen, schmählich in ihren Herzen und Taten ermüdet, und dann werden sie wieder aufgeweckt und wachen in Ehren. Dies bezeugt auch Salomon, wenn er meinem Willen gemäß spricht: »Die träge Hand erwarb sich Armut, die starke aber schuf sich Reichtümer.« Das heißt arm und schwach machte sich, wer die gerechten Werke nicht wollte, die Ungerechtigkeit nicht zerstörte, die Schuld nicht erließ und ohne eines der Wunderwerke der Seligkeit blieb. Dagegen schafft gewaltig starke Heilswerke, wer den Weg der Wahrheit läuft, nach dem Springquell der Herrlichkeit greift, in dem er sich die köstlichsten Reichtümer auf der Erde und im Himmel bereitet. Wer also immer im Heiligen Geiste Weisheit und im Glauben Federn hat, der übertrete meine Mahnung nicht, sondern umfange und nehme sie mit dem Geschmacke seiner Seele auf ...

4. Und dann sah ich einen unermeßlich großen, ganz heiteren Glanz. Er flammte wie in zahllosen Augen auf und hatte gegen die vier Seiten der Welt hin vier Ecken. Dieser Glanz sinnbildete das Geheimnis des himmlischen Schöpfers und wurde mir im tiefsten Mysterium gezeigt. Es erschien darin noch ein anderer Glanz, welcher der Morgenröte gleich die Helligkeit eines Purpurblitzes in sich schloß.

Und dann sah ich auf der Erde Menschen Milch in Tongefäßen tragen und sie zu Käse verarbeiten. Ein Teil der Milch war dick und daraus wurde kräftiger Käse, ein anderer dünn, woraus bitterer zusammengerann.

Außerdem schaute ich eine Frau, die in ihrem Leibe eine vollkommene Menschengestalt trug. Und siehe! durch eine geheimnisvolle Anordnung des himmlischen Schöpfers erhielt diese Gestalt lebensvolle Bewegung, und eine Feuerkugel, die auf neue Weise die Linien eines menschlichen Körpers hatte, nahm vom Herzen dieser Gestalt Besitz, berührte ihr Gehirn und ergoß sich in alle ihre Glieder. Und nun ging die also belebte Menschengestalt aus dem Leibe der Frau heraus … und änderte auch die Farbe.

Und ich sah, daß viele Wirbelstürme auf die Kugel, die im menschlichen Körper blieb, hereinbrachen und sie bis zur Erde niederdrückten, doch sie gewann ihre Kräfte wieder, richtete sich mannhaft auf, leistete tapferen Widerstand und klagte unter Seufzen:

»Wo bin ich Fremde? Im Schatten des Todes. Und welchen Weg gehe ich? Den Weg des Irrtums. Und welchen Trost habe ich? Den der fremden Pilger. Ich sollte ein Wohngebäude aus Quadern, die wie mit Sonnen- und Sternenglanz geschmückt sind, haben. Die Sonne und die Sterne des

Westens sollten in ihm nicht zu leuchten brauchen, weil Engelsherrlichkeit darin sein sollte. Denn sein Fundament müßte aus Topas sein und das ganze Gebäude aus Edelsteinen. Seine Treppen sollten kristallen und seine Fließe golden sein. Ich bin ja eigentlich eine Genossin der Engel, weil ich der lebendige Hauch bin, den Gott dem trockenen Menschen einblies. Daher müßte ich Gott kennen und fühlen. Aber o weh! Da meine Wohnung sah, sie könnte mit ihren Augen auf alle Wege sehen, setzte sie ihren Schmuck in den Norden. Weh, weh! Wo bin ich gefangen? Ich bin meiner Augen beraubt, bin ohne die Freude des Wissens, mein ganzes Kleid ist zerrissen, aus meinem Erbtume bin ich vertrieben, und ich wurde in einen fremden Ort geführt, der ohne Schönheit und Herrlichkeit ist, und wo ich schlimmster Knechtschaft unterworfen bin. Die, welche mich gefangen nahmen, mich mit Backenstreichen schlugen, mich mit den Schweinen essen ließen und an einen wüsten Ort schickten, reichten mir auch ganz herbe, in Honig getauchte Kräuter zur Speise ... Und sie verlachten mich darob und riefen: »Wo ist nun deine Ehre?« Weh, da schauerte ich ganz in mir zusammen, seufzte in tiefer Trauer und sprach zu mir: »Oh, wo bin ich? Weh, woher bin ich zu diesem Orte gekommen? Wen soll ich in dieser Gefangenschaft als Tröster suchen? Wie kann ich diese Ketten zerreißen? Welches Auge kann meine Wunden schauen? ... Denke ich aber an dich, Mutter Sion, in der ich doch eigentlich wohnen sollte, dann schaue ich so recht die bitterste Knechtschaft, der ich unterworfen bin. Und wenn ich mir die reiche Musik, die in dir erschallt, vor mein Gedächtnis rufe, dann merke ich meine Wunden ... So will ich in größtem Eifer die engen Wege suchen, auf denen ich meinen ganz schlimmen Genossen und meiner unglückseligen Gefangenschaft entrinnen kann.«

Und während ich also sprach, entkam ich auf schmalem Pfade, wo ich mich in einer kleinen, gegen Norden gelegenen Höhle bitter weinend verbarg … Unaufhörlich vergoß ich zahllose Tränen, so daß mein ganzer Schmerz und all die Striemen meiner Mißhandlungen von ihnen überströmt und naß wurden. Und siehe! lieblichster Wohlgeruch wurde mir wie linde Luft von meiner Mutter entgegengesandt und erfüllte meine Nase. Welche Seufzer und Tränen entrangen sich mir erst jetzt, da ich kleinen Trost mir beistehen fühlte! Mitten unter meinen vielen Tränen stieß ich solche Freudenschreie aus, daß selbst der Berg, in dessen Höhle ich mich verborgen hatte, davon erschüttert wurde.

Und ich rief: »Mutter, Mutter Sion! Was wird schließlich aus mir werden? Wo ist jetzt deine edle Tochter? Wie lange, wie lange mußte ich deine mütterliche Süße entbehren, ich, die du in vielen Wonnen liebkosend aufzogst?« Ich fühlte bei diesen Tränen solche Freuden, als erblickte ich meine Mutter.

Meine Feinde hörten jedoch mein Schreien und sprachen: »Wo ist die, welche wir nach unserem Belieben in unserer Gesellschaft festhielten und die bis jetzt in allem unseren Willen tat? Sieh, nun ruft sie die Himmelsbewohner an. Wir wollen alle unsere Kräfte aufbieten, sie mit solchem Eifer und solcher Sorgfalt bewachen, daß sie uns nicht entkommen kann …«

5. Nun verließ ich heimlich die Höhle, in der ich mich verborgen hatte, und wollte zur Höhe hinaufsteigen, wo mich meine Feinde nicht finden konnten. Aber sie warfen mir ein so stürmendes Meer entgegen, daß ich es nicht überschreiten konnte. Es fand sich allerdings eine Brücke, doch war sie so klein und eng, daß man auf ihr nicht gehen konnte. Am Ende des Meeres erschien ein Höhenzug von so

gewaltigen Bergen, daß ich fühlte, ich könne auch dorthin meinen Weg nicht nehmen.

Da rief ich: »Was soll ich Unglückliche jetzt tun? Ein kleines Weilchen fühlte ich die Süßigkeit meiner Mutter, und ich glaubte, sie wolle mich zu sich zurückführen. Aber o weh! wird sie mich auch jetzt wieder verlassen ...?«

Durch die Süßigkeit, die mir zuvor von meiner Mutter her entgegenkam, hatte ich noch so viel Stärke in mir, daß ich mich gegen Osten wenden konnte, und daß ich wieder auf ganz engen Wegen zu gehen versuchte. Sie waren von Dornen, den Spitzen von Dreschwagen und anderen derartigen Hindernissen so besetzt, daß ich meine Schritte kaum darauf heften konnte. Nur mit unendlicher Mühe kam ich schweißtriefend darüber hinweg, ermüdete dabei jedoch so, daß ich kaum atmen konnte. Endlich entrann ich auf den Gipfel des Berges, in dessen Höhle ich mich zuvor verborgen hatte.

6. Ich wollte nun zu einem Tale niedersteigen, sah aber darin Schlangen, Skorpionen, Drachen und ähnliches Gewürm mir zischend entgegenstürzen. Davon befiel mich Schrecken, und unter gewaltigem Geschrei rief ich: »Wo bist du, meine Mutter? Hätte ich nicht zuvor deine Süßigkeit gefühlt, so wäre mein Schmerz weit geringer. Soll ich nun wieder in die Gefangenschaft zurückfallen, in der ich so lange gelegen? Wo bleibt jetzt deine Hilfe?« Da hörte ich die Stimme der Mutter: »Eile, Tochter! Von dem mächtigsten Geschenkegeber, dem niemand widerstehen kann, sind dir Federn zum Fliegen gegeben worden. Überfliege also alle Widerstände!« Das tröstete und stärkte mich. Ich bekam Federn und überflog hurtig all das giftige, todbringende Gewürm.

Und ich kam zu einer kleinen Burg, die innen ganz aus

sehr starkem Stahle gemacht war. Ich ging hinein und beschäftigte mich mit Werken des Lichtes ... Während ich mich ihnen hingab, ergriffen meine Feinde ihre Köcher und schossen gegen meine Burg mit Pfeilen. Infolge des Eifers, mit dem ich meiner Arbeit oblag, bemerkte ich deren sinnloses Anstürmen nicht, bis sie die Türen der Burg mit Pfeilen gespickt hatten. Aber keiner der Pfeile verletzte die Pforte, und keiner konnte den Stahl der Burg durchdringen, und so blieb auch ich ohne Verletzung. Als meine Feinde dies bemerkten, bewerkstelligten sie eine gewaltige Wasserüberschwemmung ... Sie hatten jedoch keinen Erfolg. Ich verlachte sie ...

7. Und ich armes Wesen ... hörte wiederum eine Stimme aus dem Himmel mir zurufen: »Die selige und unaussprechliche Dreifaltigkeit hat sich der Welt geoffenbart, als der Vater den durch den Heiligen Geist empfangenen und von der Jungfrau geborenen Sohn in die Welt sandte. Die Menschen ... sollen durch ihn auf den Weg der Wahrheit zurückgeführt werden. Von der Umklammerung der Körperlast befreit, tragen sie gute und heilige Werke mit sich, und so werden sie die Freuden der himmlischen Erbschaft erlangen.«

Damit du, o Mensch, dies tiefer erfassest und klarer unterscheiden könntest, siehst du einen riesengroßen, ganz heiteren Glanz wie in zahllosen Augen aufflammen und bemerkst seine nach den vier Weltseiten hin gerichteten vier Ecken. Das sinnbildet die in ihren Geheimnissen große und in ihren Offenbarungen reine Weisheit Gottes, die in der größten Tiefe und Durchsichtigkeit erglänzt und die vier sehr scharfen Kanten in ihrer Festigkeit zu den vier Seiten der Welt hin ausstreckt, wo sie die, welche verworfen, und die, welche gesammelt werden, klar vorhersieht ... Es erscheint darin noch ein anderer Glanz, welcher der Morgenröte gleich die Helligkeit eines Purpurblitzes in sich schließt. Auch dies sinnbildet das Wissen Gottes, indem sich der Eingeborne des Vaters, der aus der Jungfrau Fleisch nahm, sein Blut im Glanze des Glaubens für das Heil der Menschen zu vergießen würdigte ...

8. Du siehst sodann auf der Erde Menschen Milch in Tongefäßen tragen und Käse daraus bereiten. Das sind die Männer und Frauen, die in ihrem Körper den menschlichen Samen tragen, aus dem das Geschlecht der verschiedenen Völker erschaffen wird. Ein Teil der Milch ist dick, und daraus wird kräftiger Käse, weil dieser Same in seiner Stärke nützlich ist, und gut gekocht und gemischt nützliche Menschen hervorbringt ...

9. Du schaust sodann eine Frau, die in ihrem Leibe eine vollkommene Menschengestalt trägt. Das bedeutet: Hat ein Weib menschlichen Samen empfangen, so wird das Kind mit seinen Gliedern vollständig in dem verborgenen Gezelte des weiblichen Leibes gebildet. Und sieh! durch die geheime Anordnung des himmlischen Schöpfers regt sich diese Gestalt voll Leben, weil sie ... zu der von Gott bestimmten Zeit Geist empfängt und durch die Bewegung ihres Körpers zeigt, daß sie jetzt Leben hat ... Das Herz des Menschen ist gleichsam das Fundament des Körpers und beherrscht ihn vollständig, so wie das Himmelsfirmament, was unter ihm ist, zusammenhält und für das, was oben ist, eine Decke bildet. Die Feuerkugel berührt ferner das Gehirn des Menschen, weil es mit seinen Kräften nicht nur Irdisches, sondern auch Himmlisches klug versteht, indem es Gott weise erkennt. Sie durchdringt schließlich alle Glieder des Menschen, weil sie dem Körper die Kraft des Markes, der Adern und aller Glieder verleiht, so wie der Baum allen

Zweigen Saft und Grün aus seinen Wurzeln zuteilt. – Dann tritt die also belebte Gestalt, den Bewegungen der Kugel in dem Menschenbildnis entsprechend, aus dem Mutterleibe hervor und ändert die Farbe. Das ist deshalb so, weil der Mensch, nachdem er im Mutterleibe den Lebensgeist empfangen hat und geboren worden ist, je nach den Taten, welche die Seele zusammen mit dem Körper wirkt, in seinen Betätigungen Bewegung zeigt. Daraus ergeben sich die Verdienste des Menschen. Tut er Gutes, dann hüllt er sich in Helligkeit, wenn Böses, dann in Dunkel ...

10. Der Mensch hat drei Wege in sich. Was heißt das? Die Seele, den Körper und die Sinne. Darin betätigt sich das Leben des Menschen. Wieso? Die Seele belebt den Körper und facht die Sinne an. Der Körper zieht dagegen die Seele in sich hinein und öffnet die Sinne. Diese schließlich berühren die Seele und üben ihre Reize auf den Körper aus. Die Seele gibt dem Körper das Leben, so wie das Feuer Licht in die Finsternis gießt. Die Seele hat zwei Hauptkräfte, gleichsam zwei Arme: den Intellekt und den Willen, doch nicht so, als bedürfte sie ihrer, um sich zu bewegen, sondern sie offenbart sich nur in diesen Kräften wie die Sonne in ihrem Glanze. Darum o Mensch, den das Gepäck des Markes nicht belastet, achte auf den Sinn der Heiligen Schrift!

Der Intellekt haftet an der Seele wie der Arm am Körper. Und wie der Arm, mit dem die Hand und die Finger verbunden sind, sich vom Körper wegstreckt, so geht auch der Intellekt sicherlich mit den Leistungen der Seelenkräfte, durch die er in alle Werke des Menschen Einsicht erhält, aus der Seele hervor. Er erkennt nämlich mehr als die übrigen Seelenkräfte, was an den Werken gut und schlecht ist, man bekommt durch ihn wie durch einen Lehrmeister Einsicht. Die Seele untersucht alles, so wie der Weizen von allem Unzugehörigem gesäubert wird. Sie erforscht, was zuträglich und wertlos, was liebwert und zu hassen ist, und was zum Leben und was zum Tode führt. Wie die Speise ohne Salz geschmacklos ist, so sind auch die übrigen Seelenkräfte ohne den Intellekt dumpf und können nichts prüfen. Er ist in der Seele wie die Schulter am Körper, wie das Mark im Gehirne und wie ein kräftiger Saft im Leibe. Wie in einer Armbiegung erkennt er die Gottheit und die Menschheit in Gott. Hat er in seiner Betätigung den rechten Glauben, dann ist der Intellekt wie eine Handbewegung, mit der er gleichsam mit Fingern die verschiedenen Werke unterscheidet. Er selbst aber arbeitet nicht wie die übrigen Seelenkräfte. Wieso?

11. Der Wille gibt dem Werke Wärme, die Seele nimmt es auf, die Vernunft führt es aus, und der Intellekt zeigt, ob es gut oder böse ist. Der Wille besitzt eine große Seelenkraft. Wieso? Die Seele steht im Herzensgrunde, wie der Mensch an einer Ecke seines Hauses, um es ganz zu überschauen, alle Werkzeuge des Hauses zu leiten und sich nach Osten kehrend mit erhobenem rechten Arme Zeichen zu geben, was man zum Wohle des Hauses erledigen soll. So macht er die Seele gegen Sonnenaufgang gewendet durch die Straßen des ganzen Körpers hin. Sie legt den Willen gleichsam als den rechten Arm auf den Grund der Adern und des Markes, um den ganzen Körper zu bewegen; denn der Wille tut alles, das Gute und das Böse.

Wie das Feuer im Ofen, so kocht der Wille jedes Werk. Das Brot wird gebacken, damit es die Menschen verzehren, davon Kraft bekommen und also leben können. So ist auch der Wille die Stärke des ganzen Werkes. Er zermahlt es in der Überlegung, gibt in seiner Stärke den Sauerteig hinein und zermürbt es in seiner Härte. So bereitet er das Werk in dessen Prüfung zu, kocht es in seiner Hitze und gibt auf diese

Weise dem Menschen eine kräftigere Nahrung als im Brote. Denn während die Speise manchmal im Menschen aufhört, währt das Werk des Willens bis zur Trennung von Leib und Seele fort. Ist auch das Wirken des Kindes, des jungen Menschen, dessen, der in der Vollkraft steht, und des vom Alter Niedergebeugten sehr verschieden, immer schreitet es im Willen einher und zeigt in ihm seine Vollendung.

Der Wille hat in der Brust des Menschen ein Gezelt, das Gemüt. Es wird vom Intellekte, vom Willen und jeder Seelenkraft in der diesen eigenen Stärke angehaucht, und sie alle erwärmen und verbinden sich in diesem Gezelte. Wieso? Regt sich das Zornvermögen oder wird es aufgeblasen, dann entsendet es in dieses Gezelt Rauch und vollbringt die Zornestat. Rührt sich die schmähliche Lust, dann wird der Brand der Wollust in dem ihm eigenen Stoffe entzündet, und auch der Mutwille erhebt sich damit, der zu dieser Sünde gehört; all dies vereinigt sich in diesem Gezelte. Es gibt jedoch auch eine andere, eine liebwerte Freude, die vom Heilige Geiste in diesem Gezelte entfacht wird. Die Seele nimmt sie voll Jubel und Glauben auf und vollbringt in himmlischer Sehnsucht ein gutes Werk. Es gibt auch eine Art Traurigkeit, die hier aus den Säften um die Galle Lähmung entstehen läßt. Sie erzeugt im Menschen Verstimmung, Verhärtung und Halsstarrigkeit und drückt die Seele nieder, wenn sie nicht durch die schnell herbeieilende Gnade Gottes herausgerissen wird. Weil in dieses Gezelt widrige Dinge hereinstürmen, so wird es oft durch Zorn und andere todbringende Ursachen erregt, welche die Seele morden und große Zerstörungen und Verderbnis anrichten.

12. Hat aber der Wille einen festen Entschluß, so setzt er die Werkzeuge seines Gezeltes in Bewegung und legt sie, ob sie nun gut oder schlecht sind, in der Gluthitze nieder. Gefal-

len dem Willen diese Werkzeuge, so kocht er hier seine Speise und legt sie dem Menschen zum Kosten vor. Und so steigt in diesem Zelte ein Riesenschwarm von Gutem und Bösem auf, als würde sich ein Heer an einem Orte versammeln. Und kommt der Fürst der Heerschar, so nimmt er sie an, wenn sie seinen Beifall findet, oder er läßt sie abziehen, wenn sie ihm mißfällt. So macht es auch der Wille. Wieso? Steht Gutes oder Böses im Herzen auf, dann vollendet es der Wille, oder er kümmert sich nicht darum.

Im Intellekte und im Willen zeigt sich die Vernunft als Klang der Seele. Sie vollendet Gottes- oder Menschenwerk. Der Klang hebt nämlich das Wort empor, wie der Wind den Adler aufhebt, so daß er fliegen kann. In gleicher Weise entsendet auch die Seele im Gehöre und Intellekte des Menschen den Ton der Vernunft, so daß seine Kräfte Einsicht gewinnen und daß jeglich Ding zu Ende geführt wird. Der Leib ist das Gezelt und die Hilfe für alle Seelenkräfte. Bleibt die Seele im Leibe, so wirkt sie Gutes oder Böses mit ihm und er mit ihr.

13. Die inneren Seelenkräfte haften sich an das Empfindungsvermögen. Dadurch erkennt man sie in den Früchten jeden Werkes. Es ist den Seelenkräften unterworfen, weil sie es zum Werke führen. Es legt ihnen nicht das Werk auf, denn es ist der Schatten der Seelenkräfte und ihr Antlitz, so wie es ihnen gefällt. Der äußere Mensch erwacht zuerst mit dem Empfindungsvermögen noch vor seiner Geburt im Mutterleibe, während die Seelenkräfte noch verborgen bleiben. Was bedeutet dies? Die Morgenröte kündet das Tageslicht an, und so meldet das Empfinden des Menschen alle Kräfte mit der Vernunft an ... Die Seele haucht das Empfinden aus. Wie? Sie belebt den Menschen mit einem ausdrucksvollen Antlitze, mit Gesicht, Gehör, Geschmack, Geruch und dem

Gefühle. Wird das Empfindungsvermögen im Menschen berührt, so wird es in allen Dingen wachsam. Das Empfinden ist das Zeichen für alle Seelenkräfte, so wie der Körper das Gefäß für die Seele ist ... Der Mensch wird in seinem Antlitze erkannt, sieht mit den Augen, hört mit den Ohren, öffnet den Mund zum Sprechen, tastet mit den Händen, geht mit den Füßen, deshalb sind die Sinne im Menschen wie Edelsteine und wie ein in einem Gefäße versiegelter, köstlicher Schatz. Wie man das Gefäß sieht und weiß, daß ein Schatz darin ist, so erkennt man auch im Empfindungsvermögen die übrigen Seelenkräfte.

Die Seele ist die Meisterin, das Fleisch die Magd. Wieso? Die Seele regiert durch Belebung den ganzen Körper, und er nimmt diese beherrschende Belebung in sich auf; denn würde die Seele den Leib nicht beleben, so würde er aufgelöst auseinanderfließen. Vollbringt der Mensch mit Wissen seiner Seele eine böse Tat, so ist dies für die Seele so bitter, wie das Gift für den Körper ... Dagegen empfindet die Seele über eine gute Tat Freude, so wie der Körper von einer angenehmen Speise Ergötzung fühlt. Die Seele gleitet so in den Leib hinein, wie der Saft in den Baum. Wieso? Durch den Saft grünt der Baum, treibt Blüten und reift Früchte, so auch der Körper durch die Seele. Und wann reift die Baumfrucht? Zur Sommerszeit. Und wie? Die Sonne erwärmt sie, der Regen spendet ihr Naß, und so wird sie durch nicht zu warme und nicht zu kalte Luft reif. Und was bedeutet dies? Die Erbarmung der Gnade Gottes beleuchtet wie eine Sonne den Menschen, der Anhauch des Heiligen Geistes übergießt ihn wie Regen, und das rechte Maß in allem führt ihn wie wohltemperierte Luft zur Vollendung guter Werke.

14. Die Seele ist im Körper wie der Saft im Baume, und ihre Kräfte sind wie das Lebensprinzip des Baumes. Wie?

Der Intellekt ist im Menschen wie das Grün der Zweige und Blätter des Baumes, der Wille wie die Blüten, das Gemüt wie der erste Fruchtansatz, die Vernunft wie die vollreife Frucht und das Empfindungsvermögen wie die Ausdehnung des Baumes ... Erkenne darum, o Mensch, was du in deiner Seele bist, der du deinen guten Intellekt abwirfst und dich den Tieren gleichsetzen willst! ...

15. Deshalb öffnet eure Augen und Ohren, geliebteste Söhne, und gehorchet meinen Geboten! Und warum verachtet ihr euren Vater, der euch vom Tode befreite? Die Engelschöre singen: »Gerecht bist du, o Herr!« Die Gerechtigkeit des Herrn hat kein Fehl; er hat auch den Menschen nicht durch seine Macht, sondern durch Mitleid befreit, als er seinen Sohn zur Erlösung des Menschen in die Welt sandte ... Du, o Mensch, schaust in betrachtendem Wissen das Gute und Böse. Und was bist du, wenn du dich in der Fülle fleischlicher Begierden beschmutzest? Und was bist du, wenn helleuchtende Edelsteine der Tugenden in dir erglänzen? ...

Die sechste Vision

16. Dann sah ich in der Höhe der himmlischen Geheimnisse zwei Scharen himmlischer Geister in vielem Glanze leuchten. Die in der ersten Schar hatten gleichsam Federn an ihrer Brust und Menschenantlitze, die wie reines Wasser erschienen. Auch die in der zweiten Schar hatten Federn an ihrer Brust und Menschenantlitze, in denen das Bild des Menschensohnes wie in einem Spiegel erglänzte. Ich konnte weder an diesen noch an jenen eine andere Form unterscheiden.

Diese Scharen umgaben fünf andere, wie in einem Kranze. Und die himmlischen Geister in der ersten der fünf

Scharen hatten Menschenantlitze und leuchteten von der Schulter abwärts in hellem Glanze. Die in der zweiten Schar konnte ich infolge ihres hellen Lichtes nicht ansehen; die in der dritten erschienen wie weißer Marmor und hatten Menschenhäupter, über denen brennende Fackeln zu sehen waren, und von der Schulter ab umgab sie eine eisenfarbene Wolke; die in der vierten Schar hatten Menschengesichte und Menschenfüße, auf ihren Häuptern trugen sie Helme, sie waren ebenfalls in marmorfarbene Gewänder gehüllt; die schließlich in der fünften ließen keine Menschenform erkennen, sie schimmerten rot wie die Morgenröte ...

Auch von diesen Scharen wurden zwei andere in Kranzform umgeben. Die Gestalten in der ersten Schar waren voll von Augen und Federn, in jedem der Augen erschien ein Spiegel und in diesem ein Menschenantlitz, ihre Federn spannten sie in die Höhe hinauf. Die in der zweiten Schar brannten wie Feuer, sie hatten zahllose Federn, in denen wie in einem Spiegel alle kirchlichen Einrichtungen abgebildet waren. Eine weitere Form konnte ich weder an diesen noch an jenen sehen. Und alle diese Scharen kündeten in den Tönen aller Musikinstrumente in herrlichen Stimmen die Wunderwerke, die Gott in den Seelen der Seligen schafft ... (Diese Scharen sind die Engelschöre.)

Vom zweiten Buch

Die zweite Vision

17. Dann schaute ich ein überaus hellglänzendes Licht und darin eine saphirfarbene Menschengestalt, die völlig im mildesten, glänzenden Feuer brannte. Und das glänzende Licht

durchgoß das ganze rötlich schimmernde Feuer und dies wieder jedes, und das Licht und Feuer die ganze Menschengestalt, so daß sie alle *ein* Licht in einer Kraft und Macht bildeten. Und wieder hörte ich das lebendige Licht zu mir sprechen:

»... Drei Kräfte sind im Steine, drei in der Flamme und drei im Worte. Wie? Im Steine ist die Kraft der Feuchtigkeit, er ist betastbar und hat Feuer in sich. Die Kraft der Feuchtigkeit ist in ihm, damit er sich nicht auflöst und vermindert; man kann ihn befühlen und greifen, damit er zur Wohnung und Verteidigung brauchbar ist; und schließlich ist die Feuerskraft in ihm, damit er sich erwärme und zu der ihm eigenen Härtigkeit verfestige. Die feuchte Kraft versinnbildet Gott Vater, dessen Stärke niemals vertrocknet und ein Ende findet; daß man den Stein ergreifen kann, weist auf den Sohn hin, der aus der Jungfrau geboren wurde und also berührt und erfaßt werden kann; und die Kraft des rotschimmernden Feuers bedeutet den Heiligen Geist, der die Herzen entzündet und erleuchtet ...

Die Flamme hat in einem Feuer drei Kräfte, wie auch *ein* Gott in drei Personen ist. Wieso? Die Flamme besteht in leuchtender Klarheit, in ihr innewohnender Kraft und in feuriger Gluthitze. Sie hat leuchtende Klarheit, um Licht zu geben, Kraft, um mächtig zu sein, und feurige Gluthitze, um zu brennen. Betrachte daher in der leuchtenden Klarheit den Vater, der in väterlicher Liebe seine Klarheit unter den Gläubigen ausbreitet; in der innewohnenden Kraft ..., den Sohn, der aus der Jungfrau einen Körper annahm, in dem die Gottheit ihre Wunder offenkundig machte; und in der Feuersglut sollst du den Heiligen Geist erkennen, der in den Gemütern der Gläubigen mit Milde brennt ...

Und schließlich sind auch im Worte drei Kräfte, so wie

man auch die Dreifaltigkeit in der Einheit der Gottheit erwägen muß. Wieso? Im Worte ist Klang, Kraft und Hauch. Es hat Klang, damit man es höre; Kraft, damit es verstanden werde, und Hauch, damit es zu seiner Fülle kommt ...

Die sechste Vision

18. Hierauf sah ich dies: Der Sohn Gottes hing am Kreuze, und da schritt die weibliche Gestalt (die Kirche) wie ein leuchtender Glanz näher herzu und wurde durch göttliche Macht zum Sohne Gottes hingeführt. Sie wurde von dem Blute, das aus seiner Seite floß und sich in die Höhe hob, übergossen, und ward mit Christus durch den Willen des himmlischen Vaters in glückseliger Verlobung verbunden und bekam in dessen Fleisch und Blut ein hochedles Brautgeschenk. Und ich hörte vom Himmel her ihm eine Stimme zurufen: »Sohn, das sei deine Braut, damit soll mein Volk, dessen Mutter sie sein soll, wiederhergestellt werden, indem sie die Seelen durch die Erlösung im Geist und Wasser wiedergebiert.«

Und während diese Gestalt in ihren Kräften Fortschritte machte, sah ich eine Art Altar, zu dem sie häufig herzutrat, dort ihre Mitgift fromm betrachtete und sie dem himmlischen Vater und den Engeln demütig zeigte.

Als ein Priester in den heiligen Gewändern sich dem Altare näherte, um das göttliche Sakrament zu feiern, sah ich plötzlich ein sehr helles Licht mit Engeln vom Himmel kommen. Es umglänzte so lange den Altar, bis der Priester die Feier des Sakramentes vollendet hatte und ihn verließ. Als dort das Evangelium des Friedens verlesen und die zu konsekrierende Opfergabe auf den Altar gestellt worden war und der Priester das Lob des allmächtigen Gottes im: »Heilig, heilig, heilig ist der Herr Gott Zebaoth« sang und damit die Geheimnisse des unaussprechlichen Sakramentes begann, stieg sofort vom offenen Himmel unermeßliche Klarheit über die Opfergabe hernieder, durchgoß sie völlig mit ihrer Helligkeit, so wie das Sonnenlicht ein Ding, das es mit seinen Strahlen durchbohrt, erleuchtet. Und während das Licht die Opfergabe so bestrahlte, hob es diese unsichtbar zu den Geheimnissen des Himmels empor und ließ sie sich wieder auf den Altar herniedersenken. Wie wenn der Mensch seinen Atem einzieht und wieder ausstößt, so geschah es mit dem wahren Fleische und Blute, das freilich ganz wie Brot und Wein aussah.

Während ich dies anschaute, erschienen mir sogleich die Zeichen der Geburt, des Leidens, des Begräbnisses, der Auferstehung und der Himmelfahrt unseres Erlösers, des eingeborenen Gottes, wie in einem Spiegel ... Als der Priester den Gesang von dem unschuldigen Lamme, das ist: »Lamm Gottes, das die Sünden der Welt trägt«, anstimmte und sich anschickte, die heilige Kommunion zu empfangen, zog sich der Feuerglanz zum Himmel zurück, der sich verschloß. Jetzt hörte ich aus ihm eine Stimme erschallen: »Esset und trinket den Leib und das Blut meines Sohnes, um die Übertretung der Eva zu tilgen, damit ihr wieder in die richtige Erbschaft eingesetzt werdet!«

Während nun die Menschen zum Empfange des Sakramentes sich dem Priester näherten, konnte ich fünf verschiedene Gruppen unter ihnen beobachten. Die ersten hatten leuchtende Körper und feurige Seelen, die zweiten hatten einen blassen Körper und eine dunkle Seele, die dritten schienen behaart, und ihre Seele starrte von Schmutz, sie waren von unreiner menschlicher Befleckung übergossen, wieder andere hatten einen dornumzäunten Körper und eine aussätzige Seele, und schließlich erschienen auch solche mit blutüberlaufenem Leibe, während ihre Seele wie eine faulende Leiche stinkend erschien. Sie empfingen dasselbe Sakrament, aber die einen wurden dabei von Feuerglanz durchgossen, während die anderen wie von einer dunklen Wolke umschattet wurden. Als nach der Beendigung der Feier des Sakramentes der Priester den Altar verließ, wurde das helle Licht, das vom Himmel kommend den ganzen Altar umglänzt hatte, wiederum zu den himmlischen Geheimnissen in die Höhe gezogen. Und wiederum hörte ich eine Stimme, die von den Himmelshöhen herab zu mir sprach.

»Da Christus Jesus, der wahre Sohn Gottes, am Holze des Leidens hing, wurde ihm die Kirche im Geheimnisse der himmlischen Mysterien verbunden und ward mit seinem purpurfarbenen Blute begabt. Das zeigt sie dadurch, daß sie oft zum Altare herzutritt und ihr Brautgeschenk verlangt ...

Steigt der Priester in seinen heiligen Gewändern zur Feier des göttlichen Sakraments zum Altare empor, dann siehst du alsogleich eine große Helligkeit mit Engelsgefolge vom Himmel kommen und den ganzen Altar umglänzen. Denn wenn sich der Seelenanwalt mit heiligem Gürtel umwunden hat und zur Opferung des unschuldigen Lammes sich dem lebenspendenden Tische naht, dann vertreibt sofort große Helligkeit der himmlischen Erbschaft das dichte Dunkel, es erglänzt mit der Herabsendung der himmlischen Geister aus dem Himmelsgeheimnisse und bestrahlt allum die friedenstiftende Heiligung ...«

Vom dritten Buch

Die dreizehnte Vision

19. Dann sah ich wieder überaus hellglänzende Luft, in der ich von all den geschilderten Sinnbildern aus wundersam verschiedenartige Musik hörte. Sie erscholl in den Freudenliedern der himmlischen Bürger, die auf dem Wege der Wahrheit tapfer aushielten, und in den Klagen der von dem Tode Auferweckten – diese Klage werden ihrerseits zu diese Freude preisenden Liedern –, und in dem Ermunterungsrufe der Tugenden, die sich gegenseitig zum Heile der Völker auffordern. Die teuflischen Nachstellungen kämpfen zwar gegen die Tugenden, aber diese unterdrücken sie, so daß die Gläubigen endlich durch die Buße von den Sünden zum Himmlischen übergehen. Und dieser Schall, der wie der Gesang einer großen Menge in den Preisliedern in Harmonie zusammenklang, kündete:

»Hellglänzender Edelstein, herrliche Sonnenzier ist dir eingegossen, du bist ein dem Herzen des Vaters entspringender Quell, der dessen einziges Wort ist, womit er den Urstoff der Welt schuf, den Eva trübte. Dies Wort erschuf in dir den Menschen, und du bist jener glänzende Edelstein, aus dem das Wort selbst alle Tugenden herausführte, so wie sie im Urstoffe alle Geschöpfe hervorbrachte. Du anmutigstes Reis, das vom Stamme Jesse sproßt, was ist es doch für eine große Tat, daß die Gottheit die wunderschönste Tochter anblickte, so wie der Adler sein Auge an die Sonne heftet! So war es, als der himmlische Vater sein Augenmerk auf die Reinheit der Jungfrau richtete, und als er wollte, daß sein Wort in ihr Fleisch annehme.« Denn im geheimnisvollen Mysterium Gottes ward der Sinn der Jungfrau erleuchtet, und auf wundersame Weise ging die reine Blüte aus der Jungfrau hervor.

Und wiederum erscholl die Stimme: »Ruhmreichstes lebendiges Licht! Ihr Engel, die ihr in der Gottheit die göttlichen Augen in dem mystischen Dunkel jeglicher Kreatur anschaut und dabei voll glühender Sehnsucht seid, so daß ihr nie davon gesättigt werden könnt! Welch herrliche Freuden habt ihr in eurer Gestalt, die nie durch böse Tat berührt wurde, die sich zuerst in eurem Genossen, dem verlornen Engel, zeigte, der über die in der Gottheit verborgene Zinne hinwegfliegen wollte ... Euch, ihr Engel, die ihr die Völker behütet, deren Bild in eurem Antlitze widergespiegelt wird, euch, ihr Erzengel, die ihr die Seelen der Gerechten (beim Hinscheiden) aufnehmt, und euch, ihr Mächte, Kräfte, Fürsten, Herrschaften und Throne, die ihr der fünften geheimnisvollen Zahl zugeteilt seid, und euch, ihr Cherubim und Seraphim, Siegel der Geheimnisse Gottes, sei Lobpreis, die ihr das Plätzchen des alten Herzens im Urquell schaut! Ihr seht ja die innerste Kraft des Vaters, die er wie ein Antlitz aushaucht.«

Und weiter hörte ich: »Ihr herrlichen Männer! Ihr seid durch das Verborgene gedrungen, da ihr es durch die Augen des Geistes sahet und in lichtvollem Schatten das lebende Licht, das sich am Reise verdoppelt, verkündigt habt! Dies Reis blühte einzig vom Eintritte des sich einwurzelnden Lichtes auf. Ihr alten Heiligen habt vorhergesagt die Erlösung der verbannten Seelen, die dem Tode verfallen waren. Wie Räder kreistet ihr, da ihr wunderbar von den Mysterien des Berges spracht, der den Himmel berührt, und viele Wasser, die er berührt, salbtet. Unter euch erhob sich die strahlende Leuchte, die dem Berge vorauseilt und ihn erhellt. Ihr glückseligen Wurzeln, mit denen das Werk der Wunder und nicht das der Verbrechen durch den reißenden Weg des durchsichtigen Schattens gepflanzt wurde! Du stets wiederholende, feurige Stimme, die du vorauseilst dem glättenden Steine, der den Abgrund umstürzt! Freut euch in eurem Haupte! Freut euch in dem, den viele auf Erden nicht sahen, die ihn glühend anriefen.«

Und die Stimme sprach: »Du Kriegsschar der Blume am dornenlosen Reise, du Schall des Erdkreises, der du umziehest die Gebiete der unsinnigen Sinne derer, die mit den Schweinen essen, die du überwunden hast mit dem eingegossenen Helfer, der in den Gezelten des vollkommenen Werkes des Wortes vom Vater wurzelt; du bist auch das edle Volk des Erlösers und betrittst den Weg der Wiedergeburt im Wasser durch das Lamm, das dich in das Schwert unter wütende Hunde sandte, die ihren Ruhm mit den Taten ihrer Finger zernichteten, indem sie den nicht mit Händen Geformten ihren Händen zu unterwerfen suchten, wobei sie ihn nicht fanden. Denn du, helleuchtendste Apostelschar, erhobst dich in wahrer Erkenntnis und sprengtest das Schloß teuflischen Meistertums, indem du die Gefangenen im Quell des lebendiges Wassers abwuschest. Du bist das klarste Licht in den schwärzesten Finsternissen und die stärksten Säulen, welche die Braut des Lammes tragen ..., durch dessen Freude die Mutter selbst und die erste Jungfrau Bannerträgerin ist.«

20. Und weiter die Stimme: »Ihr sieghaften Triumphatoren, die ihr in der Vergießung eures Blutes die Erbauung der Kirche begrüßtet und eure Füße in das Blut des Lammes setztet und mit dem Hingemordeten speistet! Welch großen Lohn habt ihr nun, weil ihr in eurem Leben eure Körper verachtet und das Lamm Gottes nachgeahmt habt, indem ihr dessen Bußwerk schmücktet, wofür es euch in die wiederhergestell-

te Erbschaft einführte. Ihr Rosenblüten seid glücklich in der Vergießung eures Blutes in den allerhöchsten Wonnen ...«

Und wieder kündete die Stimme: »Ihr Nachfolger des tapfersten Löwen, ihr herrschet in seinem Dienste zwischen Tempel und Altar, wo die Stimmen der Engel in Lobpreis erschallen und den Völkern helfend zugegen sind, ihr seid unter denen, die immer im eifervollen Dienste des Lammes ihres Amtes walten. Ihr Nachahmer des Erhabenen in dem kostbarsten und ruhmreichsten Symbole, wie herrlich ist euer Schmuck! Da löst und bindet der Mensch in Gott die Lässigen und Verbannten, ziert die Weißschimmernden und Schwarzen und läßt große Lasten nach. Euer Amt ist Engelsdienst, und ihr wißt, wo die starken Grundlagen zu legen sind. Daher habt ihr auch eure große Ehre!«

Und weiter: »Ihr wunderschönen Antlitze, die ihr Gott anschaut und euch in Morgenröte erhebt! Ihr seligen Jungfrauen, wie edel seid ihr! In euch betrachtete sich der König, da er euch mit aller Himmelszier schmückte, und so seid ihr der anmutigste Garten und duftet in allen Wohlgerüchen. Edelstes Grün, das in der Sonne wurzelt und in blendender Helligkeit strahlt, in einem Rade, das auch das ausgezeichnetste irdische Ding nicht zu umfassen vermag, du bist umfangen von den göttlichen Mysterien. Du glänzest rot wie die Morgenröte und brennst wie die Sonnenflamme.«

Und jetzt klagte die Stimme ...: »Das ist der Jammerruf des größten Schmerzes! Weh! weh! Ein wunderbarer Sieg erhob sich in wundersamer Sehnsucht nach Gott. Davor muß sich die Fleischeslust verbergen. Weh! weh! Weshalb kommen so wenige zu dir, wo der Wille keine Sünden kennt, wo das Begehren des Menschen die Unzucht flieht? Traure, traure in diesen, o Unschuld, die du in guter Scham die Unversehrtheit nicht verloren hast, und die du die Habgier des

Schlundes der alten Schlange nicht verschlungen hast! Wie lässig erwarten dich die Menschen! Lebensquell, wie groß ist deine Süße ... Aber freue dich, Tochter Sion, weil dir Gott so viele zurückgab, welche die Schlange dir entreißen wollte; diese erglänzen jetzt in herrlicherem Lichte, als vordem ihre Schuld war. Das lebendige Licht sagt von diesen: Der sich krümmenden Schlange ward ich in ihrer Verführung zum Anstoße, denn sie konnte sich nicht so anfüllen, wie sie wähnte. Und deshalb schwor ich bei mir selbst: Darin will ich mehr und mehr für sie tun. Schlange, deine Freude ist dahin, weil ich dich in deiner Verführung beschnitten habe. Das hast du dir in deiner Grausamkeit nie einfallen lassen, schändlichster Trüger.«

21. Und jetzt rief jene Stimme, als ermunterte eine große Menge den Menschen zu helfen und den Teufelskünsten Widerstand zu leisten. Die Tugenden überwanden die Laster, und die Menschen kehrten durch göttliche Eingebung zur Buße zurück. Und so erklang die Stimme in Harmonie: Wir Tugenden sind in Gott und bleiben in ihm. Wir leisten dem Könige der Könige Waffendienst und sondern das Gute vom Bösen. Wir stellten uns im ersten Kampfe und blieben Sieger. Jener stürzte, der über sich selbst hinaus fliegen wollte. Deshalb kämpfen wir und helfen denen, die uns anrufen, und zertreten die Teufelskünste. Wer uns nacheifern will, den führen wir zu den seligen Wohnungen.

22. *Die Patriarchen und Propheten:* Wer sind jene, die wie die Wolken fliegen und wie die Tauben zu ihren Fenstern?

Die Tugenden: Oh, ihr altehrwürdigen Heiligen, was bestaunt ihr so in uns? Das Wort Gottes erstrahlt im Menschen, und deshalb glänzen wir mit ihm, indem wir die Glieder seines herrlichen Körpers erbauen. Wir sind die

Wurzeln, und ihr seid die Zweige; ihr die Früchte des lebendigen Auges, und wir waren der Schatten in ihm.

Klagen der Seelen, die im Fleische weilen: Wir sind Pilger in der Fremde.

Was taten wir, da wir uns auf den Abweg der Sünde begaben?

Königstöchter sollten wir sein, doch wir stürzten in das Dunkel der Sünden. Lebendige Sonne, trage uns auf deinen Schultern zur Herrschaft vollendeter Gerechtigkeit, die wir in Adam verloren haben!

König der Könige, wir stehen in deinem Kampfe.

Die glückliche Seele: Süße Gottheit, süßes Leben, in dem ich das herrliche Kleid tragen und erhalten möchte, das ich beim ersten Erscheinen verloren habe, zu dir seufze ich und rufe alle Tugenden an.

Die Tugenden: Glückliche Seele, süßes Gottesgeschöpf! Du bist aufgebaut auf die tiefgründige Höhe der Weisheit Gottes; du hast eine große Liebe.

Die glückliche Seele: Gerne käme ich zu euch, damit ihr mir den Herzenskuß gebet.

Die Tugenden: Wir müssen an deiner Seite, Königstochter, kämpfen.

Die beschwerte Seele klagt: O schwere Arbeit und hartes Gewicht, das ich im Kleide dieses Lebens tragen muß! Es fällt mir allzu schwer, gegen das Fleisch zu streiten.

Die Tugenden zu dieser Seele: Seele, die du auf den Willen Gottes gegründet bist, und du glückliches Werkzeug! Warum bist du so schwach gegen das, was Gott in der jungfräulichen Natur zernichtet hat?

Durch uns mußt du den Teufel überwinden.

Diese Seele: Eilet mir zu Hilfe, damit ich stehen bleiben kann!

Das Wissen Gottes zu dieser Seele: Schau, Tochter der Erlösung, was das ist, womit du bekleidest bist! Sei standhaft, und du wirst niemals fallen!

Die unglückliche Seele: Oh, ich weiß nicht, was tun, wohin fliehen!

Weh mir, ich kann nicht zu Ende führen, was meinem Kleide entspricht!

Ja, ich will es abwerfen!

Die Tugenden: Unseliges Gewissen, unglückliche Seele! Weshalb verbirgst du dein Antlitz vor deinem Schöpfer?

Das Wissen Gottes: Du weißt, siehst und kennst nicht den, der dich erschaffen hat.

Die Seele: Gott schuf die Welt, ich tue ihr kein Unrecht, ich will mich nur ihrer bedienen.

Zischen des Teufels gegen diese Seele: Törin, Törin! Was nützt dir dein Mühen? Schau die Welt an, und sie wird dich mit großer Ehre umfangen!

Die Tugenden: Oh, das ist die klagende Stimme, voll tiefsten Schmerzes! Ach! es erhob sich ein wundervoller Sieg in wundersamem Sehnen zu Gott. Die Fleischeslust hat sich in diesem Sieg verborgen. Weh, weh, wo weiß der Wille nichts von Lastern, und wo flieht das Begehren des Menschen die Unzucht? Schau, o Unschuld, schau darauf, daß du in deiner guten Scham die Unversehrtheit noch nicht verloren hast, und daß du die Habgier des alten Teufelschlundes noch nicht verschlungen hast!

Der Teufel: Was soll für eine Macht darin liegen, daß es nichts gibt außer dem Herrn? Ich aber sage: Wer mich will und meinem Willen Folge leistet, dem werde ich alles geben. Du aber hast deinen Anhängern nichts zu geben, weil ihr alle nicht wißt, was ihr seid.

Die Demut: Ich weiß mit meinen Genossinnen sehr gut,

daß du jener alte Drache bist, der über das Höchste fliegen wollte. Aber Gott hat dich in den Abgrund gestürzt.

Die Tugenden: Wir aber wohnen alle in der Höhe.

Die Demut: Ich, die Demut, die Königin der Tugenden, sage: Kommet zu mir, ihr Tugenden, und ich will euch großziehen, so daß ihr die verlorne Drachme suchen und die Glückliche in ihrer Ausdauer krönen könnt.

Die Tugenden: Glorreiche Königin und süßeste Mittlerin, wir kommen gerne!

Die Demut: Darum, geliebteste Töchter, halte ich euch im königlichen Brautgemache.

Die Liebe: Ich bin die Liebe, eine anmutige Blume. Kommet zu mir, ihr Tugenden, ich führe euch in das helle Licht des blühenden Reises.

Die Tugenden: In brennendem Eifer eilen wir zu dir, geliebteste Blume.

Die Furcht Gottes: Ich bin die Furcht Gottes, ich bereite euch, überselige Töchter, vor, daß ihr den lebendigen Gott anschauen könnt und nicht zugrunde geht.

Die Tugenden: Furcht, du bist uns sehr nützlich. Vollkommener Eifer kann sich nämlich nie von dir trennen.

Der Teufel: Sieh! Sieh! Wer ist diese starke Furcht?
Und wer ist die so große Liebe?
Wo ist der Streiter?
Und wo ist der Vergelter?
Ihr wißt nicht, was ihr verehrt!

Die Tugenden: Dich hat der höchste Richter in Schreck versetzt, da du, von Stolz aufgebläht, in der Hölle gebissen wurdest.

Der Gehorsam: Ich bin der helleuchtende Gehorsam, kommet zu mir, ihr wunderschönen Töchter, und ich will euch in das Vaterland zum Kusse des Königs führen.

Die Tugenden: Süßester Rufer, es geziemt uns, mit großem Eifer zu dir zu kommen.

Der Glaube: Ich bin der Glaube, der Spiegel des Lebens; kommet zu mir, verehrungswürdige Töchter, und ich zeige euch den Springquell!

Die Tugenden: Du mit klaren Spiegeln Geschmückter, wir haben das feste Vertrauen, durch dich zum wahren Quell zu kommen.

Die Hoffnung: Ich bin die süße Schauerin des lebenden Auges. Mich täuscht die trügerische Erschlaffung nicht, deshalb könnt ihr Finsternisse mich nicht verdunkeln.

Die Tugenden: Du Leben, du süße Trösterin, du besiegst den mordenden Tod, und mit sehendem Auge öffnest du das Himmelsschloß.

Die Keuschheit: Jungfräulichkeit, du stehst im Brautgemache des Königs! Wie süß entbrennst du in den Umarmungen des Königs, während dich die Sonne umglänzt, so daß deine edle Blume niemals abfällt. Dich Vornehme wird nie ein Schatten beim Verwelken der Blume treffen.

Die Tugenden: Die Blume des Feldes fällt im Winde ab, der Regen zerstreut sie. Doch du, Jungfräulichkeit, währst immer in den Symphonien der Himmelsbürger, und so bist du die süße Blume, die niemals welkt.

Die Unschuld: Fliehet die Unreinheit des Teufels!

Die Tugenden: Mit deiner Hilfe werden wir sie fliehen.

Die Verachtung der Welt: Ich bin die Verachtung der Welt, der Glanz des Lebens. O unselige Erdenwanderung, ich entlasse dich in vielen Mühen. Tugenden, kommet zu mir, und dann werden wir zum Lebensquell emporsteigen.

Die Tugenden: Ruhmreiche Herrin! Immer kämpfst du die Schlachten Christi. Große Tugend, die du die Erde mit Füßen trittst! Darum wohnst du auch siegreich im Himmel.

Die himmlische Liebe: Ich bin die goldene Pforte, mein Platz ist am Himmel. Wer durch mich schreitet, wird nie den bitteren Leichtsinn in seinem Geiste kosten.

Die Tugenden: Königstochter! Immer verweilst du in Umarmungen, welche die Welt flieht. Wie süß ist deine Liebe im höchsten Gotte!

Die Keuschheit: Ich bin die Liebhaberin einfacher Sitten, die schmähliche Werke nicht kennen; immer schaue ich auf den König der Könige und umarme ihn in der allerhöchsten Ehre.

Die Tugenden: Du Engelsgenossin, du bist bei der königlichen Hochzeit herrlich geschmückt.

Die züchtige Scheu: Alle Teufelsunreinheit verfinstere, verscheuche und zertrete ich.

Die Tugenden: Du bist bei der Erbauung des himmlischen Jerusalem und blühst in weißen Lilien.

Das Mitleid: Wie bitter ist jene Hartherzigkeit, der es nicht in den Sinn kommt, erbarmungsvoll dem Schmerze zu Hilfe zu eilen. Ich aber will allen Leidenden meine Hand hinstrecken.

Die Tugenden: Du lobwürdige Mutter fremder Pilger, du richtest sie immer auf und salbst die Armen und Schwachen.

Der Sieg: Ich bin der Sieg! Ein hurtiger und starker Kämpe bin ich, ich streite mit dem Kieselsteine (David) und zertrete die alte Schlange.

Die Tugenden: Süßester Streiter, der im Gießbach den reißenden Wolf verschlang. Glorreich Gekrönter, wir kämpfen gerne an deiner Seite gegen diesen Betrüger.

Die Diskretion: Ich bin die Diskretion. Ich bin das Licht und verteile alles richtig unter den Geschöpfen, so wie Gott seine verschiedenen Entscheidungen trifft, was Adam durch seine leichtsinnigen Sitten von sich wies.

Die Tugenden: Schönste Mutter, wie süß, wie milde bist du, weil niemand in dir zuschanden wird.

Die Geduld: Ich bin die Säule, die von nichts erweicht wird, weil meine Grundlage in Gott ist.

Die Tugenden: Fest stehst du in der Felsenhöhle, und du bist eine ruhmreiche Streiterin, weil du alles erträgst.

Die Demut: Töchter Israels! Unter einem Baume erweckte euch Gott, deshalb erinnert euch jetzt seiner Pflanzung! Freut euch, Töchter Sions!

Die Tugenden: Weh, weh! Wir Tugenden klagen und trauern, weil ein Schäflein des Herrn das Leben flieht.

Klage der bußfertigen und die Tugenden anrufenden Seele: Ihr königlichen Tugenden! Wie herrlich seid ihr, und wie glänzt ihr in der höchsten Sonne! Wie süß ist eure Wohnung! Darum weh mir, die ich von euch floh!

Die Tugenden: Komm, Flüchtling, komme zu uns, Gott wird dich aufnehmen!

Diese Seele: Ach, ach, verbrennende Süßigkeit verschlang mich in meinen Sünden, und so wagte ich nicht einzutreten.

Die Tugenden: Fürchte dich nicht und fliehe nicht! Der gute Hirte sucht in dir sein verlorenes Schäflein.

Diese Seele: Nun müßt ihr mich aufnehmen! Übel riechen meine Wunden, mit denen mich die alte Schlange verpestet hat.

Die Tugenden: Eile zu uns und folge jenen Spuren, niemals wirst du in unserer Gesellschaft fallen, und Gott wird dich heilen.

Die bußfertige Seele an die Tugenden: Ich Sünderin, die ich das Leben floh und voll Geschwüren bin, will zu euch kommen, damit ihr mir den Schild der Erlösung darreicht. Du Königin der ganzen Kriegsschar, mit deinen leuchtenden Lilien und der Purpurrose, neigt euch zu mir, weil ich ferne von euch in der Verbannung weilte, und helft mir, damit ich mich im Blute des Sohnes Gottes aufrichten kann.

Die Tugenden: Flüchtige Seele, sei stark und hülle dich in die Waffen des Lichtes!

Die Seele: Demut, du wahre Arznei, hilf mir, weil mich der Stolz in vielen Lastern brach und mir viele Striemen schlug. Jetzt fliehe ich zu dir. Nimm mich also auf!

Die Demut: Alle Tugenden, nehmt die trauernde Sünderin um der Wunden Christi willen in ihren Striemen auf und führet sie zu mir!

Die Tugenden: Wir wollen dich zurückführen und nicht verlassen; das ganze Himmelsheer freut sich über dich, und darum wollen wir eine Symphonie erklingen lassen.

Die Demut: Unglückselige Tochter, ich will dich umfangen, weil der große Arzt harte und bittere Wunden deinetwillen erlitten hat.

Die Tugenden: Lebensquell, wie groß ist deine Süße! Du hast das Angesicht solcher Sünder nicht aus dem Auge verloren, sondern scharfsichtig Vorsorge getroffen, sie von dem Falle der Engel loszulösen ... Darum freue dich, Tochter Sion, weil Gott dir viele zurückgab, welche die Schlange dir entreißen wollte. Diese erstrahlen nun in hellerem Lichte, als vordem ihre Schuld war.

Der Teufel: Wer bist du, oder woher kommst du? Du hast mich umarmt, und ich habe dich ins Weite geführt. Aber nun beschämst du mich in deiner Rückkehr, dafür werde ich dich in (neuem) Kampfe niederschmettern.

Die bußfertige Seele: Ich erkannte, daß alle meine Wege böse seien, und darum bin ich von dir geflohen; jetzt aber, Spötter, kämpfe ich gegen dich.

Diese Seele: Darum, Königin Demut, stehe mir mit deinem Heilmittel bei.

Die Demut zum Siege: Sieg, der du jenen im Himmel überwältigt hast, eile mit deinen Kriegern herzu und bindet den Teufel!

Der Sieg zu den Tugenden: Ihr tapferen und ruhmbedeckten Streiter, eilet herbei und helft mir den Betrüger besiegen! ...

Die Demut: Fesselt ihn also, ihr herrlichen Tugenden!

Die Tugenden: Dir, unserer Königin, wollen wir gehorchen und in allem deine Befehle vollziehen.

Der Sieg: Freut euch, Genossinnen, die alte Schlange ist gebunden!

Die Tugenden: Preis dir, Christus, König der Engel!

Die Keuschheit: Im Geiste des Allerhöchsten habe ich, du Satan, dein Haupt zertreten und in der Gestalt der Jungfrau das süße Wunder gewirkt, als der Sohn Gottes in die Welt kam. Dadurch wurdest du von all deinem Raube herabgeschmettert. Und nun freut euch alle, die ihr den Himmel bewohnt; denn dein Leib ist zuschanden geworden.

Der Teufel: Du weißt nicht, was du verehrst, weil dein Bauch leer ist. Die schöne Gestalt ward vom Manne genommen. Warum übertrittst du das Gebot, das Gott in der süßen Verbindung gegeben hat? Darum weißt du nicht, was du bist.

Die Keuschheit: Wie sollte mich das berühren können, da deine Einflüsterung mit Blutschande befleckt ist? *Einen* Mann brachte ich hervor, der durch seine Geburt das Menschengeschlecht gegen dich sammelt.

Die Tugenden: Gott, wer bist du, der du in dir den großen Ratschluß getragen hast? Du hast damit in den öffentlichen und geheimen Sündern den Höllentrank zerstört.

Nun leuchten sie in himmlischer Güte. Darum Preis dir, o König!

Allmächtiger Vater! Aus dir floß in feuriger Liebe der Quell. Führe die Deinen auf den Gewässern in guten Segelwind, so daß auch wir sie in das himmlische Jerusalem geleiten können!

(Der Sohn Gottes?) Am Anfange grünten alle Geschöpfe, in der Mitte blühten die Blumen; dann fiel das Grün herab. Dies sah der Mann, der Kämpfer, und sprach: »Ich weiß die Zeit, aber die goldene Zahl ist noch nicht voll. Schaue also du, Vaterspiegel, hernieder! Mein Körper leidet unter Müdigkeit, und meine Kleinen verlieren ihre Kraft. Jetzt denke daran, daß die Fülle, die am Anfange erschaffen worden war, niemals hätte verwelken sollen. Und dann war es also bei dir, daß dein Auge niemals wich, bis du meinen Körper voll von Edelsteinen sahest. Es quält mich, daß alle meine Glieder verspottet werden. Vater, schau, ich zeige dir alle meine Wunden! Beuget nun, alle Menschen, eure Knie vor dem Vater, damit er euch seine Hand darreiche!

23. Diese Stimmen ertönten, als würde eine ganze Menge ihre Stimme laut erheben. Diese Klänge durchdrangen mich so, daß ich sie mühelos verstehen konnte. Und wiederum vernahm ich den Ruf aus der helleuchtenden Luft, der zu mir sprach: Der Schöpfer in der Höhe ist mit Herz und Mund unablässig zu preisen, weil er nicht nur die Stehenden und Aufrechten, sondern auch die Fallenden und Niedergebeugten gnadenvoll in die Himmelssitze einweist. Deshalb siehst du, o Mensch, die helleuchtende Luft, welche den Glanz der Freude der Himmelsbewohner darstellt.

Ich höre in dieser Luft in allen den geschilderten Sinnbildern alle Arten der Musik in den Lobpreisungen der Himmelsbürger über ihre Wonnen wundervoll ertönen. Tapfer haben sie auf dem Wege der Wahrheit ausgehalten ...

Dieser Gesang erschallt, wie die Stimme einer Menge in Lobpreisungen von den Himmelshöhen herab ertönt, und klingt in Harmonie zusammen, weil die Symphonie in Einmütigkeit und Einhelligkeit den Ruhm und die Ehre der Himmelsbürger fortwährend wiederholt, so daß diese Symphonie himmelan erschallen läßt, was das Wort eröffnet.

So stellt das Wort den Körper und die Symphonie den Geist dar. Die Himmelsharmonie verkündet die Gottheit und das Wort die Gottheit des Sohnes Gottes.

Und wie die Macht Gottes allüberall hinfliegt und alles umkreist und ihr nichts zu widerstehen vermag, so weiß auch die Vernunft des Menschen in lebensvollen Stimmen machtvoll zu ertönen und symphonisch schlaffe Seelen zur Wachsamkeit zu erwecken. Das zeigt auch David im Zusammenklange seiner Prophezeiungen und Jeremias in seinen Klageliedern.

So hörst auch du, o Mensch, in deiner armseligen, schwachen Natur in der Symphonie den Klang von dem brennenden Feuer der jungfräulichen Scham bei den Umarmungen der Worte des blühenden Reises ...

Du vernimmst auch den Schall tiefsinniger Prophezeiungen, den Schall von den wunderbaren Worten des sich ausbreitenden Apostolates, den Klang von der Vergießung des Blutes der sich gläubig Hinopfernden, den Klang vom geheimnisreichen priesterlichen Walten und den Klang der Jungfrauen, die in himmlischem Grün erblühen. Denn das gläubige Geschöpf preist in jubelnder, freudvoller Stimme seinen himmlischen Schöpfer und spendet ihm unablässigen Dank ...

24. Die Symphonie erweicht auch harte Herzen, führt

ihnen die Feuchtigkeit der Zerknirschung zu und ruft den Heiligen Geist herbei. Auch deshalb sind die Stimmen, die du hörst, wie die Stimmen einer Menge ..., weil der in Einfalt, Einhelligkeit und Liebe dargebrachte Jubelpreis die Gläubigen zu jener Einheit führt, wo es keine Zwietracht mehr gibt ...

Wer also gläubig erkennt, daß es einen Gott gibt, bringe ihm gläubig die Opfergabe nie ermüdenden Lobpreises dar, und jauchze ihm unablässig andachtsvoll zu, so wie David mein Knecht, den ich mit dem Geiste der Tiefe und Höhe übergoß, dazu ermuntert: »Lobet ihn mit dem Tone der Posaune, des Psalterspieles und der Harfe! Lobet ihn mit wohlklingenden Zimbeln, mit der Jubelzimbel preise jeglicher Geist den Herrn!« das heißt:

Ihr, die ihr in einfältiger Absicht und reiner Andacht Gott erkennet, anbetet und liebt: lobet ihn mit dem Klange der Posaune, das heißt mit vernünftigem Sinne, weil die Heerscharen der seligen Geister vernünftig und standhaft in der Wahrheit verblieben und ihr in treuer Liebe anhingen, während der verdorbene Engel mit seinem Anhange in das Verderben stürzte. Lobet den Herrn im Psalterspiele tiefer Andacht und in der Harfe voll honigfließendem Klange, weil beim Schalle der Posaune das Psalterspiel und bei dem des Psalterspieles die Harfe voraustönt. So verblieben auch zuerst die Engel in der Liebe zur Wahrheit, und als dann der Mensch erschaffen war, erhoben sich die Propheten mit ihren wundervollen Stimmen, denen dann die Apostel mit ihren süßen Worten folgten. Und preist den Herrn mit der Pauke der Abtötung und im Jubelchore, weil nach der Harfe die Pauke und nach dieser der Chor frohlockt! So haben auch die Apostel zuerst die Worte des Heiles gepredigt, dann die Martyrer zur Ehre Gottes mannigfaltige Qualen an ihrem Körper erlitten, und schließlich erhoben sich die Priester in ihrem Amte als wahrhaftige Lehrer.

Lobet den Herrn auf den Saiten der Erlösung des Menschen und auf der Orgel des göttlichen Schutzes, weil mit dem Jubelchore die Töne der Saiten und der Orgel miterklingen; so schritten auch unter Führung der Lehrer, die in ihrem beseligenden Amte die Wahrheit darlegten, die Jungfrauen voran, die den Sohn Gottes gleichsam auf Saiten als wahren Menschen liebten und als wahren Gott wie auf einer Orgel anbeteten, weil sie glaubten, daß er wahrer Mensch und Gott sei. Wieso? Als der Sohn Gottes für das Heil der Menschen Fleisch annahm, verlor er die Herrlichkeit der Gottheit nicht. Deshalb erwählten sich ihn die seligen Jungfrauen als Bräutigam und verbanden sich mit ihm in ihrer Verlobung als wahren Menschen und in ihrer Keuschheit als wahren Gott.

Lobet den Herrn in wohlklingenden Zimbeln, das heißt in den Versicherungen, die in wahrer Freude einen guten Klang geben, das ist, wenn die Menschen, in den Abgründen der Sünden liegend, sich durch göttliche Eingebung aus den Tiefen zu den Himmelshöhen erheben.

Preiset ihn auch in den Jubelzimbeln, in den Versicherungen göttlichen Lobes nämlich, wo machtvolle Tugenden kraftvolle Siege erringen, indem sie die Laster in der Menschheit unterdrücken und sie in starker Sehnsucht zur Seligkeit wahrer Belohnung für ihr Ausharren im Guten führen. Deshalb soll jeder Geist, der den Willen hat an Gott zu glauben und ihn zu ehren, den Herrn loben, ihn, den Gebieter über alles; denn es ist doch nur billig, daß wer sich nach dem Leben sehnt, auch den, der das Leben ist, verherrlicht.

Und wiederum hörte ich die Stimme aus der helleuchtenden Luft: »Preis sei dir, höchster König, der du in einem einfältigen und ungelehrten Menschen dieses wirkst!«

Und wiederum erscholl eine überaus gewaltige Stimme vom Himmel her: »Höret und habet acht ihr alle, die ihr euch nach Himmelslohn und Himmelseligkeit sehnet! Menschen mit gläubigen Herzen, die ihr Himmelslohn erwartet, nehmet doch diese Worte auf, leget sie in euer Herzensinneres und weiset diese Ermahnung von eurer Heimsuchung nicht zurück! Denn ich, der ich die Wahrheit bezeuge, der ich Leben habe und die Wahrheit spreche, ich, der nicht schweigende Gott, künde und künde wiederum: ›Wer will mich überwältigen? Den, der es versucht, schmettere ich nieder.‹ Deshalb wage der Mensch nicht an den Berg zu greifen, den er nicht zu bewegen vermag, sondern bleibe im Tale der Demut. Wer überspringt wasserlose Wege? Wer sich in den Wirbelwind hinein Luft macht, und wer Früchte ohne Erfrischung verteilt. Und wo wird mein Gezelt dort sein? Es ist dort, wo der Heilige Geist bewässert. Was heißt das? Ich bin in der Mitte. Wieso? Wer mich so, wie es würdig ist, erfaßt, wird weder in die Höhe, noch in die Tiefe noch in die Breite fallen. Das heißt? Ich bin die Liebe, die brennender Stolz nicht hinabstürzt, die keine Fälle in die Tiefe zerbrechen, und die die Breite der Übel nicht zerreibt. Kann ich nicht in die Höhe bauen, so daß die Sonne den Schemel bildet? Die Starken, die in den Tälern ihre Kraft zeigen, verachten mich. Die Stumpfen! Sie werfen mich in das Getöse der Wirbelwinde. Die Klugen! Sie weisen meine Speise zurück. Und jeder erbaut sich nach seinem Gelüste einen Turm. Ich aber werde sie durch Kleine und Winzige beschämen, so wie ich Goliath durch einen Knaben hinstreckte und Holofernes durch Judith überwand.

Wer also die geheimnisvollen Worte dieses Buches zurückweist, über dem spanne ich meinen Bogen, durchbohre ihn mit den Pfeilen meines Köchers, schleudere die Krone von seinem Haupte und mache ihn denen gleich, die am Horeb fielen, weil sie gegen mich murrten.

Wer aber gegen Prophezeiung lästert, über den wird Isaaks Fluch kommen. Aber mit dem Segen des Himmelstaues wird erfüllt werden, wer sie mit seinen Armen umfängt, sie in seinem Herzen festhält und sie auf die weiten Straßen bringt. Und wer sie gekostet und in sein Gedächtnis eingegraben hat, wird ein Berg werden von Myrthe, Weihrauch und von allen Wohlgerüchen. Die Fülle des Segens wird sich über ihm ausbreiten, hinaufsteigen wird er von Segen zu Segen wie Abraham. Und die neuvermählte Braut des Lammes wird sich im Antlitze Gottes mit dieser Säule verbinden, und der Schatten der Hand Gottes wird ihn schützen.

Wer aber diese Worte des Fingers Gottes verwegen verbirgt, sie in seinem Aberwitz verringert, und sie wegen irgendeiner Menschenmeinung an einen fremden Ort verschleppt, und sie also verspottet, der wird verdammt werden, und Gottes Finger wird ihn zermahlen.

Preiset, preiset also, glückselige Herzen, Gott in allen diesen Wundern, die er in der zarten Form der erhabenen Gestalt begründete, die er bei dem ersten Erscheinen der Rippe des Mannes, den er aus Lehm schuf, voraussah.

Wer scharfe Ohren inneren Verständnisses hat, strebe diesen Worten, meinem Spiegel, in brennender Liebe zu! Er schreibe sie in das Gewissen seiner Seele!«

Das Buch vom verdienstlichen Leben

Hier beginnt das Buch des Lebens der Verdienste, die das lebendige Licht durch einen einfältigen Menschen offenbarte

1. Zehn Jahre hindurch hatte das wahre Gesicht (Gottes) die wahren Gesichte, in denen ich mich schwer abmühte, mir einfältigem Menschen geoffenbart, und im neunten dieser zehn Jahre – dem ersten, nachdem (Gottes) Gesicht mir die Feinheiten der verschiedenen Naturen der Geschöpfe, die Antworten und Ermahnungen an sehr viele Menschen hohen und niederen Standes, den wohlklingenden Zusammenklang der himmlischen Offenbarungen, die Geheimsprache mit der Geheimschrift sowie einige Erläuterungsschriften zum Darlegen gezeigt hatte, in dem allem habe ich acht Jahre, von vieler Krankheit und körperlichem Leiden beschwert, nach den erwähnten Gesichten ausgehalten, – da schaute ich, sechzig Jahre alt, ein starkes, wundervolles Gesicht. Auch mit ihm mühte ich mich fünf Jahre lang ab.

In meinem einundsechzigsten Lebensjahre also, dem Jahre 1158 nach der Menschwerdung des Herrn, da der Apostolische Stuhl unter der Regierung des römischen Kaisers Friedrich bedrängt wurde, hörte ich eine Stimme vom Himmel, die mir zurief: »Du, die du von deiner Kindheit an durch des Herren Geist, nicht durch eine körperliche, sondern durch eine geistige, wahre Schau belehrt wurdest, künde, was du jetzt hörst und siehst! Vom Anbeginne deiner Gesichte an wurden dir manche davon wie flüssige Milch gezeigt, manche wurden dir wie eine milde und linde Speise enthüllt und andere dir wie eine gediegene und vollkommene Speise geoffenbart. Künde also auch jetzt, wie und was ich will, nicht was du willst, und schreibe, wie und was ich will, nicht was du willst!«

Und unterstützt von dem Manne, den ich ... insgeheim gesucht und gefunden hatte, und von einem Mädchen, das mir beistand, legte ich Hand ans Schreiben.* Und wiederum hörte ich die Stimme vom Himmel zu mir sprechen und mich also belehren:

Das erste Gesicht des ersten Teiles

2. Ich schaute einen Mann. Von den hohen Himmelswolken bis zur Abgrundtiefe reichte er. Von seinen Schultern aufwärts ging er über die Wolken hinaus, hinein in den heiteren Äther; von den Schultern ab bis zu den Schenkeln stak er unter diesen Wolken in einer anderen lichthellen Wolke; von den Schenkeln bis zu den Waden war er in der Erdenluft; von den Knien bis zu den Knöcheln in der Erde, und abwärts von den Knöcheln bis zur Sohle war er in den Wassern der Abgrundtiefe, doch so, daß er auch über ihr stand. Und er hatte sich gen Osten gewandt, doch so, daß er zugleich nach Osten und Süden sah. – Sein Antlitz erstrahlte in solcher Helle, daß ich es nicht völlig betrachten konnte. Vor seinem

* Dieser Mann war wohl ihr Seelenführer Mönch Volmar, der ihr vom Disibodenberg auf den Rupertsberg nachgefolgt war. Der Name des Mädchens läßt sich nicht mehr ermitteln; Herwegen vermutet, es wäre die Tochter des Sponheimer Grafen Meginhart, die Nonne Hiltrud, gewesen. – Der Herausgeber des lateinischen Textes, Kardinal Pitra, betont mit Recht den Ausdruck »legte ich Hand ans Schreiben«, weil er die eigene schriftstellerische Tätigkeit Hildegardens bei der Aufzeichnung ihrer Visionen in lateinischer Sprache bezeugt.

Munde schwebte eine leuchtende Wolke, welche die Gestalt einer Posaune hatte und aller Stoßtöne voll war. Blies der Mann in die Posaune, so entsandte sie drei Winde, von denen der eine eine Feuerwolke, der zweite eine Wirbelwolke und der dritte eine Lichtwolke über sich hatte. Jeder dieser Winde trug seine Wolke. Der Wind mit der Feuerwolke blieb vor dem Antlitze des Mannes, während die anderen beiden Winde mit ihren Wolken zu seiner Brust herniederstiegen und sich hier blasend ausbreiteten; der Wind aber und seine Wolke, die vor seinem Antlitze geblieben war, dehnte sich von Ost nach Süd aus.

Und in dieser Feuerwolke war eine lebende feurige Menge, die in *einem* Willen und in *einer* Verbindung *ein* Leben war. Vor dieser Menge breitete sich eine Tafel aus. Sie war voll Federn und flog in den Geboten Gottes. Wurde sie von den Geboten Gottes – Gottes Wissen hatte auf diese Tafeln manch Geheimnis geschrieben – in die Höhe gehoben, dann schaute diese ganze Menge im gemeinsamen Streben auf diese Geheimnisse. Und betrachtete die Menge das Geschriebene, so ließ es die Kraft Gottes wie eine gewaltig starke Posaune gleichzeitig in aller Instrumenten Weise ertönen.

Der Wind, der die Wirbelwolke über sich hatte, erstreckte sich so breit und so lang mit seiner Wolke von Süd nach West, daß die Wolke eine Straße bildete, die Menschengeist nicht fassen kann. In dieser Wolke war eine Unmenge Seliger, die niemand zu zählen vermag. Sie alle hatten den Lebensodem in sich. Ihre Stimmen waren wie das Getöse vieler Wasser, und sie riefen: »Nach dem Wohlgefallen des Schöpfers dieses Windes haben wir Wohnungen. Wann werden wir in sie einziehen? Denn hätten wir sie, so würde unsere Freude noch größer als jetzt sein.«

Und die Menge, die in der vorerwähnten Feuerwolke war, antwortete im Tone von Psalmensängern: »Hat einmal die Gottheit die Posaune berührt, dann wird sie Blitze, Donner und brennendes Feuer zur Erde senden und auch an das Feuer, das in der Sonne ist, rühren, so daß die ganze Erde erschüttert wird. Das wird sein, wann Gott seine großen Zeichen zeigen will. Und dann wird er in jener Posaune allen Völkern der Erde in aller Völker Zungen rufen und allen, die in diese Posaune eingezeichnet sind, und ihr werdet alsdann eure Wohnungen erhalten.«

Und der Wind, über dem die Lichtwolke war, breitete sich mit ihr vom Osten nach Norden aus. Da zogen von Westen ungeheure, dichte, schreckvolle Finsternisse herauf und breiteten sich vor der Lichtwolke aus. Sie ließ jedoch die Finsternisse nicht weiter fortschreiten. Und in der Lichtwolke erschienen Sonne und Mond. Und in der Sonne war ein Löwe, im Monde ein Steinbock. Und die Sonne leuchtete über dem Himmel und in den Himmel hinein, auf der Erde und unter die Erde, und also zog sie beim Aufgange vorwärts und kehrte beim Untergange zurück. Während sie also ihre Bahn zurücklegte, folgte mit und in ihr der Löwe und zerriß viele Beute, und als der Löwe zurückkehrte, tat er es in und mit der Sonne und stieß dabei oftmals ein Freudengebrüll aus. Der Mond aber, in dem der Steinbock war, folgte der Sonne beim Auf- und Niedergang allmählich mit dem Steinbocke. Und der Wind blies und rief: »Ein schwangeres Weib wird gebären, und der Steinbock wird gegen Norden kämpfen.«

In den Finsternissen aber war eine Unzahl verdammter Seelen, die dem Klange der im Süden Singenden auswichen; denn sie wollten deren Gesellschaft nicht. Der Verdammten Führer ward der Verführer genannt, weil sie seinen Werken gefolgt waren; seit ihn Christus geschlagen, vermochte er nichts mehr. Und sie alle riefen mit klagender Stimme: »Weh und Weh über das verderbensvolle und entsetzliche Werk, welches das Leben geflohen und in uns zum Tode hingestrebt hat!«

Dann sah ich eine Wolke vom Süden her kommen, die sich zu diesen Finsternissen hin ausbreitete; an Freude und Glück war sie ganz ausgetrocknet; denn die Sonne berührte sie nicht und zeigte sich ihr nicht. Die Wolke war voll böser Geister, die in ihr da und dorthin schweiften und den Menschen nachstellten; vor dem genannten Manne jedoch wurden sie schamrot. Und ich hörte die alte Schlange zu sich sagen: »Die Kräfte meiner Stärke will ich zu Bollwerken machen und, so gut ich nur kann, gegen meine Feinde kämpfen.« Und so ließ sie den Geifer massenhaften Unflates mit allen Lastern unter die Menschen strömen, blies ihnen maßlosen Spott ein und rief: »Ha! die sich wegen ihrer leuchtenden Werke Sonnen nennen, will ich zu nächtlichen, grauenvollen Schädlingen in den Finsternissen machen!« Und dann blies sie ganz wüsten Nebel hin, der die ganze Erde wie schwärzester Rauch bedeckte, und daraus erdröhnte urgewaltiges Gebrüll: »Kein Mensch bete einen anderen Gott an als den, den er sieht und erkennt! Was ist denn das, was der Mensch ohne es zu kennen verehrt?« In diesem Nebel schaute ich die verschiedenen Laster in ihren Bildern. Von diesen sahen sieben also aus:

3. *Die Worte der Weltliebe*. Die erste Gestalt glich einem Menschen und war schwarz wie ein Äthiope. Nackt stand sie da. Mit ihren Armen und Schenkeln umschlang sie unterhalb der Äste einen Baum, dem jegliche Blütenart entsproß. Die Gestalt sammelte mit ihren Händen die Blüten und sprach: »Ich halte alle Reiche der Welt mit ihren Blumen und

ihrer Zier. Weshalb sollte ich verdorren, da ich alles grünende Leben habe? Warum sollte ich leben wie ein Greis, während ich in Jugendkraft blühe? Warum soll ich meiner Augen wundervolle Schau in Blindheit führen? Täte ich das, schamrot müßte ich werden. Solange ich die Schönheit dieser Welt haben kann, will ich sie freudvoll festhalten. Ein anderes Leben kenne ich nicht, und fremd sind mir die Märchen, die ich davon höre.« Und als die Gestalt so gesprochen, verdorrte der Baum in seinen Wurzeln, stürzte in die Finsternisse, von denen wir oben berichtet haben, und mit ihm fiel die Gestalt ...

4. *Gott weiß, was vor der Welt Anfang war.* Der Mann ragt von seinen Schultern aufwärts über die Wolken hinaus, hinein in den heiteren Äther, weil er allein im Geheimnisse der göttlichen Klarheit weiß, was vor der Welt Anfang war. Denn über alles und in allem ist Gott ganz ausgezeichnet, weil weder die Engel noch die Seelen der Gerechten ihn bis zum Ende folgen können. Aus ihm entspringt ja alles, was Leben hat, er selbst aber hat keinen Beginn eines Ursprunges, sondern einzig allein in sich seine Dauer; denn in sich hat er sein Leben, sein Können und sein Wissen. Wer das Können, Leben und Wissen hat, ist Gott. In diesen drei Kräften beruhen alle Werke Gottes in ihrer Mannigfaltigkeit und Vollendung, und in ihm haben sie Wirkungsmöglichkeit.

5. *Gott ist tätiges Feuer.* Und Gott ist ewig, und Ewigkeit ist Feuer, und das ist Gott. Und Gott ist kein verborgenes, kein schweigendes Feuer, sondern ein wirkendes Feuer. Denn Gottes Gewalt ordnet und leitet alles wie das Haupt den ganzen Körper über jegliches Geschöpfeswissen und Geschöpfesdenken hinaus in der Klarheit seiner Mysterien und Geheimnisse. Also schafft er auch vernünftiges Leben, daß nämlich die Augen sehen, die Ohren hören, die Nasen

riechen und der Mund Worte der Vernunft hervorbringt. Gott ist also das Haupt aller Gläubigen, doch offenbart er nicht alles, was im Geheimnisse der Gottheit ruht, weil in ihm das geheimnisvolle Leben des verborgenen Lebens ist ...

6. *Gott trägt alles.* Von den Schenkeln bis zu den Knien steckt er in der Erdenluft. Wie nämlich alles, was Fleisch ist, von den Schenkeln seinen Ausgang nimmt und von den Knien getragen und fortbewegt wird, so wird auch von Gott alles Erschaffene getragen und in der Feuerwärme und der Luftfeuchtigkeit, in der alles offene Leben der körperlichen Dinge ist, ernährt ...

7. *Die Berufung des neuen Volkes wird in der Trübsal nicht zusammenstürzen.* Von den Schenkeln bis zu den Waden steckt der Mann in der Erde. Wie nämlich die Knie den Menschen tragen und wie die Waden den Füßen Festigkeit geben, so bewegt auch Gott alles fort, stärkt alles, gibt der Erde Kraft, so daß sie die übrigen Geschöpfe tragen kann, denn sie ist die Stärke der übrigen Gebilde. Die Erde ist nämlich wie das Knie und die Waden der übrigen Geschöpfe, trägt wie die Räder und Achsen des Wagens die anderen Geschöpfe; führt das Wasser da und dorthin, so daß es fließen kann; denn wäre zwischen der Luft und dem Wasser nicht die Erde, so ließe die Luft das Wasser nicht entfließen. Wie jedoch das Knie zuweilen gebogen und dennoch von den Waden zurückgehalten wird, so wird auch die Erde manchmal von den Geschöpfen verändert, wenn sie nicht die richtigen Dienste leistet, doch kommt sie deshalb nicht ins Wanken, weil die Stärke Gottes sie wieder in ihren richtigen Stand zurückführt. So wird auch die Berufung des neuen Volkes, die in der Ausbreitung des Evangeliums über die ganze Welt hin kundgemacht und bei dieser Verkündi-

gung bekräftigt wurde, in vielen Mühsalen den Schweiß fühlen, da ihre Knie im Antichrist wanken werden, doch in den Waden wird sie Kraft haben und so nicht stürzen, weil ihr Vertrauen auf ihrem Haupte beruht ...

8. Worte der Weisheit. »Wer hat die Höhe des Himmels, die Weite der Erde und die Tiefe des Abgrundes gemessen?« (Eccl. 1, 2) Der Sinn dieser Worte ist: Der Weltenball wird vom Feuer, von der Luft und dem Winde bewegt, und jegliches Geschöpf ruht in ihm. Der Himmel hat nämlich mit all seiner Zier in dem oberen Teil des Weltballes seinen Platz. Und wer ist der Mensch, dessen Blick bis dahin dringen könnte? Inmitten des Weltballes ist die weitgedehnte Erde mit den sie umströmenden Wassern und mit den Wassern, die über den Abgrund hinfließen; aber kein Mensch kann ihr Ausmaß fassen. Die Abgrundtiefe ist mit ihren Wundern sozusagen an der Grenze dieses Balles. Und wo ist der Mensch, der bis zu dessen Ende vordringen könnte? Niemand kann es als Gott, der ihn dorthin gestellt. Der Mensch lebt unterhalb dieses Balles und wird von seinem Umkreis umgeben. Deshalb wird der Mensch in seiner Erkenntnis nicht weiter vordringen können. Denn die Geschöpfe sind in der Kraft Gottes, so wie das Herz im Menschen ist, und doch ist es nur ein kleiner Teil im Verhältnis zum übrigen Körper. So sind auch die Geschöpfe klein, während Gottes Kraft groß und unfaßbar ist. Denn alle Geschöpfe, die im Himmel, auf der Erde und in der Abgrundtiefe sind, können Gott nicht fassen, nicht erkennen und wissen seine Grenze nicht. Und alle Weisheit kommt vom Herrschergotte, weil Gott alles mit seiner Weisheit von vorneherein bestimmte und seinen Platz im Weltball gab, was er ebenfalls mit derselben Weisheit entschied. Denn sie erkannte in ihrem Wissen das Himmlische, und sie umging im königlichen Dienste den

Umkreis des Himmels (Eccl. 22, 8), und durchschritt die Erde, den Notwendigkeiten jeden Geschöpfes dienend und sie aufbauend; auch die Abgrundtiefen durchdrang die Weisheit, wie ein Verwalter nichts zugrunde gehen läßt von dem, was ihm obliegt. Und die Weisheit ist Gottes Auge, mit dem er alles voraussieht und durchschaut, und sie ist vor ihm in liebevoller Umarmung seine innigst geliebte Freundin, mit der er alles behandelt und erwägt. In dieser Weisheit heißt der Mensch gleichsam die Höhe des Himmels, weil er durch die Weisheit herrschend alle Geschöpfe übertrifft ... Aber auch wie die Weite der Erde ist der Mensch, weil er die Möglichkeit des Sehnens und des Wunsches hat. Wieso? Was der Mensch ersehnt, das freut ihn, und so wünscht er es im Sehnen, und dann wird er in ihnen seinem Wunsche gemäß Hilfe haben; denn wenn er Gott anruft, wird ihm von Gott geholfen werden. Streckt sich der Mensch jedoch zum Teufel hin, so kommt ihm auch der mit bösen Einflüsterungen entgegen. Durch die Vernunft hat der Mensch auch das Sehnen und durch den Geschmack den Wunsch. Was aber der Mensch ersehnt und erwünscht, läßt sich nicht durch seine Macht, sondern nur durch Gottes Gewährung verwirklichen, weil er den Menschen erschuf ... Und weil der Teufel den ersten Menschen getäuscht hat, so verführt ihn oftmals Eva durch ihre Einflüsterung. Der Mensch ist auch wie die Abgrundtiefe, weil er sich von gutem Sehnen abwandte und den Teufel anrief, weil der Teufel seine Wünsche entgegennimmt, so wie es der Mensch begehrt, und Gott läßt dies geschehen.

Lebt der Mensch in guten Strebungen, so daß er auch das Gute tut und von ihm nur manchmal abweicht, dabei jedoch sich vom Guten nicht völlig abwendet, sondern es nur etwas vernachlässigt, so läßt Gott einen solchen Menschen nicht zugrunde gehen, weil er das gute Streben in sich hatte. Ihm traut es auch der Teufel nicht zu, daß er die Begierden seines Fleisches völlig verwirkliche, weil er erkennt, daß ihn Gott nicht verlassen will. Ein solcher Mensch ist auch nicht wie die Abgrundtiefe, sondern wie ein Wetter, das bald im Sonnenschein erglänzt und sich bald in eine schwarze Wolke einhüllt.

Wer hat je forschend ermessen, was für eine Verachtung darin liegt, daß der Mensch, der doch über alle Werke Gottes gesetzt ist, Gott verläßt und den Teufel nachahmt, der seinen Ruhm verlor, als er sich durch seine Übertretung Gott widersetzte und zugrunde ging? Wer vermag auch die Verderbnis zu ermessen, die darin liegt, daß der Mensch Gott verließ und an Gottes Stelle den Teufel, den niederträchtigsten Tyrannen, erwählte? Dies schaut Gott voraus und richtet es.

9. *Des Menschen wunderbare Erneuerung.* Und dieser Mann wendet sich gen Osten, so daß er gen Osten und Süden schaut, weil Gott beim Weltenbeginne die Geschöpfe wie eine leuchtende Sonne hervorgehen ließ. Er schuf sie aber nicht bloß, sondern vermehrte sie gleichsam im Süden in Vollkommenheit, weil er den Menschen, der mit gutem Anfange begonnen hatte, dann jedoch in das Übel hineingestürzt war, nicht bloß zu seinem Anfange zurückführte, sondern ihn mit herrlicheren Tugenden der Heiligkeit schmückte.

10. *Niemand gleicht Gott in seinen Werken.* Das Antlitz des Mannes aber erglänzt so lichthell, daß du es nicht ansehen kannst, weil die heilige Gottheit in allem Guten und in jeglicher Gerechtigkeit so brennend und so hell ist, so daß ihn niemand zu erforschen vermag. Denn außer Gott gibt es keinen Gott; niemand gleicht ihm in irgendeinem seiner

Werke; denn in all seinen Wundertaten ist er der einzige Gott, und sie sind unfaßbar wie er selbst. Er ist ja das Feuer, von dem die Engel brennen und leben, und er ist jene Helle, von der die zahllosen Geheimnisse ausgehen, die in sich das Wunderleben haben, das in Gott ist. Und seine Wunder überschreiten jegliche Zahl, die im Himmel, auf der Erde und in der Abgrundtiefe ist ...

Hier beginnt der dritte Teil

11. Vom Manne, der nach Norden und Osten sah. Und ich sah, daß sich der Mann nach Norden wandte, so daß er zugleich nach Norden und Osten sah. Und die Winde, die Luft, das Grün der Erde, die unter dem Himmelsfirmamente sind, in denen der Mann von den Schenkeln bis zu den Knien stak, bildeten von den Knien bis zu den Schenkeln ein Kleid, und das Feuer und das Licht der Luft waren der Schmuck dieses Kleides. Und vom Marke seiner Knochen wurden die Kräfte der Elemente ausgeschwitzt, und der Schweiß kehrte wieder in das Mark zurück, so wie der Mensch seinen Atem ausstößt und wieder einzieht.

12. Der Elemente Klage. Und von den Elementen der Welt hörte ich eine gewaltige Stimme zu dem Manne hinrufen: »Wir können nicht laufen und unsere Bahn vollenden, wie wir es nach der Anordnung unseres Meisters sollten; denn die Menschen verdrehen uns wie eine Mühle durch ihre bösen Werke. Und so stinken wir von Pest und vom Hunger jeglicher Gerechtigkeit.«

13. Die Antwort Gottes. Und der Mann antwortete: »Mit meinem Besen will ich euch reinigen und die Menschen inzwischen so lange mit Qualen heimsuchen, bis sie zu mir zurückkehren. In jener Zeit werde ich viele Herzen meinem Herzen entsprechend vorbereiten. Und so oft ihr besudelt werdet, will ich euch durch die Qual der Besudelnden reinigen. Wer kann mich kleiner machen? Die Winde sind von üblem Geruche stinkend, und die Luft speit Schmutz aus, weil die Menschen nicht zur Reinheit ihren Mund öffnen. Das Grün verdorrte vom gottlosen Wahnglauben verkehrter Massen, die jegliche Angelegenheit nach ihren Gelüsten regeln und sprechen: »Wer ist denn jener Gott, den wir niemals sahen?« Ihnen antworte ich: »Seht ihr mich nicht durch den Tag und die Nacht? Seht ihr mich nicht, wenn ihr sät und wenn dann der Same vom Regen übergossen wird, so daß er wächst? Jegliches Geschöpf strebt zu seinem Schöpfer hin und erkennt klar, daß nur *einer* es hervorgebracht, nur der Mensch ist ein Rebell und zerteilt seinen Schöpfer in viele Geschöpfe. Doch wer machte in Weisheit die Bände (der Bibel)? In ihnen forschet, wer euch geschaffen! Solange noch ein Geschöpf euren Bedürfnissen dienend in seiner Art wirket, werdet ihr nicht volle Freuden haben. Nachdem aber das Geschöpf in Dürrheit dahingeschwunden ist, werden die Auserwählten die höchste Freude im Leben aller Wonnen schauen.«

In dem oben erwähnten Nebel aber, in dem die verschiedenartigen Laster waren, schaute ich auch sieben Laster in diesen Bildern:

Das erste Bild hatte ein Frauenantlitz, seine Augen waren Feuer, die Nase beschmutzt und der Mund geschlossen. Arme und Hände hatte es nicht, dafür war an jeder Schulter ein Flügel gleich dem einer Fledermaus. Der rechte Flügel streckte sich nach Osten, der linke nach Westen. Die Brust war die eines Mannes, an die sich Füße und Schenkel wie von Heuschrecken anschlossen; denn einen Bauch und einen Rücken hatte es nicht. Das Haupt und den übrigen Körper sah ich weder mit Haaren noch sonst einer Umhüllung bedeckt; nur war es in die erwähnte Finsternis getaucht, doch war ein ganz dünner Faden wie ein Goldreif vom Scheitel bis unter das Kinn über beide Wangen gespannt.

14. Die Worte des Stolzes. Und dieses Bild rief: »Über die Berge schreie ich. Und wen gibt es, der mir gleicht? Ich breite meinen Mantel über die Hügel und die Länder hin, und ich will nicht, daß mich irgend jemand überwinde; denn ich weiß niemand, der mir gleich wäre.« ...

Hier beginnt der vierte Teil

15. Von dem Manne, der nach Süd und Westen schaut. Ich sah auch, daß der oben beschriebene Mann sich nach Süden wandte, so daß er nach Süden und Westen schaute. Und die Erde, in der dieser Mann von den Knien bis zu den Waden stand, hatte Feuchtigkeit, Grün und sprossende Keime in sich, und sie war wie die blühende Zier der Tugend dieses Mannes, ganz als wäre seine Tugend durch sie geschmückt; denn die Erde ist fruchtbar an den verschiedensten Arten, weil aus ihr jeglich Gebilde der Erdenschöpfung hervorgebracht ist. Sie ist auch der Stoff für das Gotteswerk im Menschen, der ja der Stoff für die Menschheit des Sohnes Gottes ist. Und siehe! in dem oben erwähnten Nebel, der die verschiedenen Arten der Laster in sich schloß, schaute ich jetzt acht andere Laster in ihren Bildern auf folgende Weise. Das erste Bild hatte einen Kopf wie ein junger Hirsch, einen Schwanz wie ein Bär, während der übrige Körper einem Schweine ähnelte ...

16. Durch wahren Gehorsam kehrt man zu Gottes Gnade zurück. Und wiederum hörte ich eine Stimme vom Himmel, die so zu mir sprach: »Gott, der die Erde gegründet und sie mit dem Grün für die verschiedenen Pflanzen übergossen hat, hält sie mit seiner Stärke, so daß sie nicht in Staub aufgelöst zerstiebt, damit der Mensch, der aus der Erde gebildet ist und aus dem Paradiese vertrieben wurde, auf ihr bestehen und arbeiten kann. Durch die Unterwerfung in wahrem Gehorsame soll er zur Gnade Gottes zurückkehren, indem er die Gott stets widerstrebenden Teufelslaster von sich weist, die von Gott gesandten Tugenden liebt und seinem Schöpfer unablässig anhängt.

17. Der Mensch soll die lichte Seligkeit anstreben. Das bekräftigt auch das Gesicht, in dem du schaust, daß sich der geschilderte Mann nach Süden wendet, so daß er den Süden und Westen zugleich erblickt, weil der allmächtige Gott in seiner Liebe den Menschen bewegt, die lichte, höchste Seligkeit in der Glut und Liebe wahrer Heiligkeit anzustreben, sie, die feurigglühende, zu lieben, die Blindheit und Finsternis teuflischer Einflüsterungen durchaus zurückzuweisen und sich nicht freiwillig deren Gewalt zu unterwerfen.

18. Wie die Erde den Menschen erhält. Und die Erde, in der dieser Mann von den Knien bis zu den Waden steckt, hat Feuchtigkeit, Grünen und Sprossen in sich, weil die Erde, die Gott allum durch Biegen, Niederdrücken und Emporheben zusammenfügt und die er in seiner Kraft erhält, die Feuchtigkeit der oberen, inneren und unteren Wasser trägt, damit sie nicht zu Staub werde. Sie hat auch das Grün alles Sprossenden und in Jugendkraft Wachsenden sowie die Farbe alles lebenden Wachstums, die Sproßkraft alles Aufsprießenden und alles, was Blüten kräftigen Grüns entsendet, in sich. Und die Erde ist sozusagen die blühende Zier der

Tugend dieses Mannes ... weil die Erde, da sie den Menschen hervorbringt und nährt, und weil sie alles übrige, was dem Menschen dient, erhält und fördert, als die Blüte der Schönheit und der ehrenreiche Schmuck der Kraft Gottes, der alles in seiner Kraft gerecht und gut ordnet, erscheint. Die Macht Gottes findet ihre Ehrung durch diese Erde, weil sie den Menschen, der Gott alle Zeit loben und verherrlichen muß, in all den Bedürfnissen seines Körpers erhält ... Denn da Gottes Herrlichkeit durch den Menschen gerühmt wird, so wird gleichsam durch die Erde, von der der Mensch genommen ist, der Mensch in seinen gerechten und heiligen Werken Gott dargestellt. Dies geschieht auch deshalb, weil sie an den verschiedensten Arten fruchtbar ist; denn was auch immer an den Geschöpfen der Erde geformt wird, wird von der Erde hervorgebracht. Sie ist ja die Mutter der verschiedensten Arten, mögen sie vom Fleische stammen oder in sich selbst aus Samenkörnern heraus in die Höhe wachsen. Sie ist all deren Mutter, weil alles, was nur immer die Gestalt und das Leben irdischer Kreaturen hat, aus ihr sich erhebt, da schließlich selbst der Mensch, der mit Vernunft und dem Geiste der Erkenntnis beseelt ist, aus der Erde geschaffen wurde.

19. *Die Erde ist der Stoff, aus dem der Mensch und die Menschheit des Gottessohnes gebildet wurde.* Denn die Erde ist der Stoff des Gotteswerkes im Menschen, und der Mensch ist der Stoff für die Menschheit des Gottessohnes. Aus der Erde wurde nämlich jenes Werk – der von Gott geschaffene Mensch – gebildet, und dies war der Stoff für jene Jungfrau, die in reiner und heiliger Menschheit den Sohn Gottes ohne Makel gebar.

20. *Die Seele ist der Stoff für die guten Werke.* Wie die Erde vieles hervorbringt, wodurch Gott verherrlicht wird,

so tut es auch die Menschenseele, die glückhaften Werken nachstrebt. Sie läßt vielfachen Tugendsamen zur Ehre Gottes aufsprießen. Eine Seele nämlich, in der Gott infolge seiner Macht bis zur tapferen Vollendung guter und heiliger Werke wie von den Knien bis zu den Waden steckt, hat fromme Seufzer, Gebet und zu Gott hinstrebende Werke wie Feuchtigkeit, Grünen und Sprossen durch Gottes Gnade in sich. Schönheit und Schmuck göttlichen Einhauches ist dies alles wie Blühen und Zierde der Gotteskraft; denn dadurch wird ja der göttliche Einhauch, das ist die Gotteskraft, verherrlicht ...

Aber auch die Seele ist der Stoff für die guten Werke und für das vollkommenere, das ist das beschauliche Leben ...

Hier beginnt der fünfte Teil

21. *Von dem Manne, der über die ganze Welt hinschaut.* Und ich sah, daß der Mann über den ganzen Erdkreis hinschaute. Und die Wasser der Tiefe, in denen er von den Waden ab bis zu den Fußsohlen war, so daß er auch über der Tiefe stand, waren wie die Kraft der Stärke dieses Mannes, weil sie alles wiedererlangen, alles reinigen, alles heiligen, alles zusammenhalten, alles tragen und alle Geschöpfe mit dem Schweiße ihrer Feuchtigkeit durchgießen. Sie machen alle Geschöpfe fest, so wie die Seele dem Körper Festigkeit gibt. Und die Tiefe war auch wie die Kraft der Möglichkeiten dieses Mannes, weil sie alle seine Einrichtungen trägt, und weil sich alle diese Einrichtungen auf sie stützen; so ist die Tiefe wie die Werkstatt des höchsten Werkmeisters, in der die Werkzeuge dieses Arbeiters sind. Und sieh! aus den Schenkeln dieses Mannes ging Luft mit Schweiß heraus und be-

wegte alle Wasser der Tiefe auf verschiedenerlei Weise. Und er drückte mit seinen Füßen die Kräfte der Elemente, die über, in und unter der Erde waren, nieder.

22. *Worte des Mannes, der über die Erde hinschaut.* Und er sprach: »Wer hören kann, höre und habe Einsicht! Tut Buße, weil sich Gott also zeigt. Tut ihr aber nicht Buße, so werden euch meine Ruten reinigen. Der Mensch soll also Buße leisten!« – Dann schaute ich im oben geschilderten Nebel, in dem die verschiedenerlei Laster waren, auch fünf in folgenden Bildern. Das erste Bild hatte von dem Scheitel bis zu den Lenden die Gestalt eines jugendlichen Mannes, von den Lenden abwärts die eines Krebses, so wie der Krebs vom Kopfe abwärts gebildet ist. Das Haupt hatte schwarze Haare, der übrige Körper war nackt.

23. *Worte des höhnenden Leichtsinnes.* Und diese Gestalt sprach: »Ich entscheide und ordne alles, und wohin ein Ding fällt, da sehe ich hin und demgemäß rede ich. Handelte ich anders, so wäre ich ein Narr. Und wer will mich darob anklagen? Würde ich einen Toren und Dummen preisen, so würde ich lügen. Mit meinen Worten werfe ich Netze aus und fange alles, was ich kann, und je mehr mir zu erfassen gelingt, desto mehr habe ich. Denn meine Ehre breite ich so weit aus, daß alle vor meinen Worten erröten. Und auch meinen Bogen spanne ich mit meinen Wortgeschossen. Und was sollte das schaden? Nichts werde ich verheimlichen und nichts verschweigen; ich gebe vielmehr jedem Menschen, je nach seinem Maße, was ich habe.«

24. *Die Antwort der Ehrfurcht.* Doch aus der Wirbelwolke hörte ich der Gestalt diese Antwort entgegentönen: »Und wüßte ich alles, was der Schöpfer hervorbrachte, was wäre ich dann? Wenn ich das zerstörte, was ich nicht selbst schuf und dem ich das Wissen nicht gab, wie du, schlimmer

Teil, der du alles erschütterst? Die Berge halten mich, und in der Ebene der Täler gehe ich, und sie werden mich nicht verachten. Ich fliege zu höchst und zu tiefst, und alles, was Gott schuf, gefällt mir, und keinem Ding tue ich unrecht. Dich aber zertrete ich wie den Schmutz an den Schuhen. Denn mehr bist du nicht wert, weil du allem, dem du kannst, unrecht tust.«

Sodann schaute ich eine zweite Gestalt. Sie war wie ein Knabe, nur hatte sie am Haupte keine Haare, dafür einen Bart und ein Antlitz wie ein Greis. Sie hing in der geschilderten Finsternis in einem Tuche wie in einer Wiege, die wie vom Winde da- und dorthin bewegt wurde. Andere Kleidungsstücke sah ich nicht an ihr. Zuweilen richtete sie sich von dem umhüllenden Tuche auf, und manchmal verbarg sie sich wieder darin.

25. *Worte der Ruhelosigkeit.* Und sie sprach: »Torheit dünkt es mich, an *einem* Orte und bei *einem* Volke zu bleiben. Allüberall will ich mich zeigen, meine Stimme soll man allum hören, und überall soll man mein Antlitz sehen. So will ich meinen Ruhm verbreiten. Es wächst ja auch die Pflanze, und ihre Blüte erscheint; wäre es nicht so, was für ein Ruhm sollte dann der Mensch haben? In meiner Weisheit und Vernunft bin ich eine Pflanze, in meiner Schönheit eine Blume, und deshalb zeige ich mich überall.«

26. *Die Antwort der stillen Ruhe.* Und wiederum hörte ich aus der oben geschilderten Wirbelwolke eine Stimme dieser Gestalt antworten: »Wie die Blume des Heues verwelkst du, teuflische Kunst, und wie der Kot auf der Straße wirst du zertreten werden. Du Stimme der Eitelkeit, du Anblick der Schlechtigkeit, du siebst keine Worte der Vernunft; unstät wie eine Heuschrecke wandelst du, und du wirst wie der Schnee an verschiedene Orte zerstreut. Denn du issest

nicht die Speise der Weisheit und trinkst nicht den Trank kluger Zurückhaltung. Das Leben der Vögel, die keinen festen Wohnsitz haben, ahmst du nach. Staub und Asche bist du, und keine Ruhe wirst du haben.«

Und die dritte Gestalt hatte ein Wolfshaupt und einen Löwenschweif, der übrige Körper glich dem eines Hundes. Und sie spielte unter folgenden Worten mit der vorigen Gestalt: »Wir sind in allem eins.« Und heftiges Windesbrausen erklang in die Ohren dieser Gestalt. Sorgfältig nahm sie dieses in sich auf und horchte darauf hin, was es für Töne seien und woher sie kämen. Sie jauchzte ihnen zu, als wären sie ihre Götter. Und dann erhob sie ihren rechten Vorderfuß und streckte ihn dem gewaltigen Winde, der von Mitternacht her kam, entgegen, während sie mit dem linken Vorderfuße die Windblase von den Elementen an sich zog.

27. *Worte der Zauberei.* Und sie sprach: »Von Merkur und den übrigen Philosophen möchte ich vieles erzählen. Durch ihre Forschungen vermochten sie die Elemente so zu verbinden, daß sie jeglich Ding, das sie nur wollten, fanden. Diese ganz starken und hochweisen Männer hatten ihre Erfindungen teils von Gott und teils von den bösen Geistern. Und was hat es ihnen geschadet? Und so nannten sie sich selbst Planeten, weil sie von der Sonne, dem Monde und den Sternen große Weisheit und viele Erfindungen erhielten. Wo immer ich aber will, herrsche ich in diesen Künsten, in den Gestirnen des Himmels nämlich, in den Bäumen, in den Pflanzen, in allem, was auf der Erde grünt, in den Tieren und Lebewesen auf der Erde und in dem Gewürme auf der Erde und unter der Erde. Und wer kann mir auf meinen Wegen widerstehen? Gott hat alles geschaffen, und so tue ich ihm mit meinen Künsten kein Unrecht. Er selbst will ja, daß man ihn in seinen Schriften und offenkundigen Werken erprobe.

Und was nützte es, wenn seine Werke so dunkel wären, daß man keinerlei Ursache in ihnen betrachten könnte? Das hätte doch keinen Wert!«

28. *Die Antwort der wahren Gottesverehrung*. Und wiederum hörte ich aus der Wirbelwolke dieser Gestalt entgegentönen: »Was gefällt Gott mehr, wenn man ihn selbst oder seine Werke anbetet? Die Geschöpfe, die aus ihm hervorgehen, können keinem Dinge das Leben geben. Und wo gibt es ein Leben, das nicht Gott schenkt? Freilich ist der Mensch vernünftig, und jegliche Kreatur hat ihr Dasein in den Elementen. Wie? Der Mensch ist in den Flügeln der Vernunft lebensfähig, und jegliches geflügelte und kriechende Wesen lebt aus den Elementen und bewegt sich darin. Und der Mensch empfängt durch die Vernunft den Ton der Stimme, während die übrige Kreatur stumm ist und weder sich selbst noch anderen helfen kann, sondern nur sein (naturnotwendig) Werk verrichtet. Du aber, Kunst der Magie, hast den Kreis ohne Mittelpunkt. Denn während du im Kreise der Kreatur viele Forschungen anstellst, wird dir das Geschöpf Ehre und Reichtum entziehen und dich wie einen Stein in die Tiefe werfen, weil du ihm den Namen seines Gottes weggenommen. Und darum werden auch alle Stämme der Erde über dich klagen, weil du sie in Gotteslästerung verlachst, weil du sie also in der Gottesverehrung in die Irre führst, während sie Gott dienen sollten. Und so bleibt für dich kein anderer denn Teufelslohn.«

Die vierte Gestalt hatte das Aussehen eines Menschen, doch waren auf ihrem Haupte keine Haare. Sie hatte einen Bocksbart, kleine Pupillen, und das Weiß ihrer Augen war groß. Mit ihrer Nase zog sie den Wind heftig ein und stieß ihn ebenso aus. Sie hatte Eisenhände, blutige Schenkel und Löwenfüße. Sie war in ein weißliches, mit Schwarz durchschossenes Gewand gehüllt, das oben zusammengezogen schien, während es unten um die Schenkel weit ausgebreitet war. Auf ihrer Brust erschien ein Antlitz von schwarzer Farbe, das seine Füße in die Brust der Gestalt einbohrte, während es seinen Rücken und Schweif der Gestalt zuwandte. Und vor der Gestalt stand ein Baum, der in der Hölle wurzelte und dessen Früchte pechig und schwefelig waren. Diesen Baum betrachtete die Gestalt gar gierig, riß mit ihrem Munde Früchte davon herunter und verschlang sie gierig. Sie wurde von vielem entsetzlichen Gewürm umgeben, das mit seinen Schwänzen ein gewaltiges Getöse und starke Bewegung in der Finsternis hervorrief; es war, als wenn Fische mit ihren Schwänzen das Wasser schlügen und bewegten.

29. *Worte der Habgier*. Und diese Gestalt sprach: »Töricht bin ich nicht; ich bin vielmehr klüger als jene, die ihre Blicke auf die Winde hinrichten, und die von der Luft alles, was sie bedürfen, fordern. Ich reiße alles an mich, sammle alles in meinem Brustbausch, und je mehr ich zusammenraffe, desto mehr habe ich. Es ist nämlich für mich weit besser das Nötige zu besitzen, als es von anderen zu erbetteln. Ich sehe auch gar keine Schuld darin, dem, der mehr hat als er braucht, wegzunehmen, was er sich angesammelt hat. Wenn ich nämlich habe, was ich will, so quält mich keine Sorge, von einem anderen etwas erhaschen zu müssen. Und sehe ich an meiner Brust alles, was ich will, dann fülle ich mich glückselig mit allem an, was mich erfreut. Dann brauche ich mich vor niemand zu fürchten, lebe in Seligkeit und brauche niemand um sein Mitleid anzubetteln. In meiner Hartherzigkeit besitze ich Schlauheit und Weisheit, ziehe alles an mich, und niemand kann mich täuschen. Und was sollte mich schädigen? Ich bin kein Dieb und auch kein Räu-

ber, ich nehme mir nur alles, was ich will, und weiß es mir durch meine Kunst zu verschaffen.«

30. Die Antwort der reinen Genügsamkeit. Und wieder hörte ich aus der Wirbelwolke folgende Antwort an diese Gestalt erschallen: »Du Teufelstrug! Wie ein Wolf erfassest du hurtig deine Beute, und wie ein Geier verschlingst du fremdes Eigentum. Große Blattern treiben an dir in die Höhe, und durch deine unerlaubten Gelüste bist du wie ein Kamel mit Höckern belastet; dein Wolfsrachen ist alles zu verschlingen aufgerissen. In Hartherzigkeit liegst du, und in allem vergißt du Gott, weil du nicht auf ihn vertraust. Hart, rauh und mitleidslos bist du, weil du das Wohl deines Nächsten nicht willst. Wie sich ein Drache in seiner Höhle verbirgt, so bist du, nichtsnutzige Bäuerin. Du entziehst dich dem Wohle deines Mitmenschen, weil dir selbst nichts genug ist.

Ich aber sitze über den Sternen, weil mir alle Gottesgaben genügen, und ich erfreue mich am süßen Tone der Pauke, weil ich auf ihn vertraue. Ich küsse die Sonne, wenn ich sie frohlockend besitze, ich umarme den Mond, wenn ich ihn in Liebe halte, und weil mir das reicht, was sie wachsen lassen. Und wozu sollte ich mehr wünschen, als ich brauche? Denn weil ich gegen alles Mitleid habe, ist mein Kleid aus weißer Seide, und weil ich milde auf jedermanns Nutzen bedacht bin, ist mein Kleid mit kostbaren Steinen geziert. Darum bin ich auch im Palaste des Königs, und nichts fehlt mir von dem, was ich wünsche. Doch du, nichtswürdigster Teil, umkreisest die ganze Erde und kannst doch deinen Bauch nicht anfüllen. Erkenne also, wer du bist!«

Und ich sah eine fünfte Gestalt, die wie ein Weib aussah. An ihrem Rücken stand ein Baum, der ganz trocken und blätterlos war. In seine Zweige war die Gestalt völlig verstrickt. Ein Ast bedeckte den Nacken ihres Kopfes, während ein anderer ihren Hals und ihre Gurgel umgab. Ein anderer Zweig ging um ihren rechten und wieder einer um den linken Arm, doch waren sie nicht ausgestreckt, sondern zusammengefaltet, und die Hände hingen von den Zweigen herab und hatten Rabenkrallen. Von der rechten und linken Seite der Gestalt ging je ein Zweig aus, die ihren Leib und ihren Schenkel sich überkreuzend umgaben und ineinander verschlungen waren. Die Gestalt hatte Holzfüße und keine andere Umhüllung als die dieser Zweige. Und es nahten sich böse Geister mit schwarzem, sehr übelriechendem Nebel, drangen auf die Gestalt ein, und diese neigte sich ihnen seufzend zu.

31. *Worte des Weltschmerzes.* Und die Gestalt sprach: »Weh! Wozu bin ich geschaffen? Weh! Wozu lebe ich? Wer wird mir helfen, wer mich befreien? Wüßte Gott um mich, so stäke ich nicht in solchen Nöten. Vertraue ich auf Gott, so wird mir davon nichts Gutes zuteil, freue ich mich mit ihm, so nimmt das nicht das Übel von mir. Ich hörte zwar sehr viel von den Philosophen, die lehren, in Gott wären viele Güter, aber in all dem hat Gott mir nichts Gutes erwiesen. Wenn er mein Gott ist, weshalb hat er dann alle seine Huld vor mir verborgen? Würde er mir irgend etwas Gutes erweisen, so würde ich von ihm wissen. So aber weiß ich nicht, was ich selbst bin. In Unglück bin ich erschaffen, in Unglück bin ich geboren, und ich lebe ohne jeglichen Trost. Ah! was nützt das Leben ohne Freude? Und weshalb wurde ich erschaffen, da mir doch nichts Gutes zuteil wird?«

32. *Die Antwort der himmlischen Freude.* Aber aus der Wirbelwolke hörte ich eine Stimme dieser Gestalt folgende Antwort geben: »Du Blinde und Taube weißt nicht, was du in dir sprichst. Gott schuf den Menschen helleuchtend, doch

hat ihn die Schlange wegen seiner Untreue in diesen See des Elendes geführt. Schau jetzt die Sonne, den Mond, die Sterne und alle Zier des Erdengrüns an und betrachte, was Gott damit den Menschen für eine Gunst erweist, während er doch in großer Verwegenheit gegen Gott sündigt. Du bist eine listige, gottlose Betrügerin, dein Vertrauen gründet immer in der Hölle, und du weißt und bedenkst es nicht, was für ein Heil von Gott kommt. Wer gibt dir denn das alles, was du in diesem Lichte und in diesen Gütern hast, wenn nicht Gott? Eilt der Tag zu dir, so nennst du das Nacht; ist dir das Heil nahe, so nennst du es Fluch, und steht es mit all deinen Angelegenheiten gut, so sagst du, es ginge schlecht. Darum bist du ein Höllenwesen!

Ich aber habe den Himmel, weil ich alles, was Gott erschuf, in der richtigen Weise betrachte ... Die Rosen- und Lilienblüten und alles Grün sammle ich sanften Herzens an meiner Brust, indem ich dabei alle Werke Gottes preise, während du ihnen Schmerz über Schmerz entnimmst, da du bei all deinen Werken traurig bist. Du gleichst Höllengeistern, die durch alle ihre Werke Gott unaufhörlich verleugnen. So mache ich es nicht; ich opfere vielmehr alle meine Werke Gott auf, weil in der Traurigkeit Freude und in der Freude Gedeihen ist, es ist nicht so wie der Wechsel von Tag und Nacht. Denn wie Gott Tag und Nacht schuf, so sind auch die Werke der Menschen. Wenn nämlich die Habgier ihre Burg baut, so reißt sie Gott schnell nieder; wenn sich das Fleisch nach ausgelassener Lust sehnt, so tritt es Gott nieder und schlägt es ... Das ist recht und gerecht. Denn sieh dir nur die Beschaffenheit der Vögel des Himmels und die des ganz schlimmen Erdengewürms an, wie sie nützlich und schädlich sind und wie sie sich gegenseitig verschlingen. So ist das Glück und das Unglück der Welt. Man darf sie nicht völlig abschütteln, denn das Nützliche reinigt das Unnütze und umgekehrt, so wie das Gold im Feuerofen geläutert wird. Du aber gibst deine Zustimmung dem nutzlosen Teile, was ich nicht tue. Denn ich beurteile das Nützliche und das Unnütze, so wie es Gott geordnet hat. Die Seele bezeugt den Himmel, das Fleisch die Erde, und das Fleisch drückt die Seele nieder, während die Seele das Fleisch zusammenschnürt. Erwäge also, wie töricht und blind das ist, was du sprichst!« ...

33. *Wie die Seele zu Gott hinstrebt.* Wie die Wasser und die Abgrundtiefe die Macht und das Können Gottes zeigen, so verkündet auch die Seele des Menschen, die zu Gott hinstrebt, mit ihren Kräften in den guten Werken Gottes Macht und Können. Die Seelenkräfte erhalten nämlich durch Gottes Hilfe Stärkung und Standhaftigkeit gegen die Künste des Teufels. Gott steckt in diesen Seelenkräften durch die Macht der zu den verborgenen Mysterien herniedersteigenden Geheimnisse gleichsam von den Waden ab bis zu den Fußsohlen, und zwar so, daß er im Wirken guter Werke zugleich auch über der Seele steht, indem er ihr durch gerechte und treue Werke Heiligkeit einflößt. So sind die Seelenkräfte gleichsam auch die Tugendstärke dieses Mannes; denn wo jene dem Teufel absagen und Gott bekennen, gewinnen sie wieder alles zur Gerechtigkeit zurück und reinigen alles, indem sie Sündenschmutz und Sündenseuche durch reuevolle Bekenntnisse von sich wischen ...

34. *Von der Zauberei.* Die dritte Gestalt stellt die Zauberei vor. Sie folgt der Ruhelosigkeit, weil die Menschen bei der müßigen Durchforschung vieler fernliegender Dinge durch die List des Teufels in den Geschöpfen auch sehr viel Eitles aufstöbern, und weil sie dann Gott verlassen, um in jeglichem Dinge zu finden, was sie wollen. Solche Leute

verlacht der Teufel und führt sie in mancherlei Ärgernisse. Diese Gestalt hat einen Wolfskopf und einen Löwenschweif, weil die diesem Laster ergebenen Menschen durch teuflische Künste in den Geschöpfen suchen, was sie wissen wollen; dem Teufel überliefern sie ihre Seelen zum Verschlingen, wie sich das Lamm dem Wolfe ergibt. Sie setzen auch nicht in vertrauensvoller Hoffnung das Endziel ihrer Werke auf Gott, sie zeigen viellmehr als schlimmes Endergebnis ihres Charakters Hartherzigkeit und Rauheit gleich dem Schweife eines Löwen; was sie nur können, bringen sie mit haßerfüllter Herrschsucht in Unruhe, weil sie in all ihren Angelegenheiten weder Sanftmut noch stillen Sinn kennen. Die übrigen Körperteile der Gestalt aber gleichen einem Hunde, weil alle ihre Werke auf Unreinheit ausgehen, und weil sie auch ihre Wissenschaft zum Erjagen vom Bösen verdrehen. Und diese Gestalt trifft mit der der Ruhelosigkeit zusammen, weil beide in allem eins sind; denn wer der Zauberei ergeben ist, zieht sie sich eben meist durch seine Unrast zu. Beide Gestalten sind in unzertrennbar innigem Bunde vereint, weil man naturnotwendig in beide Laster zugleich verstrickt wird ...

35. Von den Strafen des Raubes. Ich sah einen Brunnen, der so tief war, daß ich seinen Grund nicht erkennen konnte. Aus diesem Brunnen kam eine Flamme, die sich in die Höhe erhob und wieder in den Brunnen zurückfiel. Das tat sie ohne Unterlaß. In diesem Brunnen wurden die Seelen der Menschen bestraft, die während ihres Lebens aus Habgier dem Räuberhandwerk oblagen. Sie wurden mit der Flamme aus dem Brunnen in die Höhe geworfen und dann wieder mit ihr in die Tiefe gezogen. Und sie riefen klagend: »Ah! was haben wir so gesündigt!« Sie waren in diesem Brunnen, weil sie geraubt hatten, und sie brannten in dieser Flamme, weil sie es mit Hartherzigkeit getan hatten, und weil sie sich vieler Räubereien schuldig gemacht hatten, deshalb warf sie die Flamme nach oben und unten; und weil sie ihre Übeltaten für nichts geachtet hatten, deshalb klagten sie jetzt in ihren Strafpeinen ...

36. *Von den Fegfeuerstrafen für den Weltschmerz.* Ich schaute einen trockenen, wasserlosen, von Gewürm erfüllten und in Finsternis eingeschlossenen Ort. Hier waren die Seelen jener Menschen, die während ihrer Lebenszeit sich dem Weltschmerz ergeben hatten. Und böse Geister trieben mit Feuergeißeln diese Seelen an diesem Orte herum und riefen dabei: »Weshalb setztet ihr nicht euer Vertrauen auf Gott?« Weil sie nämlich nicht in der Freude an himmlischen Dingen ergrünten, sondern sich wegen Mangel an irdischen Dingen dem Weltschmerz hingaben, waren sie an diesem Orte; weil sie mit erbitterten Herzen so gehandelt hatten, deshalb mußten sie jetzt sich von dem Gewürme quälen lassen; weil sie sich um die wahre, nie aufhörende Glückseligkeit nicht bekümmerten, mußten sie diese widrigen Finsternisse erdulden; und weil sie in Leiden verstrickt nicht auf Gott vertrauten, wurden sie, wie geschildert, von den bösen Geistern gezüchtigt.

37. *Die Buße für den Weltschmerz.* Und durch den lebenden Geist sah und verstand ich dies, und wiederum hörte ich aus dem lebenden Lichte eine Stimme, die also zu mir sprach: Was du siehst, ist in Wirklichkeit so, ja noch ärger. Deshalb sollen Menschen, die der Weltschmerz befallen hat und welche die bösen Geister, die dazu auffordern, überwinden und diesen Qualen entfliehen wollen, sich in das geistliche Leben zurückziehen; leben sie aber bereits im Kloster, dann sollen sie den gemeinsamen Ordensverpflichtungen außergewöhnlich genau nachkommen, sich eifrig dem

demütigsten Gehorsam unterwerfen, in unablässigem Eifer die Teile der Heiligen Schrift, die ihnen himmlische Freude einflößen, wieder und wieder erwägen, und dies alles nicht mit Anmaßung, sondern mit der Erlaubnis und nach dem Urteile ihres Oberen ...

38. *Der Obere soll die Eigenschaften und die Verfehlungen der Untergebenen sorgfältig überlegen.* Ein Seelenleiter soll die Stärke, Schwäche und die Eigenschaften seiner Untergebenen sowie die Art ihrer Vergehungen sorgfältig erwägen. Er soll auch erforschen, in welcher Absicht gefehlt wurde. Je nach der Charakteranlage des Sündigenden, der Art des Vergehens und der Buße soll dann der Obere seinen Beistand leisten ...

Hier beginnt der sechste Teil

39. *Von dem Manne, der sich mit den vier Himmelsrichtungen bewegt.* Dann sah ich, daß sich der Mann völlig nach den vier Himmelsrichtungen bewegte. Und siehe! an seinem linken Schenkel erschien ein Einhorn, das an seinen Knien leckte und sprach:

40. *Worte des Einhornes.* »Was ist, wird zerstört werden, und was nicht ist, wird erbaut werden. Es wird auch die Sünde im Menschen untersucht und das Gute in ihm durch gerechte Werke vollendet; mit seinem guten Rufe wird es in das andere Leben zurückkehren.« ...

41. *Von der Macht Gottes beim Ende der Welt.* Und wiederum hörte ich die Stimme vom Himmel mir zurufen: »Der gewaltig starke Gott, der über alle Macht hat, wird seine Stärke am Ende der Welt zeigen, wenn er sie in ein anderes Wunder verwandeln wird.«

42. *Gott wird die Grenzen der Erde erschüttern.* Du siehst, daß dieser Mann sich gleichsam ganz mit den vier Himmelsrichtungen dreht. Das bedeutet, daß Gott am Ende der Welt seine Stärke mit den Himmelskräften zeigt, indem er alle Grenzen der Erde erschüttern wird, so daß sich jede Seele zum Gerichte vorbereiten wird ...

43. *Alles Unreine wird von der Welt genommen werden.* Wenn Gott alle seine Kräftewirkungen im Menschen zur Vollendung gebracht hat, wird er seine Kraft in den Wolken erhöhen und die Asche, welche die Elemente umwölkt, wegnehmen. Dabei wird er einen solchen Schrecken verbreiten, daß alles auf Erden erschüttert wird, und daß alles durch die Sünden der Menschen Befleckte gereinigt wird. Dann wird Gott alle Kräfte des Nordwindes zernichten, den Teufel mit seinen siegreichen Waffen niederschmettern und ihm seine Rüstung abnehmen.

44. *Vom neuen Himmel und von der neuen Erde.* Dann wird der Himmel rotschimmernd und die Erde ganz rein erscheinen, weil sie mit den übrigen Elementen gereinigt wurden; denn während jetzt der umdüsterte Himmel eine Art von Verschluß bildet, werden dann die Elemente in Neuheit erglänzen. Dann wird auch der Mensch, falls er unter der Zahl der Seligen ist, in diesen Elementen gereinigt, einem goldenen Radreifen gleichen, an Geist und Körper aufglühen, und alle verborgenen Geheimnisse werden aufgeschlossen und offenkundig werden. So werden die Seligen Gott anhängen, und er wird ihnen vollkommene Freude geben ...

45. *Von der Hölle.* Ich sah auch tiefschwarze Finsternisse ... Darin war die Hölle, die jegliche Art von Qualen, Elend, Gestank und Strafen in sich schloß. Was sich jedoch im einzelnen in der Hölle befand, konnte ich nicht unter-

scheiden, weil ich in diese Finsternisse nicht hineinsah, sondern sie nur von außen betrachten konnte ... Dagegen hörte ich ungeheures und maßloses Klagegeschrei, gewaltiges und unermeßliches Zähneknirschen der trauernden Seelen und unzählige, grenzenlose Geräusche von den Strafen. Es war ein Getöse, als wäre eine Meeresüberschwemmung, und es war wie das Tosen vieler Wasser. Alle Arten von Strafe sind in der Hölle vertreten, weil in ihr die bösen Geister Gewalt haben; sie gießen den ihnen zustimmenden Menschen alle Laster ein, die so zahlreich sind, daß sie die noch mit dem Körper belastete Seele nicht zu schauen und zu erkennen vermag; sie überschreiten nämlich jedes menschliche Maß. Ich sah und erkannte dies durch den lebendigen Geist ...

46. *Gott erschuf die Gestirne gegen den Teufel.* Luzifer war mit all seinem Schmucke wie ein Spiegel erschaffen worden; er aber wollte das Licht selbst und nicht der Abglanz dieses Lichtes sein. Da machte Gott die Sonne, um alle Kreaturen gegen Luzifers Glanz zu erleuchten, er stellte den Mond auf, um allen Finsternissen gegen dessen Nachstellungen Licht zu geben, und er wies den Sternen ihren Platz an, um alle seine Laster zu verdunkeln. Gott ist nämlich die Fülle, in der weder eine Leere ist, noch sein kann. Der Teufel dagegen ist ein leeres Gefäß, weil er seinen hellen Glanz durch Ungehorsam in dem Augenblick verlor, in dem er diesen Glanz erblickte. Er begrub sich selbst in die Hölle, wo er ohne Ruhm und Ehre bleiben wird, weil er jener Räuber ist, der den ersten Menschen ausplünderte, ihn aus dem Paradiese vertrieb, in Kain Menschenmörder wurde und durch das erste Böse die Menschen tötete, indem er sich ihnen als Gott zeigte ...

47. *Die Taten des Menschen gehen nicht zugrunde.* Wie das Werk Gottes, der Mensch, nicht aufhören, sondern im-

mer währen wird, so werden auch die Taten des Menschen nicht verschwinden, weil ein Menschenwerk, das zu Gott hinstrebt, im Himmel erglänzt, während eine Tat, die sich zum Teufel erstreckt, in den Strafen offenkundig wird. Als nämlich Gott den Menschen erschaffen hatte, hieß er ihn sich in den Kreaturen betätigen. Und wie der Mensch nie aufhören wird, zu sein, denn wenn er auch in Staub verwandelt wird, so wird er doch hernach auferstehen, so wird man auch seine Werke immer sehen können. Seine guten Taten werden ihn verherrlichen, seine bösen ihn beschämen, soweit sie nicht durch offenkundige Buße getilgt wurden.

48. *Von den Elementen und Tugenden.* Wie die vier Elemente im Menschen, so sind auch die Tugendkräfte Gottes im seligen Menschen, sie lenken ihn zum Guten hin.

49. *Vom Feuer und den Tugenden.* Der Heilige Geist ist wahrhaft unauslöschliches Feuer ... Er gibt alles Gutes, entzündet alles Gute, erweckt alles Gute, lehrt alles Gute und gibt in seiner Flamme den Menschen die Sprache. Er zeigt nämlich in seiner Glut gleichsam durch starke Feuerkräfte die Demut, die sich allen unterwirft und sich als die letzte von allen dünkt. Und diese Glut schließt auch die Kälte in sich, das heißt die Geduld; sodann Feuchtigkeit im Wohlwollen, das sich nach allen Seiten wendet und das das eigentliche Werk der Demut und das Fundament ist, worauf die Heiligkeit ihren Bau durch die Luft in die Höhe führt ...

50. *Von der Erde und den Tugenden.* Die Erde stellt in ihren Kräften dar, wie der Mensch, was fleischlich an ihm ist, Gott aufopfert und wie er jeglichen Erdenpomp in sich verläßt. Der Gläubige zeigt sich gleichsam im Sommer kühl, indem er sich für den Niedrigsten hält; im Winter erscheint er sozusagen warm, da er sich in der Glut seiner Tugenden die Gelüste des Fleisches versagt. Er weidet sich sodann am

Grün der himmlischen Tugenden, wenn er die Reizungen seines Fleisches in Trockenheit verwandelt, und er läßt auch gute Werke aufsprossen, durch die er die Frucht der Heiligkeit ergreift. Gott hat nämlich den Menschen erschaffen, damit er Himmlisches wirkend das Irdische besiege und damit auch Gott im Menschen die Schlauheit des Teufels überwinde; so sollte der Mensch das Banner der Gottheit sein.

Gott hatte nämlich den ersten Engel hellglänzend gemacht, damit er die Geheimnisse Gottes widerspiegle; doch der erhob sich in Selbstüberschätzung gegen Gott, pries ihn nicht mehr und verlor so seinen eigenen Ruhm. Und nun erschuf Gott den Menschen, um durch das Tieferstehende das Höherstehende zu überwältigen. Gott gab nämlich im Menschen allein seinen Werken die Vollendung. Denn wie die Erde die Tiere trägt, so erleidet der Mensch in seinem Fleische viele Versuchungen; und wenn er sich vom Irdischen abwendet, so handelt er wie ein Tier, das den Menschen flieht; und kehrt sich der Mensch dem geistigen Leben zu, dann ist er wie das Tier, das zum Menschen läuft. So trägt der Mensch alles in seinem Fleische, indem er alles Irdische in sich selbst überwindet. Er wird deshalb auch im himmlischen Siege das Banner der himmlischen Harmonie genannt, wann er den Teufel mit den weltlichen Sorgen niedertritt. So zeigen die Werke des Heiligen Geistes die Kräfte der Elemente im Menschen …

51. Von den Himmelsfreuden der Weltmenschen. Und ich sah eine große und unermeßliche Helligkeit, deren Glanz so gewaltig war, daß ich sie selbst und was in ihr war nur wie in einem Spiegel sehen konnte. Ich wußte, daß hier jegliche Art lieblichen Blühens, der süßeste Duft verschiedener Gewürze mit unzähligen Wonnen war. In dieser Helligkeit hielten sich die Seelen von Seligen auf, die, solange sie auf dieser hinfälligen Welt gelebt hatten, Gott mit gerechten Seufzern berührt und ihn mit gerechten Werken verehrt hatten. In all dem genossen sie hier süßeste Wonnen.

Einige von ihnen, die alle in hellglänzende Kleider gehüllt waren, sah ich wie durch einen Spiegel; andere hatten einen Reif, der wie die Morgenröte schimmerte, um ihre Häupter, ihre Schuhe waren weißer denn Schnee; andere trugen einen Goldreif um den Häuptern, während ihre Schuhe smaragden funkelten. Der übrige Schmuck dieser sowohl wie zahlloser anderer blieb mir verborgen. Sie alle hatten, solange sie im Körper weilten, durch den Glauben dem Teufel widersagt ... und dafür in dieser Helligkeit Ruhe gefunden und genossen jetzt die Lieblichkeit und die Wonnen dieses Glanzes. Weil sie die Sünden verlassen und in der Ausübung guter Werke die Gebote Gottes geliebt hatten, ward ihnen das helle Kleid, dessen Adam beraubt worden war, gegeben.

Wieder andere hatten in Buße ihren Sinn fest auf die Erlösung, durch die Gott den Menschen loskaufte, gerichtet und bußfertig ihre Sünden beweint. Sie hatten um ihre Häupter einen wie die Morgenröte glänzenden Reif, und weil sie, wenn auch spät, auf richtigem Heilswege zum Leben zurückgekehrt waren, erschienen ihre Schuhe weißer denn Schnee. Als sie nämlich in der Welt weltlich gelebt hatten, sühnten sie vor der Stunde oder in der Stunde ihres Hinganges durch die göttliche Eingebung in der Buße ihren Sündenschiffbruch und wurden so im Heil erfunden.

Es gab auch solche, ... die zwar weltlich in der Welt lebten, aber in williger Erfüllung der Gebote Gott nicht verließen. Sie hatten einen Goldreif um ihr Haupt, und weil sie entschlossen im Gesetze Gottes gewandelt waren, funkelten ihre Schuhe smaragden ...

Des einfältigen Menschen Buch von den göttlichen Werken

Hier beginnt des einfältigen Menschen Buch von den göttlichen Werken

Vorwort

1. Im sechsten Jahre, nachdem die wahre Schau des nicht abnehmenden Lichtes mir, der völlig Unwissenden, die mannigfachen verschiedenen Sitten der Menschen (für das Buch vom verdienstlichen Leben) in wunderbaren und wahren Visionen gezeigt hatte, in dem ersten Jahre der vorliegenden Visionen, hatte ich ein Gesicht, so tief geheimnisvoll und so überwältigend, daß ich am ganzen Leibe erzitterte und bei meinem gebrechlichen Körper davon zu erkranken begann. Ich war damals fünfundsechzig Jahre alt. Sieben Jahre schrieb ich an diesem Gesichte und konnte es in dieser Zeit kaum zu Ende bringen. Im Jahre 1163 der Menschwerdung des Herrn, als die Bedrückung des römischen Stuhles noch nicht vorüber war, unter Friedrich dem römischen Kaiser, erscholl vom Himmel eine Stimme an mich, die sprach: »Armes Wesen! Du Tochter vieler Leiden, die du von den vielen schweren Krankheiten deines Körpers förmlich ausgedorrt bist! Trotz alledem hat dich die Tiefe der Geheimnisse Gottes übergossen, und nun zeichne mit festhaltendem Griffel auf, was du mit deinem inneren Auge schaust und mit dem Ohre deiner Seele vernimmst! Die Menschen sollen dadurch ihren Schöpfer erkennen lernen und ihn würdig verehren. Schreibe dies also nicht nach deinem Herzen, sondern meinem Zeugnisse folgend ...«

Der erste Teil

Die erste Vision

2. Ich schaute im Geheimnisse Gottes ein wunderherrliches Bild gleichsam mitten im südlichen Himmel. Es hatte menschliche Gestalt und ein Antlitz von solcher Schönheit und Klarheit, daß ich leichter in die Sonne hätte hineinschauen können als in dies Gesicht. Ein weiter goldfarbener Reif umgab dessen Haupt. Darüber erschien in dem Reife ein zweites Haupt. Es war der Kopf eines älteren Mannes, dessen Kinn und Bart das erste Haupt berührte. An dem Halse dieser Gestalt wuchs rechts und links ein Flügel heraus. Die beiden Flügel erhoben sich über den Reif und vereinigten sich hier. Am obersten Teile der Krümmung des rechten Flügels erschien ein Adlerkopf mit feurigen Augen, in denen der Glanz der Engel wie in einem Spiegel erschien. Auf dem obersten Teile der Krümmung des linken Flügels war ein Menschenhaupt, das wie Sternenglanz leuchtete. Beide Gesichte waren gegen Osten gewendet. Von jeder der beiden Schultern der Gestalt ging ein Flügel bis zu den Knien. Sie war in ein Gewand, das wie die Sonne erglänzte, gehüllt. In ihrer Hand hielt sie ein Lamm, das wie ein hellleuchtender Tag war.

Die Gestalt zertrat mit ihren Füßen ein Ungetüm von entsetzlichem Aussehen, das giftig und schwarz war, und eine Schlange. Diese hatte sich in das rechte Ohr des Ungetüms verbissen, ihren Körper quer um dessen Kopf geschlungen, krümmte seinen Schwanz um dessen linke Seite bis zu seiner Brust hin. Und die Gestalt sprach also:

»Ich bin die höchste, feurige Gewalt. Alle lebenden Funken habe ich entzündet und nichts Sterbliches ausgelöscht.

Ich beurteile es, wie es ist ... Ich, das feurige Leben des göttlichen Wesens, zünde über die Schönheit der Felder hin, leuchte in den Gewässern, brenne in der Sonne, dem Monde und den Sternen und erwecke mit dem Lufthauche, mit unsichtbarem Leben, das alles hält, lebensvoll jeglich Ding. Luft lebt nämlich im Grün und in den Blumen, die Wasser fließen, als hätten sie Leben; auch die Sonne lebt in ihrem Lichte, und der Mond wird wieder von der Sonne entzündet, wenn er völlig abgenommen hat, und lebt dann wieder gleichsam von neuen; und schließlich geben auch die Sterne sozusagen lebend in ihrem Lichte hellen Schein. Ich stellte auch die Säulen, welche die ganze Erde zusammenhalten, hin und ebenso die Winde, die untergeordnete Flügel, das heißt die schwächeren Winde, haben. Diese halten auch die stärkeren Winde durch ihre Milde an, daß sie sich nicht gefährlich ausbreiten, wie auch der Körper die Seele deckt und zusammenhält, damit sie sich nicht verflüchtige und selbst aushauche ... Ich bin also in all dem die verborgene, feurige Kraft, und durch mich brennt all dies, so wie auch der Atem den Menschen unablässig bewegt und der windbewegten Flamme im Feuer gleicht. All dies lebt in seinem Wesen, und der Tod findet sich nicht darin, weil ich das Leben bin.

Ich bin auch die Vernunft, die den Wind des erschallenden Wortes in sich hat, durch das jedes Geschöpf entstand, und ich blies in dies alles hinein. So ist auch keines sterblich in seiner Art, weil ich das Leben bin. Ich bin nämlich das unversehrte Leben, das nicht den Steinen entrissen wurde, das nicht von den Zweigen Laub nahm und das nicht aus grünender Kraft Wurzeln schlug, von mir hat vielmehr alles, was Leben hat, seine Wurzeln. Die Vernunft ist nämlich die Urwurzel, und das erschallende Wort blüht in ihr. Und nachdem Gott vernünftig ist, wie könnte er ohne zu wirken sein, da doch jedes seiner Werke durch den Menschen blüht, den er nach seinem Bilde und Ebenbilde schuf und alle Geschöpfe eben im Menschen nach festem Maße zeichnete. Es war ja von Ewigkeit her beschlossen, daß Gott sein Werk, das ist den Menschen, schaffen wollte, und daß er ihm in der Vollendung dieses Werkes die übrigen Geschöpfe gab, damit er mit ihnen wirke, so wie Gott selbst sein Werk, den Menschen, gemacht.

Ich stehe auch im Amte, weil alles, was Leben hat, durch mich brennt, und zugleich bin ich immer gleichbleibendes Leben in der Ewigkeit, das weder ein Entstehen noch ein Vergehen hat, und dieses Leben ist der sich regende und wirkende Gott, und doch ist dies *eine* Leben in drei Kräften.

So wird die Ewigkeit der Vater, das Wort der Sohn und der Hauch, der beide verbindet, der Heilige Geist genannt. Das hat Gott auch im Menschen, in dem der Leib, die Seele und die Vernunft ist, versinnbildet. Daß ich über die herrlichen Felder hin flamme, bezieht sich auf die Erde, die der Stoff ist, aus dem Gott den Menschen bildete; daß ich in den Wassern leuchte, entspricht der Seele, weil sie den ganzen Körper durchzieht, so wie das Wasser die ganze Erde durchgießt; und daß ich schließlich in der Sonne und dem Monde brenne, das deutet auf die Vernunft hin, denn die Gestirne sind ungezählte Worte der Vernunft. Und daß ich mit dem Lufthauche wie mit unsichtbarem Leben, das alles hält, jegliches zum Leben erwecke, das ist, weil das, was in Wachstum sich entwickelt, in frischem Leben besteht und sich von dem, worin es ist, in nichts entfernt.

3. Und wiederum hörte ich die Stimme vom Himmel also zu mir sprechen: Gott, der alles erschaffen hat, bildete den Menschen nach seinem Bilde und Ebenbilde und wies in ihm auf die Geschöpfe der höheren und niederen Art hin. Er

liebte den Menschen so, daß er für ihn den Ort bestimmte, aus dem der gefallene Engel geworfen war, und daß er ihn zu dem Ruhme und der Herrlichkeit, die jener mit seiner Seligkeit verloren hatte, bestimmte. Das zeigt das Gesicht, das du eben schaust.

Denn daß du im Geheimnisse Gottes eine wunderherrliche Menschengestalt inmitten des südlichen Himmels siehst, bedeutet, daß die Liebe des himmlischen Vaters in der Kraft der makellosen Gottheit, in herrlicher Auswahl und in der Mitteilung der Geheimnisse wundervoll ist. Sie weist auf den Menschen hin, weil der Sohn Gottes, als er sich mit Fleisch bekleidete, den verlorenen Menschen im Werke der Liebe erlöste. Das Antlitz der Gestalt ist so schön und so helleuchtend, ... weil solch starke freischenkende Liebe so ausgezeichnet und glänzend in seinen Geschenken ist, daß sie jegliche Einsicht der menschlichen Vernunft, womit man doch sonst in der Seele die verschiedenen Dinge erkennt, so weit übertrifft, daß sie niemand in seinem Sinne erfassen kann. Hier aber wird dies in einem Sinnbilde gezeigt, damit man dadurch im Glauben erkenne, was man mit den Augen des Fleisches nicht sichtbar schauen kann ...

4. Aus dem Halse dieser Gestalt wächst rechts und links ein Flügel; sie erheben sich über den Reif und vereinigen sich dann, weil die Liebe zu Gott und die zu den Menschen, wenn sie durch die Tugendkraft der Liebe in der Einheit des Glaubens hervorgehen und in höchster Sehnsucht diesen Glauben zumal erfassen, nicht voneinander getrennt werden können, solange die heilige Gottheit den Glanz seiner Herrlichkeit den Menschen verhüllt ...

5. Gott hatte alles, was er gewirkt hat, vor dem Beginne der Zeit in sich gegenwärtig. In der reinen und heiligen Gottheit erschienen nämlich vor dem Beginne der Zeit alle sicht-

baren und unsichtbaren Dinge zeitlos, so wie auch Bäume und andere Gegenstände in naheliegenden Gewässern sich widerspiegeln, ohne doch in Wirklichkeit darin zu sein ... Als aber Gott sprach: »Es werde!« da hüllten sich die Dinge sofort in die Gestalt, wie sie Gottes Vorherwissen vor dem Zeitbeginne körperlos geschaut hatte. Wie nämlich in einem Spiegel alles, was vor ihm ist, erglänzt, so erschienen in der heiligen Gottheit alle Gotteswerke zeitenlos. Und wie sollte Gott ohne das Werk seines Vorauswissens sein? Es ist doch jedes Werk, wenn es einmal mit einem Körper umhüllt ist, in der Ausübung seiner Aufgaben vollkommen, und die heilige Gottheit wußte voraus, daß sie in ihrem Wissen, Erkennen und Helfen bei dem Werke sein werde. Denn wie auch der Strahl irgendeines Lichtes die Gestalt eines Dinges durch den Schatten erkennen läßt, so schaute auch das reine Vorherwissen Gottes die Gestalten der Kreaturen, noch ehe sie in einen Körper gehüllt waren, weil jedes Ding, das Gott schaffen wollte, in seinem ... Vorherwissen aufleuchtete, so wie auch der Mensch den Sonnenglanz früher als die Sonne selbst erblickt. Und wie der Sonnenglanz die Sonne anzeigt, so verkünden die Engel durch ihren Lobpreis Gott, und wie die Sonne nicht ohne ihr Licht sein kann, so ist auch die Gottheit nicht ohne den Preis der Engel. Das Vorherwissen Gottes ging also voraus, und die Werke selbst folgten nach, und wäre das Vorherwissen Gottes nicht vorausgegangen, so wäre sein Werk nicht erschienen, gleichwie man den Körper eines Menschen nicht erkennt, wenn man sein Antlitz nicht sieht, erblickt man jedoch das Gesicht eines Menschen, so lobt man seinen Körper. So ist auch das Vorherwissen und das Werk Gottes in ihm ...

Hier beginnt die zweite Vision

6. Sodann erschien auf der Brust der oben geschilderten Gestalt, die ich inmitten des südlichen Himmels geschaut hatte, ein Rad von merkwürdigem Aussehen. Es hatte Zeichen, die dem Instrumente glichen, das ich vor achtundzwanzig Jahren gesehen hatte. Es war wie ein Ei, wie ich es in der dritten Vision des Buches Scivias geschildert habe. An seinem obersten Teile erschien rings um die Eirundung ein Kreis von helleuchtendem Feuer und unter diesem Kreise ein anderer von schwarzem Feuer, der lichthelle Kreis war zweimal so dick wie der schwarzfeurige. Und beide Kreise verbanden sich so, als wären sie nur *einer*. Unter dem schwarzfeurigen Kreis erschien ein anderer wie aus reinstem Äther, er schien so dick wie die beiden anderen zusammen. Unter dem Ätherkreise zeigte sich ein Kreis von wasserhaltiger Luft, der in seinem Umfange die gleiche Dichte wie der lichthelle Feuerkreis hatte. Unter diesem Kreise von wasserhaltiger Luft erschien ein anderer von starker, heller und weißer Luft, der in seiner Härte wie eine Sehne im Menschenkörper aussah. Er hatte dieselbe Dichte wie der Kreis von schwarzem Feuer. Auch diese beiden Kreise verbanden sich so, daß sie nur einer zu sein schienen.

Unter dem starken, weißen, hellen Luftkreis zeigte sich eine andere dünne Luft, die zuweilen hohe, lichte und dann wieder tiefhängende, dunkle Wolken in die Höhe zu tragen und sich über diesen ganzen Kreis hin auszudehnen schien. Alle diese sechs Kreise waren ohne einen Zwischenraum unter sich verbunden. Der unterste Kreis übergoß mit seinem Lichte die übrigen, während der mit der wasserhaltigen Luft die anderen mit seiner Feuchtigkeit benetzte.

Von dem Ausgangspunkte der Ostseite des Rades erstreckte sich gegen Norden hin bis zum Ende der Westseite eine Linie, welche die Nordseite von den übrigen Teilen abschnitt. Außerdem war inmitten des Kreises aus der dünnen Luft (also im sechsten Kreise) ein Ball zu sehen, der ringsum von dem Kreise aus der starken, weißen und leuchtenden Luft gleichweit entfernt war. Die Querausdehnung des Balles entsprach der Tiefe des Raumes von dem obersten Teile des ersten Kreises bis zu den äußersten Wolken ...

Inmitten dieses Kreises erschien die Gestalt eines Menschen, dessen Scheitel nach oben und dessen Fußsohlen nach unten zu dem Kreise aus der starken, weißen und leuchtenden Luft reichten. Von der rechten Seite waren die Fingerspitzen der rechten Hand und von der linken Seite die Fingerspitzen der linken Hand da und dort in Kreisform zu dem Kreise hin ausgestreckt ...

Und in der Richtung dieser vier Seiten erschienen vier Köpfe, der eines Leoparden, eines Wolfes, eines Löwen und eines Bären. Über dem Scheitel des Menschenbildes, im Sinnbilde des reinen Äthers, sah ich das Haupt des Leoparden aus seinem Munde Hauch ausblasen. Dieser Hauch krümmte sich an der rechten Mundseite etwas zurück, zog sich in die Länge und nahm also die Gestalt eines Krebskopfes mit zwei Scheren an, die gleichsam zwei Füße bildeten; in der linken Mundseite bildete der Hauch die Figur eines Hirschkopfes. Aus dem Krebsmunde ging wieder ein Hauch heraus, der bis zur Mitte des Raumes, der zwischen dem Leoparden- und dem Löwenkopfe war, vordrang; während der Hauch aus dem Hirschkopfe bis zur Mitte des Raumes, der zwischen dem Leoparden und Bären war, sich hindehnte ... Alle diese Köpfe bliesen zu dem Kreise und zu dem Menschenbildnisse hin ...

7. Und wieder hörte ich vom Himmel her eine Stimme, die

also zu mir sprach: Gott, der zum Ruhme seines Namens die Welt aus den Elementen zusammensetzte, sie durch die Winde stärkte, die Sterne zu ihrer Erleuchtung um sie wand und sie mit den übrigen Geschöpfen erfüllte, hat den Menschen auf ihr mit all dem umgeben und ausgerüstet und sie allum mit größter Stärke umgossen, auf daß sie dem Menschen in allem beistünde und ihn bei allen seinen Werken helfe, so daß er mit ihnen wirkt – denn er kann ja nicht ohne sie bestehen und leben –, wie dir in dieser Vision gezeigt wird ...

Die Gottheit ist in ihrem Vorherwissen und in ihrem Wirken wie ein makelloser Kreis und in keiner Weise geteilt, weil sie weder Anfang noch Ende hat und auch von niemandem begriffen werden kann; denn sie ist zeitlos. Und wie der Kreis, was in ihm verborgen ist, in sich schließt, so schließt auch die heilige Gottheit ohne Grenzen alles in sich und übertrifft alles, weil sie niemand in ihrer Macht zerteilen, überwinden noch zu irgendeinem Ende führen konnte ...

8. Der Kreis von lichthellem Feuer zuoberst der Rundung bedeutet, daß das Feuer als erstes Element auch als erstes zu sein begonnen hat, weil es leicht ist. Es schließt auch die übrigen Elemente in sich und erleuchtet sie. Es durchdringt ferner alle Geschöpfe und gibt ihnen die Freude seines Lichtes. Dabei sinnbildet es die Macht Gottes, der über alle ist und allen Leben schenkt. Unter diesem lichthellen Feuerkreis ist ein anderer von schwarzem Feuer. Der weist darauf hin, daß dieses zweite Feuer unter der Macht des ersten steht. Dieses zweite Feuer ist ein Richterfeuer, beinahe ein Höllenfeuer. Es wurde zur Bestrafung der Bösen geschaffen und schont nichts, worauf es in gerechtem Gerichte fällt. Es zeigt, daß, wer sich immer Gott entgegenstellt, in schwarzes Dunkel und in mancherlei Unheil stürzt. Wenn die Sonne

zur Sommerszeit in die Höhe steigt, dann übt dieses Feuer in brennendem Blitze Gottes Rache aus, und wenn im Winter die Sonne niedergeht, dann zeigt es Gericht und Strafe in Eis, Kälte und Hagel, weil jede Sünde in Feuer, Kälte oder anderen Heimsuchungen je nach ihrer Art gestraft wird. Der Lichtkreis ist zweimal so stark wie der finstere Feuerkreis, weil das schwarze Feuer so stark und bitter wirkt, daß es den oberen Lichtkreis verdunkeln und ihn zerstreuen würde, wenn es nicht bloß halb so dicht wäre ...

9. Der Ball inmitten des Kreises aus dünner Luft, der ringsum von dem Kreise aus der starken, weißen und leuchtenden Luft gleichweit entfernt ist, stellt die Erde vor, die inmitten der übrigen Elemente und mit ihnen vermischt ist. Sie wird auch von ihnen ringsum getragen, ist mit ihnen verbunden und empfängt von ihnen unablässig grünende Stärke zu ihrer Erhaltung. Das tätige Leben versinnbildet gleichsam die Erde. Es verweilt mitten in den rechten Strebungen und eilt ringsum da und dorthin, weil es sich in gut gemäßigter Frömmigkeit für die Kräfte richtiger Leistungen zusammenhält. Es obliegt in frommgläubigen Menschen bald geistlichen Übungen, bald wieder dem, was der Körper erfordert, so wie es eben gut ist; denn wer diese Diskretion liebt, stellt alle seine Werke auf den Willen Gottes ein.

Dieser Ball entspricht in seiner Querausdehnung der Tiefe des Raumes von dem obersten Teile des obersten Kreises bis zu den äußersten Wolken ..., weil die Erde vom höchsten Schöpfer in ihrer Masse so zusammengeballt und so stark gefügt ist, daß sie nicht von dem Geräusche der oberen Elemente, nicht von der Gewalt der Winde und auch nicht durch Wasserüberschwemmungen aufgelöst werden kann. Denn also erwägen auch Frommgläubige mit weitem Herzen die Größe der Macht Gottes und schauen auf die wechselnden Stimmungen ihres Sinnes und die Schwäche ihres Fleisches hin, und infolgedessen halten sie bei allem, was sie tun, so das richtige Maß ein, daß sie es bei den notwendigen Verrichtungen des höheren wie des niederen Lebens nicht überschreiten und dadurch Fehler vermeiden ...

10. Die Gestalt des Menschen, dessen Scheitel nach oben und dessen Fußsohlen nach unten zu dem Kreise aus der starken, weißen und leuchtenden Luft reichten ..., sinnbildet, daß der Mensch gleichsam inmitten des Weltenbaues ist, weil er bedeutender als alle übrigen Geschöpfe der Erde ist. Sein Körper ist zwar klein, die Kraft seiner Seele jedoch groß. Sein Haupt geht in die Höhe und seine Füße in die Tiefe, weil er sowohl die Elemente in der Höhe wie die in der Tiefe bewegt ... Denn wie der Körper des Menschen das Herz an Größe übertrifft, so sind auch die Kräfte des Menschen mächtiger als sein Leib, und wie das Herz des Menschen im Körper verborgen ist, so ist auch der Körper von den Kräften der Seele umgeben, da sie sich über den ganzen Erdkreis hin erstrecken. Der Frommgläubige hat sein Dasein im Wissen Gottes und strebt in seinen geistlichen und weltlichen Obliegenheiten zu Gott hin. Geht es mit seinen Unternehmungen gut vorwärts, oder glücken sie ihm nicht, immer geht sein Trachten auf Gott ... Denn wie der Mensch mit seinen leiblichen Augen allenthalben die Geschöpfe sieht, so schaut er im Glauben überall den Herrn und erkennt ihn in den Kreaturen, weil er weiß, daß er deren Schöpfer ist.

Und gegen die vier Seiten hin erscheinen vier Häupter, ein Leoparden-, Wolfs-, Löwen- und Bärenkopf, weil sich an den vier Weltseiten die vier Hauptwinde befinden. Diese Winde haben aber nicht diese Gestalten, sie gleichen nur in ihren Kräften der Natur der angeführten Tiere. Der Mensch, der gleichsam am Kreuzwege der weltlichen Sorgen steht, wird von einer Unzahl von Versuchungen angegriffen, in denen er sich gleichsam im Leopardenkopf, das ist in der Furcht Gottes, an die Höllenstrafen wie in einem Wolfe erinnert, und wie im Löwen sich vor dem Gerichte Gottes fürchtet, da er gleichsam im Bären in Heimsuchungen des Körpers von einer Unzahl anstürmender Bedrängnisse erschüttert wird ...

11. ... Du siehst, wie die Sonne verschiedene Strahlen entsendet. Mit einem solchen Strahle berührt sie den Leopardenkopf, mit einem zweiten den Kopf des Löwen, mit dem dritten den des Wolfes, den Bärenkopf aber berührt sie nicht. Das ist deshalb so, weil die Sonne der größte Planet ist und das ganze Firmament mit ihrem Feuer erwärmt, kräftigt und den Erdkreis mit ihrem Glanze erleuchtet. Sie widersteht auch mit den Kräften ihrer Stärke dem Hauptsüd-, Ost- und Westwind, daß sie nicht die ihnen von Gott gesetzten Schranken überschreiten. Den Nordwind berührt sie jedoch nicht, denn er ist gleichsam ein Feind der Sonne und verachtet jeglichen Lichtglanz. Deshalb sendet sie zu ihm keinen Strahl, der ihr entspringt, sondern kümmert sich nicht um ihn und stellt ihm nur ihren Weg entgegen, durch den sie seine Wut züchtigend bändigt; sie begibt sich auch nicht in jene Teile, weil dort der Teufel in seinem Widerstreit gegen Gott seine Bosheit offenbart.

Die Sonne sendet auch einen Strahl über das Mondbildnis hin, weil sie ihn mit ihrer Wärme entzündet, so wie der ganze menschliche Körper mit Gefühl und Verstand bedeckt ist.

Einen weiteren Strahl läßt das Sonnenbild über das Gehirn und die Fersen der menschlichen Gestalt hinziehen und sich dort festsetzen, weil die Sonne dem ganzen menschlichen Körper von oben bis unten Stärke und Temperament eingießt. Sie stärkt dabei vor allem das Gehirn, so daß es stark an Verstand alle Kräfte des Körpers festhalte, und dann auch als der obere Teil des Menschen mit Gefühl alle seine Eingeweide durchgieße, so wie die Sonne die Erde erleuchtet ... Dieser Strahl berührt auch die beiden Fersen, weil die Ferse den ganzen menschlichen Körper trägt, so wie das Gehirn den Körper leitet. Auf diese Weise beherrscht die Sonne mit ihren Kräften alle Glieder des Menschen, so wie sie auch alle übrigen Geschöpfe kräftigt ...

Von dem Sinnbilde des Mondes reicht, wie du siehst, ein Strahl über die beiden Augenbrauen und die beiden Knöchel der menschlichen Gestalt hin, weil der Mond durch seine natürliche Kraft eine Herrschaft über den Menschen ausübt. Denn wie die Augenbraue dem Auge Schutz zum Sehen gibt, und wie der Knöchel den Menschen trägt, so werden durch Gottes Anordnung die Glieder des Menschen von oben bis unten vom Monde beeinflußt, freilich nicht so vollkommen wie von der Stärke der Sonne, weil die Sonne in ihrem Dienste den Körper des Menschen vollkommener als der Mond berührt.

Der Mond vollendet seinen Lauf in Wärme und Kälte. Nimmt er zu, so ist er warm, nimmt er ab, so ist er kalt; die Sonne aber steht vom Osten bis zum Süden in Gluthitze, hernach jedoch zieht sie, bis sie zum Westen kommt, Kälte ein. Ist dem Monde sein Licht ausgegangen, dann empfängt er es wieder von der Sonne, indem sie die erloschene Mondscheibe mit einem Funken wie mit einer Lampe, die sie angefacht hat, entzündet. Dann steht der Mond in der Höhe; ist er aber angezündet, dann steigt er wieder an seinen Platz nieder. Und wie die Sonne die Mondscheibe entzündet und erhellt, so kräftigt sie alles, was oberhalb und was unter dem Firmamente ist. Dabei hilft ihr der Mond ... Er ist infolge der wasserhaltigen Feuchtigkeit, von den Wolken, die unter ihm sind, von der Luft, die über der Erde ist, viel kälter als die Sonne, und diese würde vieles zusammenbrennen, wenn sie nicht am Monde Widerstand fände, denn er mäßigt die Sonnenglut durch seine kalte Feuchtigkeit.

12. So dienen Sonne und Mond nach göttlicher Anordnung dem Menschen und bringen ihm je nach der Mischung der Luft und des Windes Gesundheit oder Schwächung. Das sinnbilden die Strahlen, welche die Sonne vom Gehirne bis zur Ferse und der Mond von den Augenbrauen bis zu den Knöcheln des Menschenbildes entsenden.

Ist der Mond im Wachsen, so mehrt sich auch das Gehirn und Blut im Menschen, ist er im Abnehmen, so wird auch das Gehirn und Blut im Menschen weniger. Würde sich nämlich das Gehirn im Menschen nicht ändern, so würde der Mensch wahnsinnig werden, so daß er noch unbändiger als ein wildes Tier erschiene, und bliebe sich das Blut im Menschen immer gleich, ... so würde der Mensch schnell zerbersten und könnte nicht leben. Und ist Vollmond, so ist auch das Blut des Menschen voll ...

Hier beginnt die dritte Vision

13. Ich schaute und sieh! der Ostwind und der Südwind setzten mit ihren Hilfswinden durch gewaltiges Stürmen das Firmament in Bewegung und ließen es sich vom Osten bis zum Westen über der Erde rings hinwälzen; hier im Westen wurde es vom West- und vom Nordwind mit ihren Hilfswinden aufgenommen, von deren Brausen fortgetrieben und von Westen bis Osten unter die Erde zurückgeworfen. Ich sah auch, daß von dem Zeitpunkt an, wo die Tage länger

werden, der Südwind mit seinen Hilfswinden an der Südseite das Firmament gen Norden hin allmählich in die Höhe hob, als stützte er es; das dauerte bis zu der Zeit, wo die Tage nicht mehr länger werden. Und als die Tage wieder kürzer wurden, da trieb der die Sonnenklarheit hassende Nordwind mit seinen Hilfswinden das Firmament vom Norden gegen Süden zurück und drückte es allmählich nieder, bis es dann der Südwind wieder mit Beginn der länger werdenden Tage emporzuheben begann.

Dann sah ich, daß im Feuer oben ein Kreis erschien, der von Ost bis West das ganze Firmament umgürtete. Aus diesem Kreise ging von der Westseite ein Wind aus, der die sieben Planeten von West nach Ost gegen die Bewegung des Firmamentes zu ziehen zwang. Dieser Wind blies nicht wie die übrigen auf die Erde hin, sondern lenkte nur, wie geschildert, den Gang der Planeten …

14. Und wiederum erscholl vom Himmel her eine Stimme, die also zu mir sprach: »Alles, was Gott in der Höhe und in der Tiefe erschaffen hat, bestimmte er für den Nutzen der Menschen. Mißbraucht es der aber zu bösen Handlungen, so veranlaßt Gottes Gericht die Geschöpfe, ihn zu bestrafen. – Haben sie in erster Linie dem Menschen für seine leiblichen Bedürfnisse zu dienen, so kann man doch auch erkennen, daß sie kaum weniger für sein Seelenheil bestimmt sind.

Wie du siehst, bewegen der Ost- und Südwind mit ihren Hilfswinden mit mächtigen Stürmen das Firmament und lassen es sich von Ost bis West über die Erde hinwälzen. Das bedeutet, daß, wenn der Aushauch der Furcht des Herrn und der des Gerichtes Gottes mit den übrigen Tugenden in der Kraft der Heiligkeit den inneren Geist des Menschen berühren, sie ihn gleichsam im guten Osten beginnen und ihn in diesem bis zur guten Vollendung, bis zum Westen, im Siege über das Fleisch erhalten und ausharren lassen ...

15. Zuweilen erheben sich die Säfte im Menschen wild wie ein Leopard, mäßigen sich aber dann wieder, so wie der Krebs bald vorwärts, bald rückwärts geht ... Denn wenn der Mensch auch von der Furcht Gottes durchdrungen ist, so steigen doch zuweilen Gedanken in ihm auf, die voller Überdruß Ablenkung in eitlen Dingen suchen. Mahnen ihn gute Gedanken, im Vertrauen auf ein gutes Ende vorwärts zu gehen, so ziehen ihn andere doch wieder zurück und geben ihm voll Trug ein, so könne er unmöglich bis zum Ende ausharren ... Und diese Gedanken bestürmen ihn bald wie ein reißender Wolf, bald wie der Krebs und der Hirsch. Jetzt stellen sie dem Menschen wie im Wolfe die Höllenstrafen vor, dann versprechen sie ihm trügerisch, er könne sich durch den Hirsch, das ist durch den Glauben, und durch den Krebs, das ist die Zuversicht – andere gerechte Werke seien nicht nötig – vor diesen Strafen retten, dann aber stürzen sie ihn wieder oft in Verzweiflung. Zuweilen zeigen sie dem Menschen, seine Stärke wiche in ihm so wenig wie in einem Löwen, und wie eine Schlange zeigen sie sich abwechselnd sanft und dann wieder heftig, dann heucheln sie wieder Lammessanftmut, wenn sie Gottes Gericht vorführen, und reden ihm ein, das wäre nicht zu fürchten. Sie machen ihm wie die listig schleichende Schlange vor, er könne mit angenehmer Klugheit dem Gerichte entgehen, und ermuntern ihn, er solle doch wie das Lamm in Geduld nichts fürchten, als wäre er nicht in Sünden verstrickt. Dann aber murrt und brummt es wie ein Bär im Menschen, wenn er zornig ist, und dann wieder sind seine Gedanken, wie eben gezeigt, von Lammes- und Schlangennatur ... So wechseln die Säfte oft im Menschen, weil die Gedanken der Menschen, durch der-

lei Stürme und auch auf andere Weise sich nicht gleichbleibend, ihn jetzt in Sicherheit einwiegen und dann zur Verzweiflung führen und ihn manchmal auch in richtiger Andacht aufwärts tragen.

Diese sich also wandelnden Gedanken schlagen sich oft auf die Leber, in der des Menschen Wissen sich erprobt. Es geht durch die Kräfte der Seele aus dem Gehirne in richtigem Maße hervor. Das Gehirn wird von der Gehirnfeuchtigkeit berührt, so daß es fett, stark und gesund ist …

Auf der rechten Seite des Menschen ist die Leber und eine große Körperwärme, deshalb erhebt sich auch die rechte Hand schnell und wirkt schnell; auf der linken Seite ist das Herz und die Lunge, was dieser Seite Kraft zum Lastentragen gibt; Herz und Lunge werden auch von der Leber wie aus einem Ofen mit Wärme gespeist. Das bedeutet, daß auf der rechten Seite, das ist im günstigen Gedeihen des Heiles des guten und gerechten Menschen, die Gerechtigkeit mit dem Heiligen Geiste wirkt …, während er auf der linken das Böse vermeidet, Gott mit aufrichtigem Herzen bekennt und innig wünscht, die Kraft der Gerechtigkeit wolle ihn stärken. Werden die Adern der Leber erschüttert und von jenen Säften berührt, dann erschüttern sie auch die Äderchen des menschlichen Gehöres und verwirren es. Oft dringt durch das Gehör in den Menschen Gesundheit und Krankheit ein, sei es daß es durch Günstiges in der Freude übermäßig bewegt oder daß es durch Widriges in Trauer zu sehr zusammengezogen wird. Es wird damit gezeigt, daß die durch gute Gedanken hervorgerufene ständige Gerechtigkeit vom Anhören des Schlechten ablenkt und zu dem des Guten hinweist …

Du siehst auch, daß jene Säfte des Menschen zum Nabel hinstreben, der gleichsam das Haupt der Eingeweide ist und sie sanft einschließt, so daß sie nicht auseinanderfallen. Er hält auch ihren Gang, ihre und der Adern Wärme im richtigen Maße, wenn er auch oft durch Stürme in Unruhe ist. Anders könnte der Mensch nicht leben; denn der Frommgläubige verschließt sein Ohr gegen Böses und hält in seinen guten Gedanken den Nabel der verschiedenen Begierden zusammen, bis er zum Leben wahrer Glückseligkeit gelangen kann ...

Zuweilen fallen die Säfte auch die Lenden an, die, in ihren Kräften gleichsam spielend, trügerisch und gefährlich sind. Die Lenden werden von den Adern und Nerven gehalten; es blüht auch die Vernunft in ihnen, so daß der Mensch weiß, was er zu tun und zu meiden hat ... Auf der rechten Seite des Menschen werden die Lenden durch den Anhauch des Atems und durch die Leber erwärmt und gestärkt. Der Mensch gewinnt dadurch Ordnung und Zucht, so daß er die Stürme anderer Säfte unterdrücken und so seine Werke geordnet zu Ende führen kann ...

Dieselben Säfte berühren zuweilen die Adern der Nieren und der Eingeweide, die sich zu den Adern der Milz, der Lunge und des Herzens erstrecken. Dies alles kommt mit den Eingeweiden auf der linken Seite in Bewegung, weil diese von der Lunge erwärmt wird; die rechte Seite aber wird von der Leber entzündet, weil der Mensch mit den guten Gedanken die Nieren, die öfters in ungerechter Begierlichkeit zum Herzen hinfühlen und es zu Bösem erschüttern, kraftvoll im Zaume hält ..., und dies tut er, indem er die Wege der Gerechtigkeit beschreitet.

16. Die Adern des Gehirns, des Herzens, der Lunge, der Leber und die übrigen bringen den Nieren Stärke. Die Adern der Nieren fließen hinwiederum zu den Waden hernieder, stärken sie und steigen mit den Adern der Waden wieder in

die Höhe und verknüpfen sich entweder in der Manneskraft oder in der weiblichen Gebärmutter, so wie der Magen die Speisen zusammenfaßt. Diese Adern entsenden an diese Orte Kräfte zur Erzeugung der Nachkommenschaft, so wie der Stein das Eisen schärft; denn nachdem der Mensch durch die Keuschheit die Begierlichkeit unterdrückt, die Nieren zusammengezogen und durch die ihm innewohnende gute Weisheit in Keuschheit gereinigt hat, umgürtet er sie mit steter Gerechtigkeit und Enthaltsamkeit und neigt sich nun in dem, worin er ehedem unenthaltsam war, zur Beherrschung, der er festen Bestand gibt, so daß sie sich nicht mehr in Leichtsinn stürzt. Während so der Mensch in Enthaltsamkeit zu Gott hinstrebt und sich in ihr im männlichen und weiblichen Geschlecht verschanzt, bringt er auf viele Tugenden gestützt eine Nachkommenschaft der Heiligkeit hervor, indem er die richtige Bahn der Selbstzucht beschreitet. Die Muskelstränge der Arme und die Waden, sowie die Schenkelballen sind voll Adern und Feuchtigkeit, und wie der Unterleib die Eingeweide und Speisen festhält, so bewahren die Armmuskeln und die Waden die Adern und Säfte und kräftigen den Menschen durch ihre Stärke und tragen ihn, so wie ihn der Unterleib ernährt. Denn die Enthaltsamkeit ist ein Zusammenfassen der Stärke und der erhaltenden Kräfte zur Gerechtigkeit. Sie ernährt die Seele in Heiligkeit, umgeben von steten Seufzern guter Gedanken, das Innere der Seele zur Fülle zusammenfassend und zur Vollkommenheit des Heiles erhaltend.

17. Wenn der Mensch eilig läuft oder einen anstrengenden Marsch macht, so werden die Sehnen unter den Knien und die Äderchen in den Knien zu sehr erweitert. Sie berühren dann die zahlreichen Adern in den Waden, mit denen sie wie in einem Netze zusammenhängen, und kehren mit der

Müdigkeit zu den Adern der Leber zurück, berühren nun auch die Gehirnadern und lassen so den ganzen Körper erschlaffen. Es ist, wie wenn der Mensch den rechten Tugendweg maßlos zu gehen versucht und also Unzuträgliches tut ... Er enthält sich dann maßlos erlaubter Dinge und zieht sich Ekel auch an anderen Tugenden zu ... Die Adern der Nieren berühren mehr die linke als die rechte Wade, weil die rechte von der Wärme der Leber Kraft erhält ...

Werden die Säfte im Menschen zu stark erregt und berühren sie dann die Adern der Leber, so wird deren Feuchtigkeit vermindert und auch die der Brust verringert, und so wird der ausgetrocknete Mensch in Krankheit gestürzt. Die Flüssigkeit in einem solchen Menschen trocknet aus und wird vergiftet, sie steigt dann in das Gehirn und führt zu Kopf- und Augenschmerzen, zehrt das Mark in den Knochen aus und hat zuweilen die hinfallende Krankheit zur Folge, wenn der Mond eben im Abnehmen ist. Wenn nämlich die Gedanken des Menschen Wildheit und tyrannische Härte annehmen und auf eitle Abwege kommen, so unterdrücken sie infolge dieser Tyrannis die Gerechtigkeit, die vom Taue des Heiligen Geistes übergossen durch die Heiligkeit guter Werke aufsprießen sollte, und schwächen und trocknen die übrigen Tugenden in ihm aus. Sie verwandeln das Wissen, den Anfang, das Streben und die Kraft zu gerechten Handlungen, die ehedem in ihm stark waren, durch Verzweiflung gleichsam in eine hinfallende Krankheit, weil das Licht der Wahrheit, das ihm leuchtete, geschwächt wird.

Auch die Feuchtigkeit im Nabel wird durch dieselben Säfte vertrieben und verhärtet sich, wodurch sein Fleisch voll Geschwüre und schwammig wird. Er sieht wie ein Aussätziger aus, ohne den Aussatz zu haben. Dadurch werden auch die Adern der Lenden in unrichtiger Weise berührt und erregen die andern auf gleiche Weise, so daß die richtige Feuchtigkeit in ihm ausgetrocknet wird ... und schlimme Krätze eintritt, weil die Feuchtigkeit der Enthaltsamkeit, die gleichsam in seinem Nabel die Unenthaltsamkeit hätte vernichten sollen, durch diese wilden, harten und unrechtmäßigen Gedanken vertrieben, nicht mehr durch den Tau des Heiligen Geistes benetzt wird. Wenn er aber diesen verläßt, dann faulen seine Sünden in böser Gewohnheit, so daß sie in allem wie der Aussatz durch üblen Geruch offenkundig werden. Es werden auch seine Lenden, die nicht mehr von der Keuschheit umgürtet sind, durch diese Gedanken erregt, so daß der Same der guten Werke in ihm verdorrt und sich an ihm schlechtes Beispiel krätzengleich erhebt ...

18. Ergießen sich diese Säfte weder zu trocken noch zu naß, sondern eben richtig durch die Glieder des Menschen, dann bleibt er an seinem Körper gesund, und sein Wissen ist zum Guten und Schlechten frisch. So ist es auch mit den Gedanken des Menschen. Sind sie weder in Wildheit hart, noch in zu großer Leichtigkeit schlüpfrig und den Menschen und Gott entsprechend in guten Sitten trefflich und ehrbar, dann machen sie den Körper durch Sanftmut ruhig und in der Wissenschaft scharfsinnig, so daß er, die Gunst der Welt meidend, weder zur Rechten noch zur Linken vom Wege abweicht und, auf zahlreiche Tugenden gestützt, den himmlischen Freuden zustrebt, wie es im Lied der Lieder heißt: »Wie schön ist dein Gang in den Schuhen, du Fürstentochter!« Du, der du dich in deinem Herzen an guten Werken erfreuest, der du dich nach Gott sehnest, durch den du die Hoffnung auf das ewige Leben hast, das dir in Freuden entgegenglänzt, – du machst, als würde sich die Sonne erheben, herrliche Schritte auf dem Wege des Sohnes Gottes, wenn du dir die Abtötung des Fleisches wie in Schuhen auferlegst ...

Dann wird deine Seele auch die Tochter des Fürsten genannt, des Fürsten nämlich, welcher der Friedensfürst heißt ... Jeder Mensch also, der Gott fürchtet und liebt, öffne diesen Worten die Frömmigkeit seines Herzens und wisse, daß sie zum Heile der menschlichen Seelen und Körper nicht von einem Menschen, sondern von mir, der ich bin, dargeboten wurden.

Hier beginnt die vierte Vision

19. ... In der Rundung des menschlichen Hauptes stellt sich die Rundung des Firmamentes, in dem richtigen, gleichen Maße des Hauptes ebenfalls das des Firmamentes dar, weil auch das Haupt ringsum das richtige Maß hat, so wie auch das Firmament in gleichem Maße erbaut ist, ... indem kein Teil den anderen in ungleicher Ausdehnung übertrifft. Gott hat nämlich den Menschen nach dem Bilde des Firmamentes geformt und dessen Kraft mit denen der Elemente gestärkt, sowie deren Kräfte fest in das Innere des Menschen eingefügt, so daß er sie beim Atmen einzieht und ausstößt, wie die Sonne, welche die Erde erleuchtet, Strahlen aussendet und sie wieder an sich zieht. Die Rundung und das Ebenmaß des menschlichen Hauptes bedeutet, daß die Seele nach dem Willen des Fleisches sündigt, dann aber in Seufzern sich wiederum in Gerechtigkeit erneuert. So zeigt sich darin Ebenmaß, weil sie, wie sie sich im Sündigen ergötzt hat, sich im Schmerze darüber abängstigt ...

20. Im Haupte des Menschen werden die drei oberen Elemente versinnbildet. Von der Fläche der Hirnschale bis zur Stirne das leuchtende Feuer mit dem schwarzen Feuer darunter; von der Stirne bis zum Nasenende der reine Äther, von der Nase bis zur Kehle die wasserhaltige Luft mit der

darunter befindlichen starken, weißen und leuchtenden Luft. Diese Punkte sind voneinander in gleichem Abstande geschieden, wie auch die Dichte des oberen Feuers mit dem schwarzen Feuer, die des reinen Äthers und die der wasserhaltigen Luft mit der starken, weißen und leuchtenden Luft dasselbe Ausmaß haben. Denn auch in der Seele sind drei Kräfte: das Begriffsvermögen, womit sie in Gottes Macht Himmlisches und Irdisches begreift; die Einsicht, die sehr viel versteht, sie weiß nämlich, daß die Sünden etwas Böses sind, wenn man sie nicht büßt und sich nicht darum kümmert; und die Bewegung, womit sie sich in sich selbst überallhin bewegt, indem sie die heiligen Werke nach den Beispielen der Gerechten mit ihrer Wohnung (dem Körper?) vollbringt. Das Begreifen und die Einsicht vereinigen sich zur Bewegung der Seele, so daß die Seele in ihrem Gleichmaße gestört würde, wenn sie mehr erfaßte, als sie einzusehen vermag, oder mehr, als sie sich bewegen kann. Diese Kräfte stimmen also in der Seele so weit überein, daß keine die andere übertrifft. Das Begriffsvermögen umgibt nämlich mit dem, was dazu gehört, den ganzen Körper, indem es alles in ihm in richtigem Maße zu dem bewegt, was das Fleisch in seinem Gefühle und Geschmack begehrt, so wie der Baumeister sein Gebäude für eine menschliche Wohnung richtig ausmißt; sodann wird der Körper durch die Seele bewegt, und die Seele kann es nicht unterlassen, den Körper zu verschiedenen Werken zu bewegen, weil sie einsieht, was das Fleisch begehrt, und daß es durch sie lebt. Und solange der Mensch lebt ist die Seele lebendiges Feuer im Körper, dieser aber ein fertiges Werk, weshalb er nicht davon absehen kann, auf zwei Arten zu wirken, entweder nach dem Gelüste des Fleisches oder nach dem Begehren der Seele. Ein gutes Werk der Seele ist vor Gott und den Engeln wie der herrlichste Bau, eine schlimme Tat von ihr aber wie ein aus Schmutz errichtetes Gebäude und scheint mit unendlichem Kot vergiftet ...

21. In der richtigen und ebenmäßigen Ausdehnung, vom obersten Teile des Hauptes, bis zu den Augenbrauen nämlich, und bis zu den beiden Ohren, und rückwärts bis zum Ansatz des Halses wird die gleiche Dichtigkeit der Elemente mit ihren Zubehören versinnbildet. Auf diese Weise sind auch drei gleiche Kräfte in der Seele, das Atmen, die Wissenschaft und das Gefühl, womit sie ihre Taten wirkt. Durch das Ausatmen beginnt sie nämlich, was sie tun will, durch das Wissen erweitert sie sich gleichsam bis zu beiden Ohren, und durch das Gefühl beugt sie sich bis zum Halsansatze zurück. Diese Kräfte sind sich auf diese Weise in gewissem Sinne gleich. Die Seele unternimmt atmend nicht mehr, als das Wissen fassen kann, oder als sie mit ihrem Gefühle zu ertragen vermag. So arbeiten die drei Kräfte einträchtig, weil keine das Maß der anderen überschreitet, so wie auch das Haupt sein richtiges Maß hat.

Die Ober- und Unterlippe, die zusammen die schlechte Flüssigkeit des Kopfes und des Leibes auswerfen, haben am Munde des Menschen die gleiche Größe, so wie auch das schwarze Feuer, das die Rache Gottes wirkt, und die starke, weiße und leuchtende Luft, die dieses Feuer mäßigt, dieselbe Dichte haben. Die Ausdehnungen rückwärts von einem Ohre zum anderen und von den Ohröffnungen bis zu den Schultern, sowie von den Schultern bis zur Kehle haben wieder die nämliche Größe. Damit wird gezeigt, daß der Mensch im Oberen, das heißt im Himmlischen, und im Unteren, das ist im Irdischen, das was in der Seele und im Körper schlecht ist, auswerfen und mit seinem Munde mit Eifer Gott preisen soll, weil er die Seelen und Körper erhält.

Die gleiche Ausdehnung von den Ohren bis zu den Schultern, und von den Schultern bis zur Kehle will besagen, daß der Mensch Gottes Gebote mit den Ohren aufnehmen, sie frommgläubig auf seine Schultern nehmen und sie gleichsam mit seiner Kehle in sich einsaugen soll ...

22. Die Seele hat zwei Kräfte, mit denen sie die Arbeit und Ruhe ihrer Bestrebungen mit gleicher Stärke regelt. Mit der einen steigt sie, Gott fühlend, zur Höhe, und mit der anderen nimmt sie den ganzen Körper, in dem sie ist, wirkend in Besitz. Denn es freut sie im Körper zu wirken, weil er ja von Gott gebildet wurde, und sie ist hurtig in der Vollendung der Tätigkeit des Körpers. Sie steigt in das Gehirn, in das Herz, in das Blut, in das Mark, in den ganzen Körper und erfüllt ihn. Sie erhebt ihn nicht höher, als er es verträgt; denn wenn sie auch in ihm sehr viele gute Werke anstrebt, so kann sie doch nicht weiter vorwärts schreiten, als es ihr die Gnade Gottes gewährt. Sie wirkt auch oft nach dem Begehren des Fleisches so lange, bis das Blut in den Adern durch die Ermüdung etwas ausgetrocknet wird und der Schweiß durch das Mark ausgepreßt wird. Dann zieht sie sich in die Ruhe zurück, bis sie das Blut des Körpers erwärmt und das Mark wieder anfüllt. Und nun weckt sie den Körper zum Wachen auf, erquickt ihn zur Arbeit. Denn während sie sich zuweilen den fleischlichen Begierden hingibt, wird sie davon angeekelt, wenn sie aber dann ihre Kräfte wieder gewonnen hat, beugt sie sich ganz dem Dienste Gottes zu ...

23. Und der ganze Körper des Menschen ist seinem Haupte verbunden, wie auch die Erde mit all ihrem Zubehör an dem Firmamente hängt. Der Mensch wird auch durch die Sinne des Hauptes völlig regiert, wie durch das Firmament die Leistungen der Erde erfüllt werden. So hat die Seele auch ihre Erfahrungen im Himmlischen und Irdischen, und die

Vernunft, die Himmlisches und Irdisches fühlt, wohnt ihr inne. Denn wie das Wort Gottes schaffend alles durchdrang, so durchdringt die Seele den ganzen Körper mit ihm wirkend. Die Seele ist auch das Grün des Fleisches, weil der Körper durch sie wächst und gedeiht, so wie die Erde durch die Feuchtigkeit fruchtbar ist. Ferner ist die Seele die Feuchtigkeit des Körpers, weil sie ihn benetzt, damit er nicht austrocknet, so wie sich der Regen auf die Erde ergießt. Von der Seele gehen auch manche Kräfte aus, indem sie den Körper belebt, so wie die Feuchtigkeit vom Wasser kommt, und auch deshalb ergötzt es die Seele, mit dem Körper zu arbeiten. Betätigt sich der Mensch dem Streben der Seele entsprechend, dann werden alle seine Werke gut, schlecht aber, wenn er dem Fleische folgt. Das Fleisch schwitzt seine Feuchtigkeit durch die Seele aus, weil der Hauch der Seele das Fleisch bewegt, so wie es seine Natur erfordert. Der Mensch bekommt zu allem Lust durch den Anhauch der Seele. Denn die Seele steigt zu Himmlischem empor und erkennt es fühlend; sie beurteilt auch alle Werke nach deren Verdienst, und wie durch das Gefühl des Körpers der ganze Körper regiert wird, so sammelt die vernünftige Seele alle Werke der Glieder des Menschen und erwägt, was sie nach ihren Wünschen wirken könnten. Sie läßt auf diese Weise die Glieder des Menschen sprießen, so wie die Feuchtigkeit die Erde ... Und wie die Erde Nützliches und Schädliches wachsen läßt, so hat auch der Mensch das Seufzen nach oben und die Gier zur Sünde in sich.

24. Vom obersten Teile der Gehirnschale bis zu dem untersten der Stirne sind sieben Punkte durch gleiche Zwischenräume voneinander getrennt. Dadurch werden die durch gleiche Zwischenräume am Firmamente voneinander geschiedenen Planeten versinnbildet ...

25. Das Gehirn des Menschen ruht in nicht mehr als drei kleinen Räumen und ist der Feuchtigkeit unterworfen. Es gibt dem ganzen Körper Gefühl und Grün. Damit sinnbildet es die Sonne, welche die Ost-, Süd- und Westseite beleuchtet, den Norden jedoch flieht; der Erde in gutem, süßem Tau und im Regen oftmals Grün sendet und die Geschöpfe des ganzen Erdkreises in seiner Kraft mit Maß stärkt. Ebenso ist das Gehirn in der Kraft der Gehirnschale enthalten, so wie auch die Sonnenkräfte durch die Glut des oberen Lichtfeuers gestärkt werden ...

26. Und weil das Gehirn feucht und lind ist, so hat es auch Kälte. Alle Adern und Glieder führen ihm Wärme zu, sowie auch der Sonne, die zuweilen Tau und Regen auf die Erde herniederfallen läßt, alles, was oben in Feuer leuchtet, Feuer spendet, damit sie nicht an Wärme verliere. Und weil das Gehirn von Feuchtigkeit benetzt und durch Wärme gestärkt wirkt, erhält und regiert es den ganzen Körper, so wie die Feuchtigkeit und Wärme zusammen der ganzen Erde Sproßkraft verleihen. Vom Herzen, der Lunge, der Leber und allen Eingeweiden steigt die Feuchtigkeit zum Gehirne empor und erfüllt es. Von der gleichen Feuchtigkeit teilt sich etwas den übrigen inneren Organen mit, und sie beeilt sich diese zu erfüllen. In ähnlicher Weise entsendet das Wissen die Feuchtigkeit der Tränen, wenn die Sünden in ihr kalt werden und die stete Rechtschaffenheit mit den anderen guten Werken ihr die Wärme himmlischer Sehnsüchte einflößt ...

27. Wie gesagt, wird durch die Kräfte des Gehirnes der ganze Körper zusammengehalten, so wie die Sonne, was oben und unten ist, kräftigt. Die Sonne beleuchtet nämlich das Obere und Untere und umkreist mit Ausnahme der Nordseite das ganze Firmament. Als nämlich Gott die ganze Erde mit Geschöpfen kräftigte, ließ er *einen* Ort leer, damit

die Kreatur die Helligkeit Gottes zu erkennen vermöge; denn durch die Finsternis erhält das Licht Ehre, und dem lichten Teile dient der finstere …

28. Die Sonne erhebt sich im Osten und wird in ihrer Glut im Süden stärker und stärker; aber nachdem sie im Mittag gestanden, neigt sie sich zum Niedergange und vollendet ihren Lauf bis zum anderen Morgen. Und weil sie zur Nordseite nicht vordringt, so ist gegen Morgen und Abend auf der Erde Kälte.

Ich aber, der ich keinen Anfang habe, bin Feuer, durch das alle Gestirne entzündet werden, bin das Licht, das die Finsternisse bedeckt, so daß sie das Licht nicht zu erfassen vermögen. Deshalb vermischt sich das Licht nicht mit den Finsternissen, und deshalb können diese nicht zum Lichte übergehen …

29. In der Zunge wird die Erhebung der Gewässer, in der sie zur Überschwemmung aufwallen, dargestellt; denn wie durch die Zunge die Worte gebildet werden, so entstehen durch die Erhebungen im Wasser die Wogen. Dadurch wird gezeigt, daß die Seele in himmlischen Sehnsüchten zu sein begehrt, und daß sie ihr Gefäß zum Lobe ihres Schöpfers anspornt und dies unablässig Gebete mit frommem Sinne vortragen läßt. Die Seele wird von der Feuchtigkeit bewegt, erklingt von dem Geräusche des Feuers und erkennt durch das, was feurig ist, Gott und strebt durch das, was Hauch ist, zu Gott, der Geist ist. Vollbringt sie das Gute, dann hat sie den rechten Weg, der der reinen Luft ohne finstere Wolken gleicht; wenn sie aber die Fäulnis der Sünden wirkt, dann ist sie wie die Überschwemmung der Wasser, die den reinen Weg der Luft verkehren. Bewegt sie sich aber wieder von den Sünden weg, wie es im Evangelium von dem Meier, der die Sünden verließ, die Schulden minderte und sich der Barm-

herzigkeit zuneigte, geschrieben steht, und wenn sie nach den Sünden die Gnade Gottes sucht, um sie wie den bereits vier Tage toten Lazarus zu erwecken, ... dann wirkt sie Buße, die wie das Firmament feststeht, damit sie nimmer Böses tue und aufs neue sündige.

In den Zähnen wird das Zurückhalten dieser Wasser gezeigt, das nach Art der Zähne fest und stark ist; die starke, weiße und leuchtende Luft hält nämlich diese Wasser zusammen, daß sie nicht übergehen und sich nicht verbreiten. Dadurch wird versinnbildet, daß der Sinn des Menschen mit der Gnade Gottes durch die Seele gekräftigt und zurückgehalten wird, damit er nicht durch schlechte Gedanken auseinanderfließe ...

Die Zähne sind nicht ausgehöhlt und haben kein weiches Mark, weil sie nicht von Fleisch umhüllt sind, sondern durch das Gehirn und alle Gebilde, die nach Art des Firmamentes angeordnet sind, zusammengerinnen und gehärtet werden, durch die Wärme und Feuchtigkeit des Hauptes erheben sie sich in Härte. Das zeigt, daß die vernünftige Seele in gleichem, unvergänglichem Leben besteht und durch das Wachstum des Körpers weder vermehrt noch durch dessen Schwinden verringert wird. Sie ist ja Odem des allmächtigen Gottes, der alle Geschöpfe, die er in seinem Vorherwissen geordnet hat, durch sein Wort wunderbar erschuf ...

30. Ist das Kind noch zart und sein Blut noch nicht stark, dann hat es keine Zähne, weil es kalt ist. Ist aber einmal sein Blut gekräftigt, und wird es von Wärme durchgossen, dann wachsen seine Zähne und werden stark. Kommt aber der Mensch später in das Greisenalter, dann wird sein Blut weniger, die Wärme verringert sich, und auch seine Zähne erleiden infolge der Kälte Schaden und kommen ins Wanken. So erwärmt auch die Seele, wenn sie nach dem Befehle

des allmächtigen Gottes in den Körper kommt, ihren aus den vier Elementen erschaffenen Leib ... Die Seele freut sich während der Kindheit des Menschen über dessen Unschuld, solange er sich saugend mit zarten Speisen ernährt, gar sehr, weil er wie Adam vor dem Sündenfalle rein und einfältig lebend die Sünde noch nicht kostete. Wenn sich aber im Laufe der Zeit die Knochen festigen und Fleisch und Blut ihre Stärke gewonnen haben, dann hört die Unschuld auf, weil sich jetzt die Lust zur Sünde in ihm erhebt, die Seele, die gegen ihre Natur in ihm handelt, unterdrückt und durch den Körper, in Sünden lebend, überwältigt wird. Und wie nach dem Untergange der Sonne ihr Glanz den Menschen entzogen wird, so wird sie nach Vollendung der Sünde über den Verlust der Freude, die sie zuvor hatte, gequält, so daß sie seufzt und weint. Denn die Lust der Sünde besudelt Körper, Blut und alle Eingeweide des Menschen durch das Sündenwerk, und oft wird er aus Ekel über die Sünden durch die Seufzer der Seele zu Schmerzen in seinem Herzen gezwungen ...

31. Die vom Haupte herabwallenden Haare stellen Regentropfen dar, die einzeln durch die Wolken herniedersteigen und die ganze Erde befeuchtend sie durch das Grünen zur Fruchtbarkeit bringen. So erweckt auch die Seele das Kind, indem sie von Gott in seinen sterblichen und hinfälligen Leib geschickt wird und es durch seine Kräfte belebt ...

32. Das Maß von einem Schenkel zum anderen vorn quer herüber ist gleich lang wie das vom Nabel bis zur Stelle des Leibesauswurfes, weil die Breite der Erde ebenso lang ist wie die Dichte ihrer Tiefe. Der Mensch, der oftmals sündigt, freut sich, wenn er einmal der Seele zu einem guten Werke zustimmt, er hat jedoch bei dieser Freude den Schmerz der

Furcht, er möchte vielleicht das begonnene Werk nicht zu Ende führen können, und mit dieser Furcht, welche er durch die Kräfte der Seele in sich festhält, bleibt er so lange bei dem guten Werke, bis die Seele den Menschen aus Ekel vor der Sünde an sich zieht. So stimmt jeder Mensch in diesem Leben bald dem Willen der Seele und bald der Lust des Fleisches zu. Und also handelnd haben auch alle Heiligen und auserwählten Märtyrer Gottes, solange sie in dieser Zeitlichkeit lebten, das Banner des Leidens Christi getragen. Wenn nämlich das Fleisch sündigt, dann hungert die Seele wie ein fastender Mensch, und wenn das Fleisch hungert, das heißt, wenn es von den Sünden läßt, dann freut sich die Seele an den guten Werken wie einer, der sich an Speisen erquickt.

Das Maß, das vom Nabel bis zum Orte der Ausscheidung geht, bedeutet den Mutwillen des Fleisches, dem der Mensch manchmal zustimmt und zuweilen widersteht, so wie jeglichem Herrn der Gehorsam seines Dieners bald gefällt und bald mißfällt und wie die Erde durch ihre Dichte getragen wird, so bringt sie auch in ihrer Länge und Breite Nützliches und Schädliches hervor. Die Dichte der Erde, die sich mit einem Diener vergleichen läßt, bezeichnet das Begehren des Fleisches, die Länge und Breite die Enthaltsamkeit, die hier als Herrin gilt …

33. Das Weib ist schwach und blickt zum Manne empor, um von ihm betreut zu werden, so wie der Mond seine Stärke von der Sonne empfängt; und deshalb ist es auch dem Manne unterworfen und muß immer zum Dienen bereit sein. Sie bedeckt auch mit dem Werke ihrer Kunstfertigkeit den Mann, weil sie von Fleisch und Blut gebildet ist, während der Mann zuerst Lehm war, deshalb blickt er auch in seiner Nacktheit zum Weibe hin, um sich von ihm bedecken

zu lassen. So schaut auch die Fleischesergötzung mit großer Furcht zu der Seelenstrebung hin, weil sie von dieser oft getadelt und überwunden wird; sie kann jedoch nicht von den Kräften der Seele überwunden werden, denn wie das Weib zum Manne hinblickt, bis es von ihm betreut wird, da sie ihm ja mit Furcht dient, so wendet die Fleischesergötzung ihre Blicke immer zur Seele hin ...

34. Die Erde bekommt außerdem von den Steinen und Bäumen Festigkeit, und nach ihrem Bilde ist auch der Mensch geschaffen; denn sein Fleisch ist wie die Erde, seine Knochen ohne Mark sind wie Steine, und die Knochen mit Mark wie die Bäume. Und so erbaut der Mensch nach seinem eigenen Bilde seine Wohnung aus Erde, Steinen und aus Holz. Und auch die Seele ... wirkt und vollendet alle ihre Werke mit dem Menschen, und er ist ein blühender Garten, in dem der Herr seine Augen weidet, wenn der Mensch dem Streben der Seele gemäß handelt; wirkt er aber nach dem Willen des Fleisches, dann ist er vor den Augen des Herrn wie die Sonne bei der Sonnenfinsternis, wo sie nicht leuchtet. Der Mensch, der gute Werke vollbringt, gleicht einem Obstgarten, der aller guten Früchte voll ist, wie die Erde, die mit Steinen und Bäumen gestärkt und geschmückt wird; wenn er jedoch in Sündenhärte Böses wirkt, dann wird er vor Gott unfruchtbar sein wie fruchtlose, harte Erde. Das Fleisch des Menschen bedeutet nämlich das gute Wissen, das fruchtbare Weichheit besitzt, und die Knochen das schlechte Wissen, das sich gegen Gott verhärtet ... Das Wissen vom Guten und Bösen sind die Eingeweide der Seele, wodurch sie den Menschen die Demut, den Grundstoff aller Tugenden, lehrt; sie schnürt den Menschen in seinen Kräften so zusammen, daß er nie mit Freude sündigen kann. Und wie der Mensch alle Gebäude seiner Behausung, die er er-

richten will, nach seinem Willen vorhersieht, so ordnet die Seele alle Werke im Menschen, so wie sie es vermag, an …

35. Die Blase des Menschen zeigt die Überschwemmungen der Flüsse, die sich hier und dorthin über die Erde ergießen; denn wie die Blase das im Leibe Fließende aufnimmt und wieder entsendet, so wachsen die Flüsse jetzt an und schwellen dann wieder ab und befeuchten die ganze Erde. Die Seele, der die Natur des Fleisches und Blutes entgegengesetzt ist, lehrt den Menschen sich von unruhigen Gedanken zu enthalten und wegen seiner Sünden an der Gnade Gottes nicht zu verzweifeln, sondern sich ihretwegen in wahrer Demut Gott zu Füßen zu werfen, damit sich der Allmächtige würdige, ihr die Sünden in ihrer bitteren Bußfertigkeit barmherzig zu vergeben. Wenn die Seele in ihrer demütigen Natur den Menschen also überwindet, daß er ihr in allem zustimmt, dann durchdringt sie sieghaft den Himmel mit diesen Worten: »Ich ersehnte dein Heil, Herr, und dein Gesetz ist meine Betrachtung.« Und das ist so zu verstehen: Ich sehnte mich in meinem Fleische, das aus sich deinen Gesetzen im Guten nicht zustimmt, nach dir und erkannte dich … Und wie die Mühle durch das Wasser die Körner zur Speise zerreibt, so beobachte auch ich, die ich ein Wassergießbachbett in meinem Leibe bin, alle deine Gesetze gewissenhaft, sie meiner Natur gemäß aufsuchend. Wie nämlich die Blase des Menschen die wässerige Körperfeuchtigkeit aufnimmt und ausscheidet, und wie die Flüsse an- und abschwellend die ganze Erde durchgießen, so regiert auch die sieghafte Seele das Gute aufnehmend und das Böse ausscheidend in den Geboten Gotts den ganzen Körper, dessen Kräfte im Guten wachsen und im Bösen schwinden …

Der zweite Teil

Die fünfte Vision

36. Dann sah ich die Rundung der Erde in fünf Teile zerlegt, so daß der erste Teil nach Osten, der zweite nach Westen, der dritte nach Süden, der vierte nach Norden und der fünfte in der Mitte lag. Der Umfang des Ost- und Westteiles war gleich groß und hatte die Gestalt eines gespannten Bogens. Ebenso hatten der Süd- und Nordteil dasselbe Maß, ihre Länge und Breite kam der der ersten beiden Bogen gleich, nur erschienen sie in ihren Innengrenzen wegen der bogenförmigen Gestalt der ersten Bogen wie abgestumpft, auch sie glichen von diesen Verkürzungen abgesehen einem gespannten Bogen ... Der fünfte Teil aber, der in der Mitte, hatte Quadratform und war hier von Hitze, dort von Kälte und an einer anderen Stelle mit mäßig warmer Luft übergossen. Und der Ostteil leuchtete in großer Helligkeit, der Westteil war etwas von Finsternis überdeckt und daher dunkeler, der südliche Teil zerfiel in drei Bezirke; die beiden Randgebiete waren mit Strafen angefüllt, während das dritte, das mittlere, zwar ohne Bußen war, dafür aber entsetzenerregende Ungeheuer aufwies. (So war es auch in verstärktem Maße bei dem Nordteil.)

Gegen Osten sah ich über der Rundung der Erde in einer gewissen Erhöhung einen roten Ball, den ein saphirfarbener Kreis umgab. Von der rechten und linken Seite des Balles gingen je zwei Flügel aus, von denen auf jeder Seite des Kreises je einer sich in die Höhe streckte, so daß diese beiden sich einander zubeugend ansahen, während die beiden anderen von den zwei unteren Teilen bis zur Mitte der Erdenrundung herniederstiegen, so daß sie dieselbe außerhalb des Firmamentes umfaßten und bedeckten. Und von dieser Mitte streckte sich ein roter Kreis wie ein Bogen aus ...

Auch gegen Westen erschienen außerhalb der Rundung der Erde Finsternisse, die von beiden Teilen der Rundung bis zu ihrer Mitte, zu der auch die beiden Flügel heruntergingen, wie ein Bogen sich ausspannten. Zwischen der West- und Nordecke klafften zwei andere dichtere und gewaltigere Finsternisse wie ein entsetzlicher zum Verschlingen aufgerissener Mund. Außerhalb dieser Finsternisse hafteten an ihnen noch andere ganz dichte und schlimme, als wären sie deren Mund und Rachen. Von diesen unermeßlichen Finsternissen wußte ich nur, ich konnte sie aber nicht sehen. Und wiederum hörte ich eine Stimme vom Himmel mir zurufen:

Gott hat den Erdkreis so inmitten der drei Elemente aufgehängt, daß er nicht zerfließen und sich nicht auflösen kann. Darin zeigte er sich wunderbar und mächtig, weil auch das Fleisch und die Knochen der Menschen nicht zerstäuben, sie werden vielmehr am Jüngsten Tage in Unversehrtheit von Gott wieder hergestellt werden. Einen Teil der Erde schuf er lichthell, den zweiten dunkel, den dritten entsetzlich, einen vierten für die Strafe, den einen geeignet und den anderen ungeeignet für die Menschen; wie er auch die einen Seelen seinem Reiche beigesellt, die anderen aber in gerechtem Urteile zur Hölle verdammt. Du siehst die Rundung der Erde in fünf Teile zerlegt, so daß ein Teil gegen Osten, der zweite gegen Westen liegt ..., das ist deshalb so, weil die Ecken der Erde, wenn sie kantig und nicht rund wäre, Mangel und ungleiches Gewicht zur Folge hätten. Und wäre sie nicht in fünf Teile zergliedert, dann könnte sie nicht im richtigen Maße abgewogen werden; denn die vier äußeren Teile geben ihr das Gewicht für den richtigen Stand, während sie der mittlere Teil darin fest macht. Das bedeutet, daß der Mensch, den die Erde versinnbildet, durch die fünf lebenskräftigen Sinne zu allem, was er braucht, festgemacht und zum Heile seiner Seele hingeführt wird ...

Der dritte Teil

Aus der zehnten Vision vom Antichrist und den letzten Dingen

37. Wenn dann die ungläubigen und grauenvollen Völker in das Vermögen und die Besitzungen der Kirche ringsum hereinbrechen und sie zu zerstören trachten, so wie die Geier und Habichte, was sie unter den Flügeln und Krallen haben, erwürgen, und wenn von ihnen das christliche Volk auf alle Weise zur Strafe seiner Sünden zermürbt wird, und es ohne Furcht vor dem Tode des Körpers Widerstand mit Waffen zu leisten versucht, dann wird vom Norden ein gewaltiger Sturm mit riesigem Nebel und dichtestem Staub kommen. Der Sturm wird der Feinde Augen mit Nebel und Staub erfüllen und nach göttlichem Gerichte sein Wüten gegen sie richten, so daß auf diese Weise ihre Augen voll Staub und ihre Kehlen voll Nebel werden. Dann legen sie ihre Wildheit ab und werden in höchstes Staunen versetzt. Nun wird die heilige Gottheit im christlichen Volke Zeichen und Wunder wirken ... Deshalb wird auch eine riesige Heidenschar sich den Christen im wahren Glauben anschließen und dabei sprechen: »Der Gott der Christen ist der wahre Gott, der solche Zeichen unter ihnen tat.« ...

Und dann wird die Bosheit einige Zeit schwach darniederliegen und sich nur zuweilen zu erheben versuchen; die

Gerechtigkeit wird inzwischen aufrecht dastehen, so daß sich die Menschen in jenen Tagen zu den alten Gebräuchen und zur Zucht der Alten in Ehrbarkeit zuwenden, sie festhalten und beobachten, wie es einst die Alten pflegten. Jeder König, Fürst und Bischof und kirchliche Würdenträger wird sich durch die Mitmenschen bessern, wenn er sieht, daß diese die Gerechtigkeit einhalten und ehrbar leben. Jedes Volk wird sich am andern ein Beispiel nehmen, wenn es hört, daß es zum Guten fortschreitet und sich für Gerechtigkeit erhebt.

Dann wird auch die Luft wieder milde werden, die Erde nur nützliche Früchte bringen, und die Menschen gesund und stark gedeihen. In jenen Tagen werden viele Propheten und Weise leben, so daß auch die Geheimnisse der Propheten und der anderen heiligen Schriften den Weisen sich eröffnen, und ihre Söhne und Töchter werden prophezeien, wie es vor vielen Zeiten vorhergesagt wurde. Das wird in solcher Wahrheit und Klarheit stattfinden, daß sie dann die Luftgeister nicht verspotten können ...

Inzwischen werden aber so viele Häresien und zahllose Schändlichkeiten mit anderen Übeln aufwallen, daß man sieht, der Antichrist sei ganz nahe, und die Menschen jener Tage werden sagen, früher hätte es keine solchen Verbrechen und Unreinheiten gegeben. Das zeigt auch das im Buche Scivias geschilderte Schwein, denn, während die Gerechtigkeit einige Zeit herrscht, wird sie von der Schlechtigkeit bekämpft, und wenn diese die Oberhand hat, wird sie von der Gerechtigkeit in Verwirrung gebracht; die Welt kann ja niemals in *einem* Zustande verbleiben ...

38. In jener Zeit wird ein unreines Weib einen unreinen Sohn empfangen, weil die alte Schlange, die einst Adam verschlang, diesen mit ihrer ganzen Schar so anhauchen wird,

daß nichts Gutes in ihn eintreten und in ihm sein kann. An verborgenen und verschiedenen Orten wird er aufgezogen werden, so daß ihn die Menschen nicht erkennen können, in allen Teufelskünsten wird er unterwiesen werden, und bis er zur Vollreife seines Alters kommt, wird er verborgen bleiben, und auch die Verdorbenheit, die in ihm ist, wird nicht eher offenbar werden, als bis er erkennt, daß er aller Bosheit übervoll ist.

Vom Anbeginne seiner Geburt werden viele Streitigkeiten und was der rechten Ordnung zuwider ist aufwallen, und die glühende Gerechtigkeit wird in ihrer Reinheit verdunkelt werden und die Liebe unter den Menschen erlöschen. Darin wird sich Bitterkeit und Herbheit erheben, und solche Ketzereien werden sich einstellen, daß die Häretiker offen und sonder Zweifel ihre Irrlehren predigen. Unter den Christen aber wird solcher Zweifel und Unsicherheit im katholischen Glauben herrschen, daß die Menschen gar nicht mehr wissen, wen sie als Gott anrufen sollen. Außerdem werden zahllose Zeichen in der Sonne, im Monde, in den Sternen, Gewässern, in den übrigen Elementen und Geschöpfen erscheinen, daß sie gleichsam in einem Gemälde durch ihre Wunderzeichen die kommenden Übel vorher verkünden.

Daher wird die Menschen in jener Zeit solche Traurigkeit befallen, daß sie den Tod für nichts achten. Wer aber dann im katholischen Glauben vollkommen ist, wird in großer Zerknirschung erwarten, was Gott anordnen wird. Und diese Trübsal wird also vorwärts schreiten, bis der Sohn des Verderbens seinen Mund zu verkehrter Lehre öffnet.

Wenn er dann die Worte der Falschheit und seiner Täuschungen vorbringt, werden Himmel und Erde erschauern und die Halskette der Gerechtigkeit ... wird da zuerst von Sturmesbrausen erfaßt und bewegt werden; bis zu dieser

Zeit war sie unerschüttert und unzerrissen geblieben. Paulus hat nämlich seine Lehre durch so viele Wunder erhärtet und sie mit tiefgründigen Worten so ehrenvoll geschmückt, daß sie bis zum Ende der Welt dauernd so bleibt, wie das die Kette, die bis zu den Füßen der Gerechtigkeit herniederfällt, zeigt ...

39. Der Gottheit Kraft hat den alten Feind in die Abgrundtiefe hinabgeschleudert – er plumpste hinein wie Blei in einen See –, weil er Bosheit stiften wollte, während Gott gerecht und wahrhaft ist und niemand ihm gleichet; er besteht ja einzig in sich von Ewigkeit her und hat alles aus dem Nichts geschaffen. Nun aber hofft der böse Feind, weil ihm der Sieg über den ersten Menschen gelang, durch einen anderen, den Antichrist, das zu Ende führen zu können, was er einst begonnen hatte, als er gegen Gott zu kämpfen versuchte. Der Antichrist wird nach den Eingebungen des Teufels seinen Mund zu verkehrter Lehre öffnen und alles, was Gott im Alten und Neuen Bunde festgesetzt hat, zerstören; er wird lehren, daß Blutschande und anderes derart keine Sünden sind. Er wird sagen, es kann doch keine Sünde sein, wenn ein Fleisch das andere erwärmt, wie es auch keine ist, wenn sich der Mensch am Feuer erwärmt. Er wird behaupten, alle Gebote der Keuschheit seien infolge von Unwissenheit eingeführt worden, denn nachdem ein Mensch warm und ein anderer kalt ist, müssen sich doch gegenseitig Wärme und Kälte mäßigen. Er wird zu den Gläubigen sagen: »Euer Gesetz der Enthaltsamkeit ist gegen die Natur, denn der Mensch soll doch heiß sein, nachdem in seinem Atem Feuer ist, das den ganzen Körper des Menschen entzündet. Und wie könnte er gegen seine Natur kalt sein? Und aus welchem Grund sollte es der Mensch unterlassen, ein anderes Fleisch zu erwärmen? Der Mensch, den ihr euren

Meister nennt, hat euch ein maßloses Gesetz gegeben ...« Mit solchen und anderen ähnlichen Worten wird der unselige Sohn des Verderbens die Menschen verführen und sie lehren, die Gelüste ihres Fleisches zu vollbringen ... So wird Luzifer durch den Antichrist die Gerechtigkeit Gottes verleugnen und glauben, daß er alles, was er unternommen, durch ihn zu Ende führen kann; er wird wähnen, den Jordan in seinen Mund fließen lassen zu können, so daß die Taufe nicht mehr genannt wird, aber der Jordan wird ihn zurückschmettern, so wie er selbst durch die Taufe niedergeworfen wurde. Also herrschend wird er meinen, eine so große Zahl des Volkes sich unterwerfen zu können, daß der Sohn Gottes im Vergleiche damit nur wenige Gläubige hat ...

40. Und deren Unglauben wird zum goldenen Kopfe des Leoparden herniedersteigen, der in der Halskette erscheint und den Antichrist bedeutet, weil er sich Gott, wie ein goldenes Haupt, nennt, und durch die Erregung der Elemente wird er grauenvolle Zeichen und ungeheure Stürme hervorbringen, was Gott so lange zuläßt, bis das ganze Menschengeschlecht dessen Fall erkennt.

Er wird den Tod für die Erlösung seines Volkes und die Auferstehung vortäuschen und wird Schriftzeichen in die Stirnen derer, die ihm folgen, einprägen lassen ... Diese Schrift ward früher in keiner Sprache gesehen oder gefunden, Luzifer hat sie in sich selbst aufgebracht und bringt sie zu dem listigen Zwecke vor, daß er damit die Menschen verführe, ihren Schöpfer nicht zu erkennen ...

41. Aber ich, der ich bin, werde mich erinnern, wie ich den ersten Menschen bildete, und wie ich all die Werke, mit denen Luzifer durch den Menschen gegen mich ankämpft, vorausgesehen habe, und wie ich die heiligen Kräfte zum Kampfe gegen ihn bezeichnete, wie ich es in Henoch und

Elias tat, die ich aus dem Stamme der Menschen auserwählte, die mir in aller Sehnsucht anhingen. Und gegen das Ende der Welt hin werde ich den Menschen zeigen, wie sie das Zeugnis dieser beiden vertrauensvoll annehmen sollen. Henoch und Elias werde ich in meinem Geheimnisse unterweisen und ihnen die Werke der Menschen offenbaren, so daß sie sie wissen, als sähen sie sie mit ihren Augen; sie sind auch weiser als die Schriften und Reden der Weisen. Denn nachdem sie mit ihren Körpern aus den Menschen herausgehoben wurden, ward Furcht und Zittern von ihnen genommen, so daß sie alles, was sie umgibt, mit Gleichmut tragen; ich bewahre sie an einem verborgenen Orte, ohne daß ihre Körper Schaden leiden.

Und wenn der Sohn des Verderbens seine verkehrte Lehre ausspeit, dann wird diese zwei dieselbe Macht, die sie aus der Mitte der Menschen fortnahm, gleichsam im Winde zurückführen. Solange sie dann auf Erden unter den Menschen weilen, werden sie immer nach vierzig Tagen Nahrung zu sich nehmen, so wie es auch meinen Sohn nach vierzig Tagen hungerte. Diese starken und weisen Männer bedeutet der Steinbockkopf in der Kette der Gerechtigkeit; denn wie der Steinbock stark ist und die Höhe emporsteigt, so werden auch diese in meiner Macht stark sein und schnell in die Höhe meiner Wunder emporgehoben werden. Sie werden nämlich solche Macht in meinen Wundern haben, daß sie im Firmamente, in den Elementen und den übrigen Geschöpfen größere Zeichen als der Sohn des Verderbens wirken, so daß dessen Trugwunder durch ihre wahren zum Gespötte werden. Wegen dieser außerordentlichen Wunderkraft werden sich ihnen die Menschen aus allen Völkern schnell anschließen, ihren Worten glauben und dem Martyrium, das ihnen der Sohn des Verderbens bereitet, in glühendem Glauben zueilen, so daß ihre Mörder die Opfer wegen der Riesenmenge der Hingeschlachteten nicht mehr zählen mögen, denn ihr Blut fließt wie ein Bach.

Weil der Sohn des Verderbens diese beiden wahrhaft heiligen Männer weder durch Schmeicheln noch durch Drohen gewinnen, und weil er ihre Zeichen und Wunder nicht verdunkeln kann, so wird er sie grausam hinzumartern befehlen und ihr Gedächtnis von der Erde zu vernichten suchen, damit es auf der ganzen Erde keinen Menschen mehr gäbe, der ihm zu widerstehen wage …

Wenn nun Henoch und Elias durch den Sohn des Verderbens den leiblichen Tod erlitten haben, wird sich dessen Gefolgschaft unermeßlich freuen …; aber der Geist des Lebens wird die beiden erwecken und wieder in die Wolken erheben und deren Freude in Furcht, Trauer und Erstaunen verwandeln. Denn durch der zwei Erweckung und Erhöhung werde ich, der Allmächtige, beweisen, daß der Auferstehung und dem Leben der Toten kein Widerstreit der Ungläubigen widersprechen kann, da an diesem Tage die Elemente, mit denen der Mensch gesündigt hat, gereinigt werden; der Mensch aber wird ebenfalls vom Tode erweckt werden und zu größerer Herrlichkeit, als zu der er ehedem erschaffen wurde, durch die Buße, die Gott wohlgefällig ist, gelangen … Dann wird die alte Schlange durch deren Erweckung in grimmigsten Zorn versetzt werden und den verdorbenen Menschen zur Besitzergreifung des Thrones, von dem er vertrieben wurde, zu veranlassen suchen …

Aber dann werden alle an den Sohn Gottes treu Glaubenden mit flehentlicher und preisender Stimme Gott loben, wie es durch meinen geliebten und wahrhaften Zeugen aufgezeichnet wurde: »Nun herrscht das Heil, die Macht und die Herrschaft unseres Gottes und die Kraft seines Gesalbten;

denn verworfen ward der Ankläger unserer Brüder, der sie Tag und Nacht vor dem Antlitze unseres Gottes beschuldigte, und sie besiegten ihn durch das Blut des Lammes und das Wort seines Zeugnisses, und sie liebten ihre Seelen mehr als den Tod.« Dies ist so zu verstehen: »Wenn der Teufel besiegt und sein Sohn, der Antichrist, zu Boden geschmettert ist, dann ist das Heil durch himmlische Anordnung gekommen ...«

Nachwort zu diesem Buche

42. Und wiederum hörte ich vom Himmel her folgende, mich belehrende Worte: »Nun sei Gott in seinem Werke, im Menschen, Preis! Für seine Erlösung hat Gott auf der Erde die größten Schlachten geschlagen und hat sich gewürdigt, ihn über die Himmel zu erheben, damit er zugleich mit den Engeln sein Antlitz in jener Einheit, in der der wahre Gott und Mensch (Christus) ist, preise.«

Der allmächtige Gott selbst möge sich würdigen, das arme Weiblein, durch das er diese Schrift herausgab, mit dem Öle seines Erbarmens zu salben, weil es ohne jegliche Sicherheit lebt und die Wissenschaft von den erbaulichen, heiligen Schriften, die der Heilige Geist zur Belehrung der Kirche vorgelegt hat, und die wie die Mauer einer großen Stadt sind, nicht besitzt. Sie ist vom Tage ihrer Geburt an in schmerzhafte Krankheiten verstrickt, so daß sie in allen Adern, im Marke und ihrem Fleische von ständigen Leiden gequält wird, und dennoch hat es Gott nicht gefallen es aufzulösen, weil es durch die Höhle der vernünftigen Seele mancherlei Geheimnisse Gottes geistig schaut. Dieses Gesicht erschüttert es in großer Ermüdung gar oft, sie leidet in dieser Erschöpfung bald leichter bald schwerer. Deshalb ist auch sein Gehaben von dem anderer Menschen verschieden, so wie das eines Kindes, dessen Adern noch nicht voll sind, und das die Sitten der Menschen nicht zu erkennen vermag.

Mit der Inspiration des Heiligen Geistes wirkt es sein Werk und lebt in inniger Umarmung mit der Luft. Daher steht seine Krankheit so sehr unter dem Einflusse der Luft, des Regens, des Windes und jeglichen Wetters, daß das Fleisch nie in ihr sich sicher fühlt, anders könnte auch die

Inspiration des Heiligen Geistes nicht in ihr wohnen. Aber der Geist Gottes erweckt es zuweilen aus dieser Schwäche mit großer, frommer Gewalt, als würde er es mit dem Taue der Erquickung dem Tode entreißen, so daß es als Werkzeug der Inspiration des Heiligen Geistes in dieser Welt leben kann …

Anhang

Die Dichtungen Hildegards

Vorbemerkung

Spricht man von der »Dichterin« Hildegard, so denkt man in erster Linie an verschiedene Hymnen und Sequenzen, die unter ihrem Namen gehen und in Handschriften wie Ausgaben gesondert aufgenommen sind. In Wirklichkeit aber sind diese Dichtungen, wenn nicht alle, so doch überwiegend, aus Hildegards sonstigen Schriften herausgehobene Stellen, die dann später – teilweise wohl noch von ihr selbst – zur Verwendung für den Gottesdienst und gelegentliche festliche Anlässe durchkomponiert wurden. Da die Schriften Hildegards auch nicht annähernd so herausgegeben sind, wie es die moderne wissenschaftliche Editionstechnik verlangt, ist ein abschließendes Urteil über die Echtheit der einzelnen Stücke, soweit sie nicht im Zusammenhang mit den eigentlichen Visionen stehen, zur Zeit unmöglich.

Eines ihrer größten Dichtwerke, den »Ordo Virtutum«, habe ich im »Scivias« S. 198 ff. übersetzt. Ihm gleicht in mancher Beziehung das Festspiel zu Ehren des heiligen Rupertus*, das am Rupertstage unter Zulauf des Volkes von den Nonnen wohl nicht mimisch, sondern rein gesanglich und rezitierend aufgeführt wurde. In buntem Wechsel folgen Hymnen, Antiphonen, Stücke aus Visionen und Ermahnungen, diese von Hildegard wohl persönlich vorgetragen. Die reiche Verwendung von Interjektionen: Weh! Oi! O! Ach! zeigt, daß man damit auf die Anwesenden eine starke

* Herausgegeben von Pitra S. 358 ff. unter den Briefen; die Hymnen und Antiphonen stehen bei ihm unter der Sammlung der »Carmina«. Vgl. das folgende Schriftenverzeichnis.

Wirkung beabsichtigte, die auch sicher erreicht wurde. Die Wiedergabe des Ganzen in seinem merkwürdigen Gesamtaufbau empfiehlt sich wegen des verhältnismäßig großen Umfanges und zahlreicher toter, oder wohl richtiger jetzt kaum mehr verständlicher Stellen mit – wenigstens für eine öffentliche Aufführung – sehr auffallenden Hinweisen auf interne Klostervorgänge nicht. Einzelne vorzügliche Stücke daraus vermitteln dem Leser dieser Auswahl kaum mehr neuartige Eindrücke, und so möge es hier genügen, diese echt mittelalterliche Schöpfung Hildegards genannt zu haben.

Um den mittelalterlichen und damit auch den Hildegardischen Sequenzen gerecht zu werden, ist ihr Ursprung zu berücksichtigen.* Außerdem muß man sich stets vor Augen halten, daß der mittelalterliche Mensch, soweit er überhaupt Beziehungen zur kirchlichen Poesie hatte, mit dem lateinischen Bibeltext und der an ihn sowie die kirchliche Liturgie anschließenden Symbolik aufs innigste vertraut war. Die mit derartigen Anspielungen scheinbar überladenen Hymnen und Sequenzen riefen darum in ihm, heute kaum oder nur nach eindringendem Studium zu ermittelnde Vorstellungsreihen und plastische Bilder hervor. Eine Übersetzung kann deshalb dem Originale nie gerecht werden;

* Die Sequenz entstand als ein Mittel, die langen textlosen Folgen des a im Alleluja der Messe »gehaltvoller und zugleich behältlicher« zu gestalten. Jede Tonbewegung erhielt ihre eigene Silbe. Kürzere Tonsätze wurden paarweise zusammengefaßt und mit eigenen Melodien versehen. Da man beim Sequenzenbau einzig auf die Melodie Rücksicht nahm, fehlt den Sequenzen ursprünglich die metrische Anlage. Verschiedene schon an sich hochpoetische Stellen in Hildegards Werken eigneten sich nach Inhalt und Form vorzüglich für solche Sequenzen und wurden deshalb hiefür und für andere liturgische Gesänge aus ihrem ursprünglichen Zusammenhang herausgehoben und durchkomponiert.

denn entweder umschreibt sie und muß dabei nicht selten zu anderen Bildern greifen, oder sie gibt einfach die Worte wieder, ohne dabei dem modernen Leser das bieten zu können, was man ehedem bei ihrem Anhören dachte und fühlte. Als Proben gebe ich drei Dichtungen in möglichst wörtlicher Übersetzung und eine freiere Übertragung von Paul von Winterfeld.*

* Paul von Winterfeld: Deutsche Dichter des lateinischen Mittelalters. München 1917, S. 195: Sequenz der heiligen Hildehard auf den heiligen Maximin.

Hymnus zu Ehren des Heiligen Geistes

Feuergeist! Preis Dir! Du wirkest auf Pauken und Harfen.

Der Menschen Geist entbrennt von Dir, der Menschenseelen Gezelte tragen ihre Kräfte.

Davon steigt der Wille empor und verleiht der Seele Geschmack; ihre Leuchte ist das Sehnen.

Mit süßem Tone ruft Dich der Geist an und bereitet Dir gar vernünftig eine Stätte, die er in goldenen Werken mühevoll aufbaut.

Du aber führst immer ein Schwert, das abzuschneiden, was der schadenbringende Apfel in schwarzem Morde hervorbringt,

Wenn der Nebel den Willen und die Strebungen bedeckt, in denen die Seele fliegt und sich allum bewegt.

Aber der Geist ist die Bindung des Willens und des Sehnens.

Reckt sich aber der Geist also empor, daß er des Bösen Pupille zu sehen sucht und zum Kinnbacken des Bösen hinstrebt, dann verbrennst Du – wenn Du nur willst – ihn schnell im Feuer.

Neigt sich die Vernunft durch üble Werke zum Bösen, dann zerpreßt und zerreibst Du sie, wenn es Dir beliebt, und führst sie durch Eingießung von Erlebnissen zurück.

Zieht jedoch das Böse sein Schwert wider Dich, dann wendest Du es gegen dessen Herz zurück, wie du beim ersten gefallenen Engel getan, wo Du den Turm seines Stolzes in die Tiefe hinabschmettertest.

Aufgerichtet hast du einen anderen Turm unter den Zöllnern und öffentlichen Sündern, die Dir ihre Sünden und Werke bekennen.

Darum preist Dich jegliche Kreatur, die von Dir lebt, weil Du die köstlichste Salbe bist für alle Brüche und eiternden Wunden, die Du in die kostbarsten Perlen verwandelst.
Und nun würdige Dich, uns alle bei Dir zu versammeln und auf den rechten Weg zu führen. Amen.

Sequenz zu Ehren Sankt Mariens

Herrlich sprossend Reis, sei gegrüßt, daß Du Dich im Windhauche des Sehnens und Suchens der Heiligen erhobst.

Da die Zeit kam, da Du in Deinen Zweigen blühen solltest, klinge Dir Gruß und Gruß entgegen, weil Sonnenglut wie Balsamgeruch in Dir kochte.

Denn in Dir blühte die Wunderblume empor, die allen Gewürzen Duft gab, allen, die vertrocknet waren.

Und alle erschienen nun in voller Blüte.

Darum ließen die Himmel Tau über das Gras sprühen, und die ganze Erde ward froh, weil ihr Eingeweide Korn hervorbrachte und weil die Vögel des Himmels auf ihr ihre Nester hatten.

Und den Menschen ward Speise gegeben und den Speisenden große Freude. Und darum, süße Jungfrau, hört in Dir die Freude nimmer auf.

All das verachtete Eva.

Nun aber sei Preis dem Allerhöchsten!

Zu Ehren der Elftausend Jungfrauen

Kirche! Deine Augen sind wie Saphir, Deine Ohren wie der Berg Bethel, Deine Nase wie ein Myrrhen- und Weihrauchberg, und Dein Mund wie das Brausen vieler Wasser.

In dem Schauen wahren Glaubens liebte Ursula den Sohn Gottes, verließ den Mann mit dieser Welt, blickte zur Sonne empor und rief zum herrlichsten Jüngling:

»In innigster Sehnsucht sehnte ich mich, zu Dir zu kommen und in himmlischer Hochzeit bei Dir zu sitzen. Auf einem anderen Wege eilte ich zu Dir, wie eine Wolke, die im reinsten Äther einem Saphir gleich dahinfliegt.«

Und nachdem Ursula also gesprochen, ging die Kunde durch alle Völker hin.

Und sie sprachen: »Die Unschuld mägdlicher Unwissenheit weiß nicht, was sie spricht.«

Und sie begannen mit ihr in einer großen Symphonie zu spielen, bis die Feuerbürde auf sie fiel.

Und da erkannten alle, daß die Verachtung der Welt dem Berge Bethel gleicht.

Und sie erkannten auch den wunderfeinen Duft von Myrrhe und Weihrauch; denn der Welt Verachtung steigt über alles empor.

Da fuhr der Teufel in seine Glieder, und diese töteten die Edelart in den Körpern der Jungfrauen.

In machtvoller Stimme vernahmen dies alle Elemente, und sie riefen vor Gottes Thron:

»Weh! Des unschuldigen Lammes rotes Blut ward bei seiner Vermählung vergossen.«

Alle Himmel sollen's hören und in vollendetster Symphonie das Lamm Gottes preisen, weil der Schlund der alten Schlange in jenen Perlen aus Stoff von Gottes Wort erdrosselt wurde.

Sequenz auf den heiligen Maximin

Es schaute die Taube durch das Gitter des Fensters,
wo vor ihrem Angesicht drinnen
der Balsam herniederträufelte
von Maximins lichter Helle.
Glüh entbrannte die Sonne,
und ihr Schein durchdrang die Finsternis;
des entsproßte die Knospe,
wuchs des Edelsteines Kleinod,
des reinen Tempels Zier, das war sein Herze fromm.
Ragend steht er, dem Turme
von Zedern gleich zu schaun und Zypressenholze;
Sardonyx und Hyazinth, die sind sein Schmuck,
gleich der Stadt, der hehren, ob der Künste
der Meister all.
Mit dem raschen Hirsche
hinstrebt er zur Quelle des lautersten Wassers,
das sprudelt aus dem stärksten Stein hervor,
aus dessen Naß die Süßigkeit strömt der Düfte.
O die ihr euch erlabt
der Würze in dem frischen Grün,
darin die Gärten des Königs prangen,
die zur Höhe ihr anstiegt,
nachdem ihr des Opfers Heiligtum,
des Widders Weihgeschenk dargebracht habt!
Unter euch leuchtet als Meister er, als des Baus Pfeiler,
dessen Herz des Adlers Fittich sich ersehnt,
der die Weisheit geküßt hat als die Amme sein:
denn ihr zum Ruhme ist o an Söhnen die Kirche reich.
Bist Berges Gipfel, Tales Tiefe auch,

und hie wie dorten
erhebst du dich, ein stolzer Bau, gen Himmel,
wo der Steinbock wandelt, des Elefanten Geselle,
und wo der Weisheit Quell der Erquickungen höchste.
Voller Stärke und Milde bist du beim heiligen Amt
an den lichtbeglänzten Stufen des Altars,
aufsteigend wie ein Rauch von Düften schwer
zu des Höchsten Throne,
wo du mit Gebeten das Volk vertrittst,
das hinstrebt wohl zu des Lichtes Warte,
des Preis sei im Himmel.

Verzeichnis der Schriften Hildegards

1. *Causae et curae.* Herausgegeben von Paulus Kaiser. Leipzig 1903. 243 Seiten. Unsere Auswahl daraus unter dem Titel »Ursachen und Heilungen« (von Krankheiten) S. 40 ff.

2. *Epistolae.* Briefe von und an Hildegard. Herausgegeben in *Migne Patrologia Latina* Band 197. Paris 1855. Spalte 145-382; und von Kardinal Pitra im 8. Bande der *Analecta sacra spicilegio Solesmensi parata.* Paris 1882. S. 328-440 und 518-582. Vgl. hierzu unsere Bemerkung im Vorworte S. 13. Es sei hier nochmals ausdrücklich hervorgehoben, daß unsere Beschränkung auf den einzigen S. 32 ff. gegebenen Brief ihren Grund im Charakter dieser Sammlung hat. Bei einer allgemeinen Würdigung Hildegards wäre diese Briefsammlung, die äußerst wertvolles Material zur Zeitgeschichte enthält, ungleich stärker heranzuziehen.

3. *Scivias.* Drei Bücher Visionen und Offenbarungen. Migne Spalte 385-738. Vgl. unsere Auswahl S. 169 ff. Das umfangreiche Werk hat wesentlich dogmatischen Charakter.

4. *Liber divinorum operum simplicis hominis. Migne* Spalten 741 bis 1038. Vgl. unsere Auswahl S. 254 ff. »Der Inhalt ist eine Art Naturphilosophie mit theologischem Hintergrund, eine Verbindung des (biblischen) Sechstagewerkes mit der geheimen Offenbarung.« (F. W. E. Roth.)

5. *Triginta octo quaestionum solutiones. Migne* Spalte 1037-1054. Diese »Lösung von 38 Fragen« ist Hildegard wohl fälschlich zugeschrieben worden.

6. *Regulae sancti Benedicti explanatio. Migne* Spalte 1053-1066. Die »Erklärung der Regel des heiligen Benedikt« zeigt Hildegard als erfahrene und kluge Klostervorsteherin. Für unsere Auswahl kommt diese Schrift ebenso wie die nächsten nicht in Betracht.

7. *Explanatio symboli Athanasii. Migne* Spalte 1065-1082. Die »Erklärung des Athanasianischen Glaubensbekenntnisses« widmete Hildegard ihren Nonnen in ihrem siebzigsten Lebensjahre. Im einzelnen nicht uninteressant, bietet sie für das Gesamtbild Hildegardischen Schrifttums keine neuen Züge.

8. *Vita sancti Ruperti. Migne* Spalte 1083-1092 und Pitra S. 490 bis

492. Eine »legendenhafte und erbauliche Geschichte des Heiligen, dem das Kloster geweiht war«.

9. *Vita sancti Disibodi. Migne* Spalte 1095-1116. Auf Ersuchen der Mönche vom Disibodenberg schrieb Hildegard aus Mangel an historischem Stoff »eine Lobrede der wenigen Tatsachen in Disibods Leben, aufgeputzt mit sagenhaft-romantischem Beiwerk als naives Gebilde für homiletische Zwecke und Erbauung«. (F. W. E. Roth.)

10. *Subtilitatum diversarum naturarum creaturarum libri novem. Migne* Spalte 1125-1352. Vgl. unsere Auswahl unter dem bekannten Titel »Physika« S. 127ff. Mit den »*Causae et curae*« und dem »*Liber divinorum operum*« das grundlegende Werk für Hildegards Naturmystik. Eine Untersuchung, wie weit sie für diese Werke an vorhandenes Material anknüpfte, fehlt noch. Zur Kulturgeschichte des Mittelalters wäre dies ein äußerst wichtiger Beitrag.

11. *Liber vitae meritorum per simplicem hominem a vivente luce revelatarum.* Pitra S. 7-244. Vgl. unsere Auswahl S. 217ff. Das Buch verfolgt hauptsächlich moralisierende Tendenzen. Manches darin erinnert an Dantes Inferno, weshalb denn auch schon behauptet wurde, Dante hätte das Buch gekannt und benützt.

12. *Expositiones quorundam Evangeliorum.* Pitra S. 245-327. Ob diese Evangelienerklärungen wirklich von Hildegard stammen, ist bezweifelt worden; es spricht aber manches für die Echtheit. Der Anfang der Erklärung des Weihnachtsevangeliums (Luk. 2, 1-14) lautet: *Ein Gebot ging aus* d.h. der alte (ewige) Ratschluß (Gottes) *vom Kaiser Augustus*, nämlich vom himmlischen Vater, *daß geschätzt werde* d.h. daß hervorginge alle Welt, nämlich jegliche Kreatur. *Und diese erste Beschreibung* d.h. die Schöpfung *geschah vom Landpfleger Cyrinus* nämlich vom Wort des Vaters (Christus), das das Haupt aller Schöpfung und auch selbst zu inkarnieren war.

13. *Carmina.* Pitra S. 441-467. Vgl. unsere Vorbemerkung und Proben zu den Gedichten S. 302ff.

14. *Lingua ignota.* Pitra S. 497-502. Ein Verzeichnis verschiedener künstlich geformter Schriftzeichen und Worte, die jedoch zu irgendeiner Unterhaltung nicht entfernt hinreichen. »Der Geheimsprache und Geheimschrift liegt die weibliche Neigung zum Absonderlichen und Geheimnisvollen zugrunde. Auf fremde Hörer machte es einen

großen Eindruck, in Gesang und Rede geheime, nie gehörte Worte zu hören. Der Hörer mußte unverzüglich an visionären Einfluß denken, wie denn Hildegard dies selbst annahm.« (F. W. E. Roth.) Ein paar Beispiele: Gott: Aiguonz; Teufel: Diwelitz; Apostel: Sonziz; Mücke: Vironz. – Mag das meiste davon als eitel Spielerei erscheinen, ich glaube doch, könnte man diese Worte aus Hildegardens Mund selbst noch vernehmen, so würde man auch in diesem scheinbaren Kauderwelsch die große Dichterin und Visionärin, der auch sonst der lebendige Eindruck des Auges und Ohres unendlich höher als alle Grammatik stand, erkennen.

Konkordanz der Auswahl und der Originaltexte

Hildegards Leben und Brief an Mönch Wibert über ihre Visionen

Auswahl	Migne (Nummern)	Auswahl	Migne (Nummern)
1	2	12	39
2	3	13	40
3	4	14	41
4	5	15	42
5	6	16	44
6	7 (am Schluß)	17	45
7	8	18	46
8	9	19	52
9	10	20	53
10	11	21	54
11	38	22	55
		23	57

Der Brief Hildegard nach der Ausgabe von Pitra S. 331 ff.*

Ursachen und Heilungen

Auswahl	Ausgabe von Kaiser (Seiten)	Auswahl	Ausgabe von Kaiser
I. Buch			
1, 2, 3, 4	S. 1	11, 12, 13, 14, 15	S. 4
5, 6, 7	S. 2	16, 17, 18, 19	S. 5
8, 9, 10	S. 3	20	S. 7

* Dazu wurden die Lesarten und Ergänzungen in den *Analecta Bollandiana I* 1882 S. 598 ff. berücksichtigt. – Der genaue Titel der Editionen findet sich im Verzeichnis der Schriften Hildegards.

Auswahl	Ausgabe von Kaiser
21, 22, 23	S. 8
24, 25, 26	S. 9
27	S. 10
28	S. 11
29	S. 14
30, 31	S. 15
32	S. 16
33	S. 18
34	S. 19
35, 36	S. 20
37, 38	S. 21
39, 40	S. 22
41	S. 23
42	S. 24
43	S. 30
44	S. 32
II. Buch	
1, 2, 3, 4	S. 33
5	S. 34
6, 7	S. 35
8	S. 36
9	S. 38
10, 11, 12, 13	S. 42
14, 15, 16, 17	S. 43
18, 19	S. 44
20, 21	S. 45
22	S. 46
23, 24	S. 47
25	S. 49
26	S. 67
27, 28	S. 69
29, 30, 31	S. 70
32	S. 73
33	S. 74

Auswahl	Ausgabe von Kaiser
34	S. 76
35, 36	S. 77
37	S. 80
38	S. 81
39	S. 83
40, 41	S. 84
42, 43	S. 87
44	S. 88
45	S. 89
46	S. 90
47, 48, 49	S. 91
50, 51, 52	S. 92
53	S. 93
54	S. 94
55	S. 95
56	S. 96
57	S. 99
58	S. 102
59, 60, 61	S. 104
62	S. 105
63, 64	S. 112
65, 66	S. 114
67, 68	S. 116
69	S. 119
70	S. 128
71	S. 130
72	S. 131
73	S. 132
74, 75	S. 133
76, 77	136
78	S. 140
79	S. 145
80	S. 146
81	S. 148

Auswahl	Ausgabe von Kaiser	Auswahl	Ausgabe von Kaiser
82, 83	S. 149	IV. Buch	
84	S. 150	1	S. 194
III. Buch		2	S. 195
1	S. 165	3	S. 199
2	S. 166	4	S. 217
3	S. 168	5, 6	S. 218
4	S. 169	V. Buch	
5	S. 171	1, 2, 3, 4	S. 220
6, 7, 8	S. 173	5	S. 223
9	S. 174	6	S. 232
10	S. 178	7, 8, 9	S. 235
11	S. 180	10, 11	S. 236
12, 13	S. 182	12, 13	S. 237
14	S. 184	14	S. 241
		15	S. 242

Das Buch der Physika

Auswahl	Migne (Spalten)	Auswahl	Migne (Spalten)
I. Buch		20	1166
1	1125	21	1168
2	1129	22	1172
3, 4	1130	23	1190
5, 6	1131	24	1194
7, 8	1132	25, 26	1198
9, 10	1133	27	1199
11	1137	28	1201
12, 13, 14	1139	29	1204
15	1143	30	1205
16	1144	II. Buch	
17	1152	1, 2	1212
18	1164	3, 4	1213
19	1165		

Auswahl	Migne (Spalten)	Auswahl	Migne (Spalten)
III. Buch		VI. Buch	
1, 2	1215	1	1285
3	1217	2	1287
4	1219	3	1292
5	1222	VII. Buch	
6	1231	1	1311
7	1235	2, 3	1313
IV. Buch		4	1314
1	1247	5	1318
2	1249	6	1320
3	1253	7	1336
4	1262	VIII. Buch	
V. Buch		1	1337
1	1265	2	1339
2	1272	IX. Buch	
3	1276	1	1345
		2	1347

Das Buch Scivias

Auswahl	Migne (Spalten)	Auswahl	Migne (Spalten)
1	383	15	429 C
2	385	16	437
3	387	17	449
4	415	18	507
5	418 B	19	729
6	418 D	20	731
7	421 C	21	732 D
8	423 C	22	Pitra Spicilegium Solesmense VIII. p. 457-465
9	424 C		
10	425 C		
11	426 B		
12	427 B	23	735 B
13	427 C	24	736 D
14	428 B		

Das Buch vom verdienstlichen Leben

Auswahl	Pitra (Teil und Nummer)	Auswahl	Pitra (Teil und Nummer)
1	I 1, 2	27	V 9
2	I 3	28	V 10
3	I 10	29	V 12
4	I 36	30	V 13
5	I 37	31	V 15
6	I 41	32	V 16
7	I 43	33	V 29
8	I 46	34	V 41
9	I 47	35	V 69
10	I 48	36	V 81
11	III 1	37	V 82
12	III 2	38	V 88
13	III 3	39	VI 1
14	III 5	40	VI 2
15	IV 1	41	VI 3
16	IV 26	42	VI 4
17	IV 27	43	VI 6
18	IV 28	44	VI 7
19	IV 29	45	VI 11
20	IV 30	46	VI 15
21	V 1	47	VI 18
22	V 2	48	VI 20
23	V 3	49	VI 21
24	V 4	50	VI 24
25	V 6	51	VI 26
26	V 7		

Das Buch von den göttlichen Werken

Auswahl	Migne (Spalten)	Auswahl	Migne (Spalten)
1, 2	741	23	818 C
3	744 C	24	819 B
4	745 B	25	820 C
5	746	26	822 B
6	751	27	826 C
7	755 B	28	826 D
8	756	29	835 C
9	759 D	30	836 C
10	761 B	31	839 C
11	777	32	845 B
12	778 D	33	851 C
13	789	34	862 D
14	794 B	35	863 D
15	799 B	36	901
16	802 B	37	1025 C
17	802 D	38	1028 B
18	806 B	39	1030 B
19	814 D	40	1032 B
20	815 C	41	1033 B
21	816 B	42	1037 B
22	817 C		

Hymnus zu Ehren des Heiligen Geistes. Pitra S. 450, Nr. LIII.
Sequenz zu Ehren Sankt Mariens. Pitra S. 451, Nr. LVI.
Zu Ehren der Elftausend Jungfrauen. Pitra S. 455 f., Nr. LXV.
Sequenz auf den heiligen Maximin. P. v. Winterfeld, Deutsche Dichter des lateinischen Mittelalters. Text S. 438. Übersetzung S. 195.

Symphonia Virginum

no - bis mi -se - ris est, te im - ma - cu - la - tum
et in-nocentem regem an-ge - lor-um i - mi -
- ta - ri, 4. Ta - - men confidimus in te, quod
tu desi-de - res gemmam requi - re - re in pu - tre -
di - ne. 5.Nunc ad-vocamus te sponsum et con - so-la -
to rem, qui nos redemi - sti in cru - - -
- ce. 6. In tu- o sanguine copu- lataesumus ti - bi,
cum despon - sati-o - ne re-pudiantes vi - rum et e-li -gen-

tes te Fi-li-um De - - i, pulcherri-ma
for - - ma! O sua - vis - si - mus o - -
- dor desider-abi-li - um deli-ci - a –
- - rum, sem-per suspira - mus post
te in la-crimabi-li e-xi - li - o, quan-
do te vi-de - a - mus et te - cum mane - a -
mus. 7. Nos su - mus in mun - - do et tu
in men-te no - - stra et am-plec-

ti - mur te in cor - de, qua - si
ha-be - a - mus te prae - sen - tem.
8. Tu fortis-si -mus le - o ru-pi-sti coe - lum
descendens in au - lam virgi - - -
nis et destru-xi -sti mor - tem ae-di-fi - cans vi-
tam in aure - a ci -vi - ta - te. 9. Da
nobis so-ci -e - tatem cum il - la
et per - ma-ne - re in te, o dul - cis - si - me

spon - se, qui abstra - xi - sti nos de fau - ci - bus
di - a - bo - li primum pa - ren - tem nostrum
se - du - - - cen - tis.

Symphonie der Jungfrauen

Süßester Liebhaber, süßester Umarmer, hilf uns die Jungfräulichkeit bewahren! Entsprungen sind wir im Staube – weh! weh! – und in Adams Sünde. Da ist es hart zu widerstehen dem, was Geschmack vom Apfel hat. Richte Du uns auf, Erlöser Christus! Glühend verlangen wir, Dir zu folgen. Doch wie schwer ist es für uns Armselige, Dich, den makellosen und schuldlosen König der Engel, nachzuahmen! Aber wir vertrauen auf Dich, daß Du Dich sehnest, den Edelstein in der Fäulnis zu suchen. Nun rufen wir Dich an, den Bräutigam und Tröster, der Du uns am Kreuze erlöst hast. In Deinem Blute sind wir mit Dir verlobt und vermählt worden, da wir den Mann verschmähten und Dich erkoren, Dich, den Sohn Gottes! Du Schönster! Du süßester Duft voll der Wonnen, die wir ersehnen! In der tränenreichen Verbannung seufzen wir immer nach Dir. Wann werden wir Dich sehen und bei Dir bleiben? Wir sind in der Welt, und Du bist in unserem Geiste; in unserem Herzen umfangen wir Dich, als wärest Du bei uns. Gewaltig starker Löwe, Du durchbrachst den Himmel, als Du in den Schoß der Jungfrau herabstiegst; den Tod hast Du zernichtet und erbaut das Leben in der goldenen Stadt. Gib uns die Gemeinschaft mit ihr und laß uns in Dir bleiben, süßester Bräutigam, der Du uns entrissen hast dem Schlunde des Teufels, der unseren ersten Vater verführte.

Zu dieser Ausgabe

insel taschenbuch 2164: Hildegard von Bingen, Wisse die Wege. Der Text folgt der Ausgabe: Schriften der Heiligen Hildegard von Bingen. Ausgewählt und übertragen von Johannes Bühler. Leipzig, im Insel-Verlag 1922. Aus: Der Dom. Bücher deutscher Mystik. Dreizehn Bände. Leipzig, Insel-Verlag 1919-1927. Umschlagabbildung: Die Dreiheit in der Einheit. Aus: ›Scivias‹ von Hildegard von Bingen © Otto Müller Verlag, Salzburg 1954

Religion und Mystik im insel taschenbuch

Augustinus: Bekenntnisse. Lateinisch und deutsch. Eingeleitet, übersetzt und erläutert von Joseph Bernhart. Mit einem Vorwort von Ernst Ludwig Grasmück. it 1002

Klaus Berger: Psalmen aus Qumran. Mit zahlreichen Abbildungen. it 1897

Die Blümlein des heiligen Franziskus von Assisi. Aus dem Italienischen nach der Ausgabe der Tipografia Metastasio, Assisi 1901, von Rudolf G. Binding. Mit Initialen von Carl Weidemeyer. it 48

Jakob Böhme: Aurora oder Morgenröte im Aufgang. Herausgegeben von Gerhard Wehr. it 1411

– Christosophia. Ein christlicher Einweihungsweg. Herausgegeben von Gerhard Wehr. it 1412

– Theosophische Sendbriefe. Herausgegeben von Gerhard Wehr. it 1786

– Von der Gnadenwahl. Herausgegeben von Gerhard Wehr. it 1738

– Von der Menschwerdung Christi. Herausgegeben von Gerhard Wehr. it 1737

Dante: Die Göttliche Komödie. Mit fünfzig Holzschnitten von Botticelli. Deutsch von Friedrich Freiherr von Falkenhausen. 2 Bde. it 94

Paul Davies: Der Plan Gottes. Die Rätsel unserer Existenz und die Wissenschaft. Aus dem Englischen von Anita Ehlers. it 1934

Juan de la Cruz: Gotteserfahrung. Übersetzt und herausgegeben von Johannes Boldt. it 1827

Mircea Eliade: Kosmos und Geschichte. Der Mythos der ewigen Wiederkehr. Aus dem Französischen von Günther Spaltmann. Neuausgabe. it 1580

Helmut Fischer: Die Welt der Ikonen. Das religiöse Bild der Ostkirche. Mit farbigen Abbildungen. it 1883

Hermann Hesse: Franz von Assisi. Mit Fresken von Giotto und einem Essay von Fritz Wagner. it 1069

Das Hohe Lied Salomos. Nachdichtungen und Übersetzungen aus sieben Jahrhunderten. Herausgegeben von Hermann Timm. Mit zwölf Bildern von Anatoli L. Kaplan. it 600

William James: Die Vielfalt der religiösen Erfahrung. Aus dem Amerikanischen von Eilert Herms. Mit einem Vorwort von Peter Sloterdijk. it 1784

Lao-Tse: Führung und Kraft aus der Ewigkeit. Das Tao-te-king in der Übertragung aus dem chinesischen Urtext von Erwin Rousselle. it 849

Liebe - eine Richtung des Herzens. Mystischer Kalender 1996. Herausgegeben von Wolfgang Böhme. it 1770

171/1/12.96

Religion und Mystik
im insel taschenbuch

Martin Luther: Ausgewählte Schriften. Herausgegeben von Karin Bornkamm und Gerhard Ebeling.
- Erster Band: Aufbruch zur Reformation. it 1751
- Zweiter Band: Erneuerung von Frömmigkeit und Theologie. it 1752
- Dritter Band: Auseinandersetzung mit der römischen Kirche. it 1753
- Vierter Band: Christsein und weltliches Regiment. it 1754
- Fünfter Band: Kirche, Gottesdienst, Schule. it 1755
- Sechster Band: Briefe. it 1756

Meister Eckhart: Das Buch der göttlichen Tröstung. Ins Neuhochdeutsche übertragen von Josef Quint. it 1005

– Mystische Schriften. Aus dem Mittelhochdeutschen übertragen und mit einem Nachwort versehen von Gustav Landauer. it 1302

Paul Mommaers: Was ist Mystik? Aus dem Niederländischen von Franz Theunis. it 1788

Annemarie Schimmel: Mystische Dimensionen des Islam. Die Geschichte des Sufismus. Mit zahlreichen Abbildungen. it 1715

Der tanzende Tod. Mittelalterliche Totentänze. Herausgegeben, eingeleitet und übersetzt von Gert Kaiser. it 647

Tschuang-Tse: Reden und Gleichnisse des Tschuang-Tse. Ausgewählt und mit einem Nachwort versehen von Martin Buber. Großdruck. it 2317

Und was kommt danach? Orte der Seele. Eine Sammlung literarischer Zeugnisse. Herausgegeben von Hans-Joachim Simm. it 1877

Der versiegelte Engel. Erzählungen zu Ikonen. Mit farbigen Abbildungen. Ausgewählt und mit einem Nachwort versehen von Angela Martini-Wonde. it 1132

Wundersame Geschichten von Engeln. Gesammelt von Felix Karlinger. it 1226

Carol Zaleski: Nah-Todeserlebnisse und Jenseitsvisionen. Aus dem Amerikanischen von Ilse Davis Schauer. it 1741

171/2/12.96

Das Mittelalter
im insel taschenbuch

Joseph Bédier: Der Roman von Tristan und Isolde. Mit Holzschnitten von 1484. Deutsch von Rudolf G. Binding. it 387

Otto Borst: Alltagsleben im Mittelalter. Mit zeitgenössischen Abbildungen. it 513

Dante: Die Göttliche Komödie. Mit fünfzig Holzschnitten von Botticelli. Deutsch von Friedrich Freiherr von Falkenhausen. 2 Bde. it 94

Das Evangeliar Heinrichs des Löwen. Erläutert von Elisabeth Klemm. Mit farbigen Bildtafeln. it 1121

Geschichten aus dem Mittelalter. Herausgegeben von Hermann Hesse. Aus dem Lateinischen übersetzt von Hermann Hesse und J. G. T. Graesse und mit Nacherzählungen von Leo Greiner. Neu zusammengestellt von Volker Michels. it 161

Herman Grimm: Das Leben Michelangelos. it 1758

Helmut Hiller: Heinrich der Löwe. Herzog und Rebell. Eine Chronik von Helmut Hiller. it 922

Ibn Hazm al Andalusi: Von der Liebe und den Liebenden. Aus dem arabischen Urtext übertragen von Max Weißweiler. it 1757

Klosterleben im deutschen Mittelalter. Nach zeitgenössischen Quellen von Johannes Bühler. Mit zahlreichen Abbildungen. Herausgegeben von Georg A. Narciß. it 1135

Christoph Kolumbus: Bordbuch. Mit einem Nachwort von Frauke Gewecke und zeitgenössischen Illustrationen. it 476

Thomas Malory: Die Geschichten von König Artus und den Rittern seiner Tafelrunde. 3 Bde. Übertragen von Helmut Findeisen auf der Grundlage der Lachmannschen Übersetzung. Mit einem Nachwort von Walter Martin. Mit Illustrationen von Aubrey Beardsley. it 239

Meister Eckhart: Das Buch der göttlichen Tröstung. Ins Neuhochdeutsche übertragen von Josef Quint. it 1005

Minnesinger. In Bildern der Manessischen Liederhandschrift. Mit Erläuterungen herausgegeben von Walter Koschorreck. Vierundzwanzig Abbildungen. it 88

Die Nibelungen. In der Wiedergabe von Franz Keim. Mit Illustrationen von Carl Otto Czeschka. Mit einem Vor- und Nachwort von Helmut Brackert. Im Anhang die Nacherzählung ›Die Nibelungen‹ von Gretel und Wolfgang Hecht. it 14

Francesco Petrarca: Dichtungen. Briefe. Schriften. Auswahl und Einleitung von Hanns W. Eppelsheimer. it 486

Der Sachsenspiegel in Bildern. Aus der Heidelberger Bilderhandschrift ausgewählt und erläutert von Walter Koschorreck. it 218

173/1/12.96

Das Mittelalter
im insel taschenbuch

Der tanzende Tod. Mittelalterliche Totentänze. Herausgegeben, eingeleitet und übersetzt von Gert Kaiser. it 647

François Villon: Sämtliche Dichtungen. Zweisprachige Ausgabe. Aus dem Französischen von Walther Küchler. it 1039

173/2/12.96

Kosmologie
im insel taschenbuch

Richard M. Bucke: Kosmisches Bewußtsein. Zur Evolution des menschlichen Geistes. Aus dem Amerikanischen von Karin Reese. it 1498

Friedrich Cramer: Ordnung und Chaos. Die komplexe Struktur des Lebendigen. Mit zahlreichen Abbildungen. it 1496

– Spiel der Synapsen. Gedichte und Prosa. it 1657

– Der Zeitbaum. Grundlegung einer allgemeinen Zeittheorie. it 1849

Paul Davies: Der Plan Gottes. Die Rätsel unserer Existenz und die Wissenschaft. Aus dem Englischen von Anita Ehlers. it 1934

Niles Eldredge: Wendezeiten des Lebens. Katastrophen in Erdgeschichte und Evolution. Aus dem Englischen von Erich Lange. it 1935

Die Erfindung des Universums. Neue Überlegungen zur philosophischen Kosmologie. Herausgegeben von Walter Saltzer, Peter Eisenhardt, Dan Kurth und Rainer E. Zimmermann. Mit etwa 50 Abbildungen. it 1933

Dean Falk: Warum Schimpansen nicht steppen können. Die Entwicklung des menschlichen Gehirns. Aus dem Englischen von Gerald Bosch. it 1838

Der Geist im Atom. Eine Diskussion der Geheimnisse der Quantenphysik. Herausgegeben von P. C. Davies und J. R. Brown. Aus dem Englischen von Jürgen Koch. it 1499

John Gribbin: Unsere Sonne. Ein rätselhafter Stern. Aus dem Englischen von Anita Ehlers. it 1662

– Unsere Sonne. Ein rätselhafter Stern. Aus dem Englischen von Anita Ehlers. it 1692

John Gribbin / Mary Gribbin: Kinder der Eiszeit. Beeinflußt das Klima die Evolution des Menschen? Aus dem Englischen von Gerald Bosch. it 1676

– Wie wenig uns vom Affen trennt. it 1761

John Gribbin / Martin Rees: Ein Universum nach Maß. Bedingungen unserer Existenz. Mit zahlreichen Abbildungen. Aus dem Englischen von Anita Ehlers. Mit einem Nachwort von Jürgen Ehlers. it 1579

Jeremy W. Hayward: Die Erforschung der Innenwelt. Neue Wege zum wissenschaftlichen Verständnis von Wahrnehmung, Erkennen und Bewußtsein. Aus dem Amerikanischen von Jochen Eggert. it 1823

William James: Die Vielfalt der religiösen Erfahrung. Aus dem Amerikanischen von Eilert Herms. Mit einem Vorwort von Peter Sloterdijk. it 1784

Wolfgang Kaempfer: Zeit des Menschen. Das Doppelspiel der Zeit im Spektrum der menschlichen Erfahrung. it 1855

177/1/12.96

Kosmologie
im insel taschenbuch

Michio Kaku / Jennifer Trainer: Jenseits von Einstein. Die Suche nach der Theorie des Universums. Aus dem Amerikanischen von Ilse Davis Schauer. it 1791

Bernulf Kanitscheider: Auf der Suche nach dem Sinn. it 1748

Jonathan Kingdon: Und der Mensch schuf sich selbst. Aus dem Englischen von Hans-Peter Krull. it 1936

Werner Künzel / Peter Bexte: Maschinendenken - Denkmaschinen. An den Schaltstellen zweier Kulturen. Von Werner Künzel und Peter Bexte. it 1771

Ervin Laszlo: Wissenschaft und Wirklichkeit. Die neue Sicht. Aus dem Englischen von Mechthild Kühling und Vladimir Delavre. it 1570

David Lindley: Das Ende der Weltformel? Vom Mythos der »Großen Vereinheitlichten Theorie«. Aus dem Amerikanischen von Monika Niehaus-Osterloh. it 1937

James Lovelock: Das Gaia-Prinzip. Die Biographie unseres Planeten. Aus dem Englischen von Peter Gillhofer und Barbara Müller. Mit Illustrationen. it 1542

Harald Marx: Die Sternbilder des Jahres. Einführung in die Astronomie. Mit zwölf Sternkarten von Ulla Gleim. it 1735

Franz Moser: Bewußtsein in Raum und Zeit. Grundlagen der holistischen Weltsicht. it 1797

Ernst Pöppel: Grenzen des Bewußtseins. Über Wirklichkeit und Welterfahrung. it 1831

Kristen Rohlfs: Einführung in die Astronomie. it 1701

Michael Rowan-Robinson: Das Flüstern des Urknalls. Die verschlüsselten Botschaften vom Anfang des Universums. Aus dem Englischen von Gesche Pospiech. it 1938

Scheibe, Kugel, Schwarzes Loch. Die wissenschaftliche Eroberung des Kosmos. Herausgegeben von Uwe Schultz. it 1804

Robert Shapiro: Der Bauplan des Menschen. Die Genforschung enträtselt den Code des Lebens. Aus dem Amerikanischen von Günther Kirchberger. it 1709

Harald von Sprockhoff: Bewußtsein, Geist und Seele. Die Evolution des menschlichen Geistes. Mit Abbildungen. it 1869

Ian Stewart: Spielt Gott Roulette? Uhrwerk oder Chaos. Aus dem Englischen von Gisela Menzel. Mit Illustrationen. it 1543

Der Supercode. Die genetische Karte des Menschen. Herausgegeben von Daniel J. Kevles und Leroy Hood. it 1721

Robert Wesson: Chaos, Zufall und Auslese in der Natur. Aus dem Amerikanischen von Peter Gillhofer. it 1684

177/2/12.96